作者简介

- -

张　耀　1966年生于陕西西安，陕西高陵人，艺术学博士，西安美术学院雕塑系教授，硕士研究生导师。

1988年考入西安美术学院雕塑系，先后获得美术学雕塑专业学士、硕士学位，曾于2009年至2010年作为国家教育部公派访问学者在法国巴黎国立高等美术学院进行雕塑艺术学习，现在西安美术学院雕塑系从事雕塑艺术教学、创作与研究工作。

主要雕塑作品有：《英雄魂》、《迎红军》、《早晨》、《国际歌》、《爱之心》、《人文初祖》等，分别入选第十一届全国美展、庆祝建军八十周年全国美展、陕西省青年美展等全国、省市美展，其中多件作品获得全国、省市美展一、二、三等奖。

教学期间对美术教育、美术理论与教学进行了深入研究，发表了近百篇专业研究论文，撰写出版有专著《商周青铜器与青铜器雕塑艺术》、《玉韵——中国古代玉石雕刻艺术研究》、《陕西史前陶塑艺术》。

中国书籍·学术之星文库

中国古代玉石雕刻艺术

张　耀◎著

中国书籍出版社
China Book Press

图书在版编目（CIP）数据

中国古代玉石雕刻艺术/张耀著．—北京：中国
书籍出版社，2017.3
ISBN 978 - 7 - 5068 - 6057 - 4

Ⅰ．①中…　Ⅱ．①张…　Ⅲ．①古玉器—研究—
中国　Ⅳ．①K876.84

中国版本图书馆 CIP 数据核字（2017）第 026424 号

中国古代玉石雕刻艺术

张耀　著

责任编辑	卢安然	
责任印制	孙马飞　马　芝	
封面设计	中联华文	
出版发行	中国书籍出版社	
地　　址	北京市丰台区三路居路 97 号（邮编：100073）	
电　　话	（010）52257143（总编室）　　（010）52257153（发行部）	
电子邮箱	eo@china.com.cn	
经　　销	全国新华书店	
印　　刷	北京彩虹伟业印刷有限公司	
开　　本	710 毫米×1000 毫米　1/16	
字　　数	242 千字	
印　　张	14	
版　　次	2019 年 1 月第 1 版第 2 次印刷	
书　　号	ISBN 978 - 7 - 5068 - 6057 - 4	
定　　价	68.00 元	

前　言

　　华夏民族对于玉的熟知程度，对玉的喜爱及推崇，在世界范围内都是非常罕见与独特的。自原始石器时代到明清时期，中国人的智慧与才智在玉石雕刻上发挥得淋漓尽致，不仅在大量的精美礼玉、佩玉、陈设玉、文房玉上显示了非凡的才华，还将对生活的理解，对人生的关注统统灌输到玉石雕刻之中，形成了其丰富的政治思想、宗教道德内涵，使之伴随着人们生与死的全过程，在中华文明史上还没有哪一种艺术形式表现得如玉石雕刻这么充分。

　　虽然玉石雕刻与中国传统文化有这么一层渊源深厚的关系，但直到其经过了原始时期、商周、春秋战国、秦汉这几个玉石雕刻艺术的发展高峰期，关于玉的诸多历史信息只在中国古代浩如烟海的典籍中略有零星记载，玉的概念也是在东汉许慎的《说文解字》中第一次进行概括总结。这和目前我们所掌握了解到的玉与玉石雕刻在同一时期取得的辉煌成就相比显得极不相称。

　　当中国古代玉石雕刻艺术在唐宋两代迎来又一个发展高峰的时候，玉石雕刻才在融于人们的生活近五千年后得到了其应有的重视。儒家赋予玉道德观念，文人士大夫阶层对玉的关注使之在社会生活中广为传播，逐渐具有了一定的体系概念。宋代儒家继承和发扬了唐代壮大起来的士庶文人阶层的文化传统，使得其时的哲学思想、文化学术异常活跃，推动兴起了一门史学学科——金石学，金石学针对当时业已发现的包括玉石雕刻的众多前代文物进行了总结、梳理、研究，使其所包含的史料学术价值得到了承认和重视，著名的有欧阳修的《集古录》，吕大临的《考古图》，赵明诚的《金石录》等等。其中吕大临的《考古图》较为全面地将古玉进行归类、译名，为其后的研究奠定了基础。宋以后，专门研究玉器的著述层出不穷，如元人朱德润的《古玉图》，清人吴大徵的《古玉图考》，在以上这些关于中国古玉器的论述中，存在着一个共同的特点，即均将玉石雕刻统称"玉器"，似乎约定俗成将其纳入到器物造型的范围，而且金石学所谈到的玉器都集中在汉代之前，举凡用玉的典章制度，言必称三代，其目的是"追三代之遗风"，"补经传之阙亡"，其局限性显而易见。

20 世纪初至今，中国古代玉石雕刻的研究热潮不减，著名的研究学者有王国维、罗振玉、郭沫若、郭宝均、夏鼐、那志良、杨伯达等，其中郭宝均的《古玉新诠》对古玉器的断代、分类、分期、纹饰等方面给予了详细的论述，具有很高的文献价值。那志良在1969、1970 年编著的《玉器通释》、《古玉图集汇刊》等著作，针对古玉的形制和年代图文并茂地进行了划分归类，对其进行了百科全书式的系统综合研究。夏鼐的《商代玉器的分类定名和用途》则更加详致地根据不断出土的玉器文物，使流传名称与实物对应起来，完善了古玉器的各方面研究。其他研究学者也同样从不同角度、以不同的观点，把玉器和中国古代的史实资料明确结合起来，将玉器和玉石文化的分析理论不断推向前进，形成了百家争鸣的局面，使中国古代玉石雕刻得到了进一步的重视和关注。

然而，从宋代起到 20 世纪的研究学者，大多以史学家、考古学家的眼光来看待出土、流传颇为丰富的中国古代玉石雕刻，研究集中于形制、断代、分期、释名、纹饰、辨伪等范畴，并未着重从玉器的雕刻艺术造型着手，在这一方面形成了空白与缺陷，忽略了其雕刻艺术的审美属性，造成了研究的不完整性。值得一提的是，这一趋势至今仍在延续，当代随着中国经济的高速发展，人们生活水平的大幅提高，收藏热、古董热颇为兴盛，市面上的各类有关收藏的书籍，电视等媒体上有关古董鉴别的节目满目皆是，但不是连篇累牍地谈论玉器的时代、纹饰，就是解释如何辨伪识真，也大多很少论及玉石雕刻艺术的有关问题，使很多人的认识至今仍局限在玉器的史料及商业价值，这种现象应当值得重视起来。

中国古代玉石雕刻艺术历史漫长。红山文化自由翱翔的玉鹰，生动传神；良渚文化造型奇特的神兽面像，神秘深邃；商周时期礼玉、佩玉、人物、动物玉雕，造型凝重；两汉时期的各种内容玉石雕刻既飞扬灵动，又大气磅礴；唐宋之后，玉石雕刻则趋向秀丽、精巧，这些造型风格各不相同的玉石雕刻，无不向我们展示了一个由古至今，既遥远陌生而又丰富的世界。作为一种特殊的造型艺术形式，它们势必会反映出某个时期的经济生活和政治生活特征，具有非常重要的历史史料价值，但我们也不应该忽视，人们对玉石雕刻丰富内涵的了解，首先起于对其优美造型的偏爱与欣赏，是最先通过艺术审美来逐步完成的，艺术作品的价值正在于此。因此，本书基于这个观点，力求从以下三个方面对中国古代玉石雕刻进行研究。

一、将玉石雕刻置于中国传统雕塑艺术之中，还原其雕塑艺术的面貌。爱美与欣赏美是人类的天性，创造美又是一种高级的精神劳动，就中国古代玉石雕刻而言，它所创造的艺术成果是巨大的、丰硕的，然而自古至今，对玉石雕刻从艺术角度的分析是不足的。中国古代对其认识多是形而上的，更看重其所谓的道德思想、政治及宗教理念的延伸，由此虽然玉石雕刻深入到上至君王下至百姓的生活，但其艺术上的地位并不高，玉石雕刻的创造者也只以工匠相称，导致的结果是，其始终游离于雕塑艺术之外，这显然有悖于中国古代玉石雕刻所取得的成就。

二、中国古代玉石雕刻整体上体现出雕塑艺术的特征，是材质、形式与内容三者完美结合的特殊的雕塑艺术。"玉器"这一称谓由来已久，玉石雕刻在很长一个时期内都被归为工艺美术之类。时至今日，在权威性的《中国美术全集》，各类美术院校所使用的《中国美术史》等很多专业书中仍然可见其工艺美术的面目。不可否认，玉石雕刻在其发展历程中，有与实用器物相结合的现象，在明清时期则更明显，但这并不能概括玉石雕刻艺术的全部，其取得成就最高的、价值最突出的仍然是以雕刻形态出现的作品，而不是流于技巧的实用器皿。即使是实用器皿，雕刻本身的欣赏与审美也占据着重要的地位。从原始时期开始，玉石雕刻的雕塑艺术特征就极其突出，它是立体的、物质的，追求空间结构与内容题材的有机结合，为我们充分展现了雕塑艺术的魅力。它几乎囊括了雕塑艺术所有形式，不仅运用了雕塑艺术的特殊塑造手法，在题材、内容、造型上也毫无例外地遵循着雕塑艺术的规律。因此，玉石雕刻绝不仅是供使用、把玩的工艺美术品，而是具有审美价值，具有雕塑性质的艺术品。

三、玉石雕刻作为中国传统雕塑艺术中的特殊雕刻形式，其独特之处还在于制作过程和雕刻方法。玉石雕刻的制作方法主要是磨制，人们常说到的琢玉、冶玉、制玉、碾玉均表明了这一特点。玉石材料的特性决定了磨制技术的出现，也决定了一般的雕刻工具并不能胜任其雕刻过程，由此，在磨制基础上演化而来的雕刻方式方法也多种多样，其方法从实际玉石雕刻作品看，是适合于玉石材料的，能够最大限度地展现出玉石材质的各种美的特质。其中的镂空，以其精巧的层次、空间关系和由此形成的多变的光影效果，在体量较小而质地光洁的玉石材料上极好地表现出了起伏的体积和复杂的结构。俏色则利用了玉石材料的自然色彩美，因材施艺，通过与题材内容的巧妙结合，辅以不同的琢制技法，将天然美和人工美相互交融，形成别具一格的审美情趣。还有抛光、线的运用等等，很多实用的技法、雕刻形式在玉石雕刻上比其他雕刻材料上体现得更完美、更独特。在这一方面的研究，可以更深入地解析其雕刻艺术的特征，对于其风格、形式的形成因素的探讨是极其必要的。

基于以上的观点，本书在写作时，重点放在将中国古代玉石雕刻纳入到雕塑艺术的范畴，并从各个角度对其具有的雕塑艺术特色展开研究，基本上没有涉及以往关注度、重视度较高的关于玉石雕刻的年代、分期、功能、辨伪等方面的内容。本书结构包括：第一、二章谈到了玉的概念以及玉石雕刻与中国传统文化之间千丝万缕的联系，作为铺垫和基础，无疑有助于对中国文化与玉石雕刻之间关系做全面了解，同时有助于理解玉石雕刻在发展过程中所形成的很多诸如形制、雕刻形式、题材内容等方面的特点。第三至五章，以中国历史年代为主线，较为全面地论述了中国古代玉石雕刻的发展历程，主要表现在其各个时期的历史文化背景，以及由此而形成的各时期独有的造型艺术特色、雕刻艺术风格，还有形式、种类等的变迁沿革。第六至八章的内容是从雕塑专业的视角对中国古代玉石雕刻进行深入的研究，针对其雕刻所采用的制作方法，所运用的雕刻形式，以及其几类主要的造型特征加以分析，力求给以总结性的论证，使中国古代玉石雕刻艺术的雕塑特征更加清晰明确。最后一个章节，则主要阐述了中国古代玉石雕刻在艺术审美上的价值和其在中国传统雕塑艺术上的重要地位，以此完成关于中国古代玉石雕刻整个一个体系的论述。

中国古代玉石雕刻艺术由于时间久远，雕刻形式、种类众多，本书的目的主要是探讨玉石雕刻的雕塑艺术特征，以供研究者进行参考，鉴于中国古代玉石雕刻的博大精深，这方面的研究仍需要大量的实物资料以佐证支持，由此也希望通过本书能引起广泛的重视，使关于中国古代玉石雕刻艺术的研究更加深入，使中国古代玉石雕刻的真正艺术本质得到发扬光大。

目　录

一、石之美者谓之玉

1. 玉出美石与玉的概念

人类生活的地球有着美丽的自然环境，大自然的力量造就了海洋、山川、湖泊、河流、森林、草原和沙漠，不仅孕育了我们人类，也为我们的远古祖先提供了丰富的物质材料，使他们的大脑与双手通过工具的制作使用与改进实现了质的飞越，从而走向文明，逐渐成为地球的主宰。在自然世界存在的各种物质中，石块是人类最早作为工具使用的重要物质之一。

岩石是构成地壳的主要物质，分为火成岩、沉积岩和变质岩三大类。自然界中的岩石由于存在的范围广，与其他物质相比既具有一定的硬度，又具有质脆易破碎的特性，很早就被人类的祖先发现并用来制作最原始的工具以与恶劣的大自然环境相抗争，从而改善生存条件。在东非奥杜威发现的地球人类发展早期阶段的猿人，已经可以用石块打制石器，虽然这些石器非常简陋、粗糙，但可以说明至少在200万年前人类已经开始利用石块这种材料了。

由于利用制作石器作为主要劳动工具这一主要特征而被考古学上称作"石器时代"的原始社会时期，广阔的华夏大地上中华民族的祖先也早已开始利用石块制作生活和生产工具。云南元谋地区发现的距今170万年的元谋猿人，在其遗址中发现了17件有人工初步打制加工痕迹的石片、石核、尖状器和刮削器。生活在东亚大陆腹地陕西蓝田的距今60~80万年的蓝田人，其打制石器的水平有所进步，制作了大量的砍砸器和手斧等，其中最具特色的是一件用砾石打制的尖状器，这件尖状器长17.5厘米，最宽处9厘米，厚达6.5厘米，工具的形态非常明显。闻名世界的北京人，生活时间大约距今40~50万年，这一时期人类对石块的利用更加频繁，不仅量大而且种类众多。在北京人遗址中共发现了十余万件打制石器，其中所选用的石材就有砂岩、石英石、燧石、水晶等，特别是发现的一件水晶质石器，其材质之美区别于其他传统石器石材，据考证是从距北京人居住地以外两公里处的花岗岩坡地中找到的，①虽然这种特殊石材的选用从数量和打制程度与这一时期原始人类石器工具一样，制作无固定形状，粗糙简陋，显然还是作为一般的石器工具出现，但却可视为我国早期特殊石材发现的开端。

与以北京人为代表的我国旧石器早期不同，处于旧石器中晚期的距今约20万年前至15万年前的陕西大荔人、山西丁村人和北京山顶洞人，在石器的加工上取得了重大进展，在这一时期因对石质特性的熟悉掌握，石块大多被进行了二次加工，制作方法更多也更加精细。如丁村人遗址中发现的2000多件石器，大部分打制方法是先用碰石法、锤击法或交互打击法打下大的石片，再进行细致加工制成各种不同用途的石器。而在许家窑人类遗址中甚至发现了上千件大小不等的圆石球。山顶洞人的石器虽发现较少，只有25件，但人工已经有意识地将所选石块制作的十分精美，最具代表性的是钻了孔的石珠和小砾石，表明石器已经逐渐部分脱离原始的工具功能，转而对石材本身开始关注。

对石器的磨制使人类步入了新石器时代，同时也加深了原始人类对石材这一特殊材料各种特性的认知程度。约在6000～7000千年前，我国原始人群的足迹已经遍布华夏大地，从东北的黑龙江到西北的新疆，从西南的云南、西藏到东南的台湾岛，考古已发现的文化遗址有7000处之多。在这些文化遗址中考古工作者发现了大量磨制精良的石器。（图1-1）半坡人的磨制石器既有石斧、石刀、石锛等农具，也有石镞、石矛、石球等狩猎工具，不仅种类繁多，造型多样，而且普遍平整光滑，刀口锋利。甘肃广河齐家坪齐家文化遗址、浙江余姚良渚文化遗址中则发现了制作及使用功能都更加先进的石器，如石斧、石犁，其形状扁平而薄。有穿孔的半月形石刀，造型精巧，具有规则的几何形状。特别是在浙江余姚河姆渡文化遗址中发现的磨制石器，加工非常复杂，可以看出每

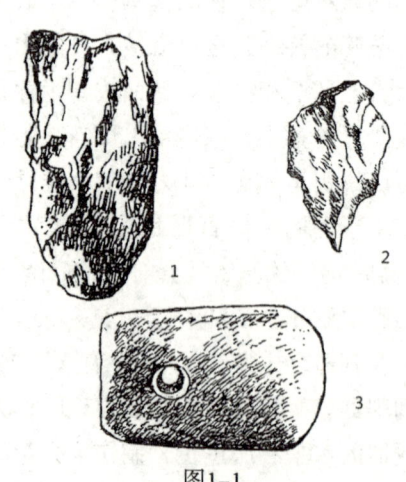

图1-1
1、2. 北京人制作的砍砸器、尖状器
3. 半坡人的磨制石斧

① 贾兰坡《北京人·北京人的文化》选自《大百科全书·考古学》卷第39页。

一件石器，都是将精心选择的石料先打制成器物的雏形，然后再将之用磨石蘸水细磨而成，有的通体磨光，有的只磨光部分，并且还在石器上钻孔。这些证据证明这一时期石材不仅在人类的生产生活中占有重要的地位而且华夏祖先已熟练地掌握了石质的特性。

正是由于对石器的打磨、制作、使用，我们的祖先逐渐熟知了各种石材的硬度、色彩、光泽特性，在之后长达数万年的过程中慢慢发现了存在于石材中的具有特殊质地、光泽的美石。

考古发现的原始人类用以制作石器的材料区别于一般石材，除了早期的水晶、石燧，到新石器时代则出现了新的品种，距今7000~8000年的辽宁新乐遗址出土了一件用蛇纹石制作的石斧形器，这件石器用岫岩玉琢磨而成，扁条形状，长13.8厘米，两端呈凸弧形，较宽的一端两面有刃，且刃部带有使用痕迹的缺口。在稍晚时期的半坡遗址中，也发掘出一件由优质玉料琢磨的斧形器。但是这一时期开始使用的各种具有特殊质地、色彩、光泽磨制的石器，从器物的保存状况看仍然是一般劳动工具，说明在那个时期古人仍玉、石不分。

玉、石混用不分的状况在新石器中晚期发生了重大的变化。如果说60万年前的山顶洞人选用水晶和六七千年前的新乐人、半坡人选用玉作为石器材料有一定的偶然性，那么在新石器中后期的红山、龙山、良渚文化时期，我们的祖先已将玉与石明显地区分开来，并制作了大量的玉石制品，由此迎来了玉石雕刻的发展高峰。辽宁、内蒙古和河北交界地带的红山文化，在内蒙古翁牛特旗三星他拉，辽宁喀左县东山咀，建平牛河梁等遗址发掘中除了磨制石器外，最重要的发现就是大量选材精良、磨制精致、造型复杂多样的玉石雕刻。在良渚及大汶口、龙山文化遗址中也出土了大量的玉管、玉环、玉琮，玉三叉器等，玉石雕刻品不仅使用更加广泛，数量多，而且制作加工手段多种多样，造型也更加精美细致，除磨制外，还大量使用钻孔技术，制作薄体及异形体器物。更为引人注目的是这些玉石雕刻所使用的玉材多种多样，有蛇纹石、玛瑙、绿松石、石英、水晶和透闪石，这些玉石无不色泽光润、色彩丰富、质地细润。根据放置地点及造型的不同来看具有了特殊的含义，已经明显区别于一般的生产工具。具有美而坚硬的质地、温润色泽的玉石已经完全从普通的石器制作中脱离出来。

由于红山文化、大汶口文化、良渚文化等玉石雕刻的发现，证明了我国原始先民在大约6000年前结束了玉石不分的状况，完成了对玉石从石到玉的区别认识。玉作为一种特殊的物质，体现了特定的思想观念逐渐走入了中华文明的视野，也拉开了中国古代玉文化的序幕。

从石材中脱颖而出的玉石，一经被重视并赋予其特殊的思想内涵，就深刻地影响着华夏民族的社会生活、人文历史。但是什么是玉？是不是所有具有美的外观、质地的美石就是玉石？东汉许慎的《说文解字》第一次概括了玉的概念，指出"玉，石之美者，有五德：润泽以温，仁之方也；鰓理自外，可以知中，义之方也；其声舒扬，专以远闻，智之方也；不挠不折，勇之方也；锐廉而不忮，洁之方也。"这个概念肯定了玉的基本属性，即"石之美者"，并总结三代后中国儒家赋予玉石的道德思想，表明了玉的五个大的特征，即坚韧的质地，细腻温泽的纹理，温润美丽的光泽，华美的色彩和悠扬悦耳的声音，从而奠定了玉的传统概念。

随着历史的发展，对玉石的认识研究也在逐步加深。直至当代人们对玉的界定存在着两种不同的概念，一种为广义的玉，一种为狭义的玉。广义的玉也即我国传统观念中的"石之美者"，在这种概念中玉石包括的范围相当广泛，具有质地、色彩、声音等其基本的五大特征的玉石，不仅包括我们熟知的翡翠和和田软玉，还包括岫玉、南阳玉、蓝田玉、玛瑙、琥珀、青金石、珊瑚、水晶、孔雀石、绿松石等等，这些具有美丽的质地、色彩、光泽的美石与和田玉一起至今仍被我们认可，是我国玉石的重要组成。

狭义的玉，则是通过科学的检测测定，具有一定数据规范的特殊的玉质，19世纪后半叶，法国矿物学家德穆尔将中国玉根据其硬度及其他化学结构特性分为"硬玉"和"软玉"。"硬玉"即翡翠，其硬度在6.5~7之间，比重3.2~3.32，翡翠仅在东南亚缅甸等地出产，其硬度大，色彩以绿色为主，光艳美丽，唐宋以后才逐渐见于文献记载。清代翡翠的使用渐多渐广，在玉石雕刻中占有重要的地位，其价值与和田软玉齐名。"软玉"则是专指透闪石——阳起石类材质组成的玉石，硬度要达6~6.5，比重为2.96~3.17，而符合这些条件的只有和田玉，因此软玉也即指新疆和田玉。

对玉不同概念的界定和划分，表明了玉石特性的复杂，也表明了作为一种美石，玉石种类的丰富多彩。一直以来，对于玉的概念的界定，根据理解不同始终未有定论。遥想数十万年前，当人类的祖先第一次采集到与普通的石块质地迥然不同的石材来打制工具，通过磨制发现了这种美石的质地细腻，光泽美丽，并逐渐以之制作造型用来表达一种原始的思想，他们最初所关注的往往是石质的美丽与否，因此，追本根源，尽管当代对玉的划分更加科学与客观，我们仍然普遍认同中国古代传统的玉石概念，即从感性美认识出发，对具有一定的硬度，质地纹理细腻，色彩丰富光泽温润，声音悠扬的美石都视为玉石。可以说在中华民族的传统观念中，玉的核心是美石，特殊的美是各种玉石存在的共同特点。

2. 中国传统玉石品类

华夏民族对玉的发现，对玉的价值的推崇，对玉的雕塑艺术加工，有着非常久远的历史，对石质中具有美的质地、光泽、色彩的美石几乎都有涉及。因而，玉所包含的范围、品种非常广泛。

从各个时期文化遗址及古墓葬发掘出土情况看，玉石的品种丰富多彩。红山文化遗址发现的玉石品种有绿松石、玛瑙、蛇纹石、杂石、煤玉、透闪石玉等，良渚文化遗址有大量的透闪石—阳起石系列的玉石，也有蛇纹石、石英岩玉燧等品种。安徽含山凌家滩大溪文化墓葬中出土的 9 件玉石雕刻，4 件为透闪石玉，一件为阳起石玉，还有两件玉燧，一件水晶，一件蛇纹石玉。① 甘肃省永靖大河庄和武威皇娘娘台等属于齐家文化遗址、青海大通县孙家寨古墓中出土了数十件绿松石饰品。在对商周及两汉古墓葬的发掘中，虽然此时和田玉料已经占了绝大部分，如商代妇好墓，汉代南越王墓等，但仍然有其他的玉石品种存在，呈现出多样化的特点。

20 世纪 50 年代对殷墟出土的部分玉石进行鉴定认为除主要为南阳玉外，其中也有绿松石制作的饰品。② 殷墟出土文物中还有孔雀石箸、孔雀石人物雕刻。商周以后，青金石、孔雀石等美石也在玉石品种中占有了一席之地。云南楚雄万家坝出土了春秋战国时期的孔雀石制品。徐州东汉墓葬中曾出土鎏金镶青金石兽形铜砚盒，河北赞皇东魏和宁夏固原北周的古墓中也出土有青金石戒指等工艺制品。除此之外，在明清以后还大量出现琥珀、玛瑙、水晶、象牙、珊瑚等制品，如珊瑚在清代是重要的装饰制品材料，官员的服饰中二品帽饰用珊瑚装饰，同时朝珠大量使用珊瑚，代表着特别的身份等级地位。

我国古代的历史典籍中也记载了大量的玉石品种名称，大部分的品种和当代出土的实际情况是相符合的。典籍如《史记》、《礼记》、《山海经》、《水经注》、《太平广记》等详细记载了数百种玉的品种类型。

《汉书·地理志》记载："京兆（今西安市）之蓝田山，出美玉"，《晋书》载"始皇刻蓝田玉曰：'受天之命，皇帝寿昌'"。北魏郦道元《水经注》载"南阳有豫山，……出碧玉"。西晋葛洪《西京杂记》说：汉光武帝时，天

---

① 《安徽含山凌家滩新石器时代墓地发掘简报》，《文物》1989 年 04 期。

② 李济《殷墟有刃石器图说》。

竺进献以宝石装饰的马具，其中就以玛瑙为主。《旧唐书》载天宝六年，波斯派使臣送给唐明皇玛瑙床。《拾遗记》中记载"昔始皇为冢……以琉璃杂宝为龟鱼"。指的是发出青绿色彩的青金石，《清会典图考》记载："皇帝朝珠杂饰，唯天坛用青金石，地坛用黄玉，日坛用珊瑚，月坛用白玉"。

翡翠虽然与上述的玉石品种相比到清代才最为兴盛，但其史籍记载在汉代已出现，《汉书·贾山传》载："被以珠玉，饰以翡翠"。宋代欧阳修《归田录》中说"余家有一玉罂，形制甚古而精巧，始得之梅圣俞，以为碧玉……真宗朝老内臣邓保吉者，识之，曰：此宝器也，谓之翡翠，云禁中物，……有翡翠盏一只，所以识也"。

根据历史记载、考古发现和当代科学的考证检测、研究，我们可以总结出以下传统玉石品种的名称、产地、材质特性。

和田玉即软玉，也有称闪玉，化学成分钙、镁硅酸盐，矿物属透闪石—阳起石系列，主要成分为透闪石，其晶体为纤维束状交织结构，名为软玉实则有非常高的硬度，硬度均在 6 ~ 6.5 之间，因此与其他宝石相比，具有很强的韧性。世界上很多国家如加拿大、新西兰、美国、澳大利亚等都有软玉出产，我国传统玉石品种符合软玉条件的主要有和田玉、岫玉中的河磨玉等。和田玉分布于我国新疆维吾尔自治区莎车、塔什库尔干、和田、于阗、且末县绵延1500 千米的昆仑山脉北坡，矿脉集中在海拔 4000 ~ 5000 米的高处，共有 9 个重要的产出地。昆仑山脉出产品质优良的玉石，古代典籍记载很多，《史记》、《汉书》、《唐书》有载："致昆仑之玉，有随、和之宝，……此数宝者秦不生焉"，"代马胡犬不东下，昆仑之玉不出，此三宝者亦非王有已"，《天工开物》记载："凡玉贵重者尽出于阗"，屈原也有诗曰："登昆仑兮食玉英，与天地兮同寿，与日月兮齐光"。

和田玉根据不同的产出情况，有山料、山流水、籽玉三种，其中籽玉是原生玉矿崩塌剥蚀被山洪流水搬运到河流中，被河水反复磨滚、撞击，将山玉杂质尽都除去，只留下纯净的玉质，这种籽料圆润、光滑如凝脂，因此质量最好，色彩有上乘的羊脂白玉、青玉、黄玉、墨玉等多种，清代陈胜《玉记》中说："产水底者名子儿玉，为上"。此种高品质的玉料，以和田出产最为著名，此处的玉龙喀什河、喀拉喀什河和莎车附近的叶尔羌河，且末县内的几处河流都是重要的产地。

和田玉的开采，尤其是珍贵籽玉的获取受到各时期统治者重视。由于籽玉的采集非常艰辛，清乾隆皇帝曾赋诗"于阗采玉人，淘玉出玉河。秋时河水涸，捞得缪琳多。曲躬逐逐求，宁虑涉寒波"。晋代高居海在《行程记》中记述："每岁五六月，大水暴涨，则玉随流而下，玉之多寡由水之大小，七八月水退，乃可取，彼人谓之捞玉。"，可知采玉者是踏入河水凭经验进行采玉工作。明代宋应星《天工开物》则有更为详细的记载："凡玉映月精光而生，彼国人沿河取玉者，多余秋间，明月夜望河侯视，玉璞堆积处，其月色倍明矣，凡璞随水流，仍错离乱石浅流之中，提出辨认，而后知也，……其俗以女人赤身没水而取者，云阴气相召，则玉留不逝，易于捞取，此或夷人之愚也"。同时《行程记》、《新五代史》等记载"其国之法，官未采玉，禁人辄至河滨者"，"每发秋水涸，国王捞玉于河，然后得玉"，从以上各种记载可以看出不管是官府和个人，入水捞取是获取籽玉的唯一途径，也更显出籽玉玉料的珍贵程度。

和田山料又称山玉，指产于山上的原生矿，山流水则指原生矿石经长期分化剥离为大小不等的碎块崩落在山坡上，再经雨水冲刷流入河中，据原生矿脉较近。不管是山料、山流水其块度都较大有棱角，产量大但质量逊于籽料。时至今日，籽玉由于经过数千年的采集已近枯竭，而山料和山流水已成为和田玉的主要来源。

岫玉 岫玉是我国传统玉石雕刻中古老的玉种，产自辽宁岫岩县玉沟。其中最珍贵的河磨玉矿脉分散，主要的成分为透闪石，质地细腻，硬度也达到6.5～7，抛光后呈油脂光泽，玉体洁净美观，红山文化发现的部分玉雕即是以这种玉料制成。但岫玉主要的品种是由蛇纹石矿物组成，宝石学上称作蛇纹石玉，其硬度为5.5左右，外观多呈青绿色、黄绿色，半透明蜡状光泽，我国传统上对岫玉的开采和利用虽然早于和田玉，但由于其产量大，分布广便于开采，至今仍是玉雕的主要材料。

独山玉 独山玉又称南阳玉，因产于河南南阳的独山而得名，也是我国著名的传统玉石品种。神木石峁新石器龙山文化玉斧、殷墟妇好墓大部分玉雕和北京北海团城的元代大玉瓮都属于南阳玉材质。南阳玉为斜长石类石质，硬度6～6.5，质地较细纯净，具有油脂或玻璃光泽，抛光性好，透明或微透明，色彩为多色调，以绿、白、杂色为主，也有少见的紫、蓝、黄等色，其中最为珍贵的透明的蓝绿色称为"南阳翠玉"。南阳玉开采的历史悠久，自汉代已开始，汉代玉石加工遗址"玉街"和各个历史时期开采留下的1000多个矿坑至今尚存，南阳玉的储量也很丰富，开采便利，近代已在南阳及其周边形成了玉石开采加工的众多商家，也有大量的玉雕制品出口国外，尤其受到东南亚一带国家的普遍欢迎，使南阳玉至今仍闻名于世。

蓝田玉 蓝田玉产于陕西西安附近的蓝田县，其名首见于《汉书·地理志），在《后汉书》、《水经注》、《天工开物》等典籍中多有记载。蓝田玉是一种蛇纹岩化大理岩，主要矿物成分为方解石、蛇纹岩，质地致密细腻，摩氏硬度为 3 ~ 4，其色斑斓，光泽温润，纹理美观，常常一玉多色，因多以绿色为主调，俗称"菜玉"。蓝田玉的开采至东汉已具一定规模，不仅历史悠久，"蓝田玉暖日生烟"更为之赋予了丰富浪漫的文化底蕴。当代蓝田又发现了新的玉矿，储量也很丰富，只是重视程度不够，还没有产生应有的影响。

以上几种玉石品种既是我国主要的玉石种类，也是我国著名的传统玉石雕刻选用最多的玉材。除此之外我国传统玉石的品种还有青海玉、京白玉、东陵玉、密玉等，但由于储量少、质量不及上述品种，开采时间晚，影响不大，因此不多赘述。

翡翠　翡翠被誉为玉石王者，是我国古代重要的玉石品种和玉石雕刻材料，虽然早在唐宋时期就已经有翡翠出现，但被广为熟知和重视却是在 19 世纪初，可谓是玉石家族的后起之秀，直到明末清初由于皇室的喜爱与推崇才取得与和田玉同样显赫的地位，并后来居上。

翡翠属硬玉，矿物成分主要是单斜辉石，主要由钠和铝的硅酸盐矿物组成，铬是使翡翠具有翠绿色的主要因素。翡翠具有透明至不透明的特性，有玻璃光泽和油脂光泽，硬度很高，达到 7 左右。翡翠的色彩也呈多样化，以多种绿色为主，也有红色、白色、紫色、黄绿等，其中绿色就分宝石绿、艳绿、玻璃绿、浅水绿、瓜皮绿、蓝绿、灰绿等 20 多个品种，以具有纯正、匀净、浓艳的各种绿色且质地细腻无瑕透明度高为高档，绿色不透明为商品级，绿色至淡绿色不透明为普通级。

翡翠也有山料与籽料之分，山料是指原生的矿脉，籽料则是指产在河床沙砾层中经过水流冲刷和氧化，后者的质量优于前者。翡翠中国并无出产，主要来自缅甸，缅甸乌龙江是世界翡翠最重要的产出地，早在 13 世纪就开始在河床中采矿沙，直到十九世纪末才发现并开始开采原生矿床，产出量很大，此外翡翠产出国还有哈萨克斯坦、美国等少数国家，但无论数量和质量都不能与缅甸翡翠相比美。

正如上文所述，除了我们通常意义上所知的美玉，中国古代传统玉石品种秉承"石之美者"的观念，还有很多美石矿物质也被归为玉的范畴。

绿松石　绿松石，源自法语，意为土耳其石。是一种十分古老的玉石，在古埃及就为人所知，并被视为圣物，是由细小的绿松石矿物为主组成的隐晶质致密块体，矿物含铜、铝和水的磷酸盐，通常存在于次生浅藏矿床中，大多不透明，蜡状光泽，如果其中含有铁质就有黑线，硬度在 5 ~ 6 之间。绿松石以特有的天蓝色、蓝绿色、苹果绿色和常见的黑色铁线为典型特征。

从世界范围来看，产绿松石的国家很多，如伊朗、埃及、美国、巴西、智利等国都有出产。伊朗是优质绿松石产地，所产波斯级绿松石呈天蓝色，铁线少质量上乘。我国的绿松石主要分布于湖北竹山县和陕西的白河县，古代也称作"甸子"、"荆州石"。竹山县绿松石呈天蓝色、暗蓝、蓝绿和绿色，储量大但铁线多，而白河县尤其是月儿潭出产的则色彩纯净，铁线少质量优，但产量少。绿松石由于矿床多在崇山之中，在古代开采十分不便，不仅要在矿洞中将包藏在黑泥中的松石费力地掏出磕净，而且还要人背畜驮，转运数百里山路出山，因此十分珍贵。当代已采用机械化开采，使得绿松石越来越多的走入到寻常百姓之中，渐渐成为大家较为熟知的玉石品种。

青金石 青金石，以含点状金色黄铁矿浸染体似星光灿烂的夜空的特征，深受东方民族特别是阿拉伯民族的喜爱，在我国古代也被称作"璆琳"、"琉璃"。其由青金石矿物组成，含方解石、黄铁矿，色彩呈独特的蓝色、深蓝及群青色，不透明有玻璃油脂光泽，硬度5.5。青金石主要产自阿富汗、智利等地，尽管中国使用青金石历史久远，但尚未发现青金石矿床。阿富汗出产的青金石品质在世界范围内最佳。

玛瑙 玛瑙自古以来就因为其美丽的带状纹理为人们所喜爱，在汉代以前其常被称作"琼玉"或"赤玉"，玛瑙一词源于佛经。组成玛瑙的矿物除了玉髓即隐晶质石英外，还带有少量蛋白石或微粒状石英，是一种具有同心缟状或平行条带状结构的玉髓，没有纹带花纹特征的只能称作玉髓，玛瑙纯色应为乳白色，由于带有其他金属物质而呈现出灰、褐、红、蓝、绿等色调，其有透明、半透明和不透明之分，具有玻璃及蜡状光泽，硬度一般在6.5至7之间，古人最为推崇红玛瑙，称为"红缟玛瑙"，非常珍贵。水胆玛瑙也是珍贵的品种，玛瑙中包裹着天然形成的水，可谓稀世之宝。

古代的玛瑙既有从西域、天竺、波斯等国输入的，也有我国内地自产的。世界著名的玛瑙产地有印度、巴西等，我国也是出产玛瑙的大国，主要产自黑龙江、辽宁、湖北等地。《后汉书》《天工开物》《博物要览》《广舆记》等就记载了蔚州的九空山、四角山，陕西神木、府谷地区，汝州赤岭镇，南京雨花台等一些详细的出产地点。

孔雀石 孔雀石是一种古老的碳酸盐类玉石，属次生氧化矿物，古时称"绿青"、"石绿"等，因为含铜量高呈现独特的孔雀绿色而得名，大多是块状、钟乳状、皮壳状等，不透明，抛光后呈玻璃光泽，硬度在4左右。孔雀石主要产自俄罗斯、赞比亚、津巴布韦、澳大利亚等地，我国也储量丰富，多采自湖北的铜绿山及广东、赣西北等地。

水晶　水晶是指结晶完好而透明的石英，多呈柱状产于伟晶岩等岩石的晶洞和裂隙中，其有水玉、千年冰、紫石英、青石英等许多别名，玻璃光泽，硬度达到 7，有无色、紫色、黄色、褐色等。紫水晶主要产自巴西、斯里兰卡、赞比亚等地，黄水晶最佳品种产自巴西，我国的产地也很多，主要集中在海南、山西、广东、山东等地，江苏东海水晶产量大质量上乘，而且色种全，享有盛誉。

琥珀　琥珀，我国古代称为"光珠"、"江珠"等，其作为玉石品种已有六千年历史，《山海经》就详细记载了琥珀。琥珀是一种树脂化石，是第三纪松柏科植物的树脂掩埋地下千万年石化后形成的，常常埋藏于煤层之中，因此其状态可谓多种多样，色彩有黄、褐、淡红、橙色等，透明至半透明，硬度较低为 2.5 左右，有油脂光泽。琥珀的品种很多，以金黄色的金珀和红色的血珀为最佳品种，含有昆虫的琥珀非常少见也更加珍贵，具有很高的研究和欣赏价值。俄罗斯、罗马尼亚、缅甸都有琥珀出产，我国辽宁抚顺地区的煤田是琥珀的主要产地，品种丰富质量也最好。

珊瑚　珊瑚是海洋生长的有机玉石品种，由微晶方解石集合体构成，有玻璃光泽，透明至不透明，硬度在 4 左右。色彩有白色、肉色、红色等，颜色浓艳色红而色调均匀的属上品，最为珍贵的当属红色的贵珊瑚，质地细腻，材质柔和富有韧性。珊瑚的主要产区在地中海、非洲、日本海和我国的南部沿海地区。

二、中国古代玉文化

1. 玉有五德的思想观念

"比德于玉"是一种重要而独特的中国传统文化现象。

尧、舜、禹时代实行的是唯贤者治国的"禅让制度",但随着社会的发展,私有制逐渐产生,私人所拥有的财富越来越多,禹以后并没有将禅让制维持下去,而是在他之后将氏族社会的管理权交给了他的儿子启。大禹传位给启标志着我国奴隶制社会的开始,也确立了影响中国数千年文明历史的"家天下"统治。启建立的夏朝改变了"共同生产,共同消费"的社会制度,代之而起的是奴隶生产奴隶主贵族享受的社会政治制度,启成为了夏王国的最高统治者,而被征服的氏族则全部成为了奴隶。商代夏,为了压制被统治氏族奴隶的反抗,维系所谓的殷商血统,也为了使他们的统治权能臻于永久,除建立了完备的政治制度和国家机器之外,也还需要从思想上、意识形态上宣扬这种统治的合理性,使之合法化,需要制定为统治者服务的规范人们共同生活及行为的准则,因此道德观念逐渐产生。《盘庚篇》中就说:"予亦不敢动用非德"、"式敷民德,永肩一心",显示了德的观念。

从"德"字的含义上来说,"德"就是"得",就是做事要适宜,于人于己都过得去,无愧于心,这种宣扬"德"的辞令在卜辞中大量出现,说明殷商统治者"从建国的过程中就已倡导'德治'和'礼治',就以'德'和'礼'作为维护统治权力的中心骨干",就是"要达到作为规范的'礼'的目的,就必须有很好的'德'的修养为前提。反之,如果要完成'德'的修养,也必须得有'礼'来作为规范,二者在作用上虽有所不同,但其实是相辅相成的,因之,人们可以这样说殷人之所谓'德治'是为走向'礼治',而殷人之所为'礼治'也就是要为了完成'德治',换句话说,这'德治'就是'礼治',而这'礼治'也就是'德治',这'德治'、'礼治'的完成,从殷人看来，就是殷族对其他被奴役的种族的统治权力的臻于巩固"。①

继殷商而起的周朝，出于相同的目的，继承和发扬了其关于道德思想的观念。周甫建国，就表示他们也期望能像殷商先王那样以德的方式来使人民心悦诚服的供使役，"在昔殷先哲王，迪畏天，显小民，经德秉哲"，"商实百姓王人，罔不秉德"② 说的就是这个意思。周统治者认为要完成礼治，使得周族所有的奴隶制国家里的人事以及人事的各方面都能好好的而又永久地纳入规范，最重要的自然是要加强对于"德"的修养，因此加大了对"德"的宣传。首先宣扬先王的美德，"文王克明德慎罚，不取侮鳏寡、庸庸、祗祗、威威、显民，用肇造我区夏"，③ "今我佳即刑凛于文王正德，若文王令二三正"，④ 其次，各个王的称号均以示德的美好词语来称谓，殷商诸王的称号，具有"德"的概念的还只见到"文丁"、"康丁"、"武丁"，可到了周代，具有"德"的概念的称号显著增多，可见"德"的内涵到了周代更加丰富了。周人把殷商"德"的内容从对驱使奴隶的服从和顺从劳动中作了进一步的发挥，使"德"的观念得到了巩固。

西周后期，随着新贵族阶层的兴起和下层奴隶的觉醒，商周统治者着力宣扬的道德、礼治观念分崩离析，受到了强烈的质疑和冲击，在这种情况下奴隶主阶层极需要加强和完善对其统治来说极为重要的、新的，更加完备的道德观念，孔子道德思想的理论化、系统化正是在这一背景下产生的。

孔子本身也是没落贵族出身，面对礼崩乐坏的社会现实和下层民众对统治者的不满，总结了商周时期关于道德思想的精髓，提出了为统治者所接受的道德观念。

孔子的道德观念包括三个重点。第一，孔子关于"仁"的观念。在孔子思想中是非常重视"道德"的，其把道德又以"仁"加以总括。早在孔子之前，人们已经有了关于"仁"的观念，只不过并没有形成完备的理论，在孔子的见解里，"仁"不止是诸德之一，并且是人类行为标准之总名，内容包括"孝"、"亲爱"、"保民"、"利国"、"礼让"、"恭敬"等含义。孔子所说的"仁"指的是人之所以为人的道理，仁道就是日常生活中人人所应遵循的道理，因此孔子说："苟志于仁矣，无恶也"，⑤ 意为具备仁德的人，才能称之为

---

① 杨荣国《中国古代思想史》。
② 《周书·酒诰》。
③ 《周书·康诰》。
④ 《大盂鼎》。
⑤ 《论语·里仁篇》。

人。第二，儒家道德的价值核心"孝"。《论语》说"孝悌也者，其为人之本也"，中国传统伦理道德以家族为本位，其原则的建立不仅把"家"提高到人生最重要的生活群体的地位，而且把维系家族血缘和群体感情的孝悌观念确定为最具普遍性的伦理模式和最高的道德价值，不仅如此，"孝"的道德价值不断推衍，出现了"忠孝"合一思想和"五伦"、"三纲"的纲常观念，道德要求与人们所处的社会地位密切相关，所有的规范均以身份而定，所谓"君君臣臣"、"上下尊卑"、"三从四德"正是这一理念的系统化结果。第三，儒家思想的"君子"概念。孔子的道德思想可以表述为"成圣之学"，即以一种理想的人格作为道德实践的最高境界，正是由于道德实践旨在成就一种圣人的品格，因此，儒家思想的落实必然要求在现实生活中有一个可以承担这一理想的社会群体，这个现实群体就是所谓的君子，因此孔子从多方面对君子加以道德上的定义，如"君子怀德，小人怀土"，"君子喻于义，小人喻于利"，这就使得身份构成道德的前提，而道德又成为身份的确认和维护者，两者相辅相成。君子作为一种身份概念在孔子道德思想中是始终一贯的，其从更高的层次上确立了君子在社会中的至高无上的地位。

　　孔子道德思想的建立，总的来说是要建立一套新的适合当时情况的等级制度秩序，是为统治者服务的，宋明时期的儒家虽然将其更加深入化系统化，但其道德核心是一致的，对中国文化的各个方面产生了巨大的影响力。

　　中国传统道德思想对玉文化产生的深刻影响是显而易见的，最为典型的就是比德于玉的观念。早在《管子·水地篇》中就将人的高尚道德与玉的美好相提并论，"夫玉之所贵者，九德出焉，夫玉温润以泽，仁也，邻以理者，知也，贤而不蹙，义也；廉而不刿，行也；鲜而不垢，洁也；折而不挠，勇也；瑕适皆见，精也；茂华光泽，并通而不相陵，容也；叩之，其音清搏彻远，纯而不淆，辞也。是以人主贵之，藏以为室，剖以为符瑞，九德出焉"，这里将人们九种行为美德与玉相对应起来，开了"比德于玉"的先河。而真正将中国传统文化中道德思想以玉来比喻的是儒家道德思想的肇始者孔子，《礼记·聘义》载："子贡问于孔子曰：敢问君子贵玉而贱珉者，何也？为玉之寡而珉之多与？孔子曰：非为珉之多，故贱之也，玉之寡，故贵之也。夫昔者，君子比德与玉焉，温润而泽，仁也；缜密以栗，知也；廉而不刿，义也；垂之如队，礼也；叩之其声清越以长终之出然，乐也；瑕不掩瑜，瑜不掩瑕，忠也；孚尹旁达，信也；气如白虹，天也；精神见于山川，地也；圭璋特达，德也；天下莫不贵者，道也。诗云：言念君子，温其如玉。故君子贵之也"。在这里实际上孔子是借比德于玉，借玉的完美特性对人的道德修养提出了具体明确的要求，玉的光感"温润以泽"不像钻石那样光耀夺目，更不是砾石那样暗淡无光，而是发出油脂般温和凝重、内敛朴实又深沉的光泽，正符合儒家道德观念所希望道德高尚的人具有的温、良、恭、俭、让的品德，温是个性的温和、温顺、温文尔雅。玉石是由矿物质致密体结合而形成的，结构纹理细腻硬度高，结构稳定，也符合道德思想崇尚思维的缜密、顺达的现实，即强调道德修养高的人应具备高度的智慧要求。玉石的硬度相对较高，坚硬而不易损伤，表面光滑而美观，当我们联想到君子的耿直，坚持原则，无畏牺牲，舍生取义，宽厚仁慈的品行时，则能体会到君子品德的内外一致，遇事不轻言退缩，毫无颓废、放弃和懦弱的性格特征。玉石给人的直观感觉又是纯净的，质料是细润的，通过抛光打磨更显出清净晶莹、透彻深邃而光明磊落，也符合做人坦荡、做事认真负责道德修养的基本要求。但并不是说玉就毫无瑕疵，恰恰相反由于玉石是天然的矿物质，许多玉石不可避免的有或多或少的瑕疵，在儒家道德观看来，人无完人也是自然的规律，关键在于高品德的要求在于人不虚伪，敢于正视自己的缺点，这也正是"瑕不掩瑜，瑜不掩瑕"的深层次内涵，同时也体现了孔子道德思想对君子包容心的重视。

玉石经过敲击会发出悦耳清脆的声响，这是它的物理特性，孔子用自己尊崇的"乐"来形容，说明"乐"在道德思想中的重要性，甚至"礼乐"相互关联并用，认为只有用适合自己的"乐"来祭祀祖先，庆祝胜利，才能实现天下的安定和美好，玉饰的佩戴在西周春秋时期有很严格的礼仪规定，当孔子把"礼"这个概念赋予玉饰的佩戴时，正是说明希望人们能够体会古圣先贤的礼制，克己复礼，建立君君、臣臣、父父、子子的道德理想社会。

孔子的"气如白虹，天也；精神见于山川，地也"，是从宏观上赞美了玉石吸收天地之精华，具有大自然容纳万物高尚的美德，间接地提出了品德高尚的人应具备大公无私、顺应自然的要求，最后孔子又以道德社会的最高理想——以圭璋等这些礼玉祭享天地祖先，祈求社会安定和平来表达天子的美好德行，可以通达上苍的愿望。孔子把道德的内涵都赋予了玉，就把玉的地位推到了无以复加的地步，使玉逐渐成为一切符合道德规范行为的典范，成为了君子的代名词，故《礼记·玉藻》云："君子无故，玉不去身，君子于玉比德焉"，《春秋繁露》云："玉至清而不蔽其恶，内有瑕秽必见之于外，故君子不隐其短，不知则问，不能则学，取之玉也"。

孔子之后，东汉的许慎在《说文解字》中解释玉的概念时，也对道德与玉的关系给予了概括，指出玉有五德，"玉，石之美者，有五德：润泽以温，仁之方也；䚡理自外，可以知中，义之方也；其声舒扬，专以远闻，智之方也；不挠不折，勇之方也；锐廉而不怯，洁之方也"，这实际上是进一步把人们赋予玉石的仁、义、智、勇、洁五种人性化的"仁"、"善"德行与玉石本身完美的融合起来，并没有超出孔子道德观念的基本要求。中国玉文化中"比德于玉"的思想观念实际上在孔子时代已经定型并深刻地影响着中国文化的方方面面。玉的质地细密色泽淡雅，温润光洁，玉器的各种形式蕴含观赏寓意和审美，所形成的独特现象在泱泱数千年中使玉在中国人的心目中拥有着崇高的地位。由于玉成为道德思想的外在的物化形式，也使玉的社会地位和思想内涵大大地丰富了，国人所赋予玉的社会、道德、文化内涵，使玉早已超越了自然物质的范畴，使其成为中国古老文明的一个独特的文化符号。

2. 玉与中国传统宗教礼仪文化

宗教是"一种重要的社会意识形态，是对客观世界的一种虚幻的反映，要求人们信仰上帝、神道、精灵、因果报应等，把希望寄托于所谓的天国或来世"。[①] 在古老的原始洪荒、茹毛饮血年代，人类面对自己生活的自然界混沌而茫然无知，大地上为什么会有高耸的崇山峻岭，浩瀚无涯的大海？为什么会有郁郁葱葱的花草树木，各种各样的动物而又和人类长得如此不同？人从哪里来，为什么又会有生老病死？死去的人为什么不会复活？还有宇宙是怎样一个神秘的世界？为什么一会儿风和日丽天朗气清，而一会儿又风迅雷急雨雪交加？雷又是什么？为什来无影又去无踪伴随着闪电发出轰隆隆的巨响？火更神奇，既能够把树木甚至是生物焚烧殆尽，又能够给人类带来光明带来温暖，还能够将食物烧熟使之吃起来更美味。在原始社会人们头脑里可能存在着许许多多诸如此类的问题，这些就是早期人类社会鬼神与宗教巫术思想的原始萌芽。有了对自然世界各种现象问题的产生，原始社会的人类自然而然就会用自己的理解方式去解释，他们创造出了神、鬼、仙这些名词，从而形成了特定的思想文化体系，形成了特定的宗教性质的行为。

"原始宗教是原始社会发展到一定阶段的产物，最初是作为原始人群的自发信仰产生的，原始社会极端低下的生产力使人们在自然力面前无能为力，分不清自然力和人力的区别，于是便把支配自己生活的自然力人格化，变成超自然的神灵，随着原始社会经济的发展，这种最初的自然崇拜发展出精灵崇拜、

---

① 商务印书馆：《现代汉语词典》，2001 年版。

图腾崇拜、祖先崇拜和神灵崇拜"。①

在远古时代，存在着众多大大小小的原始部落，人们凭借着想象力，参照和人类生存在同一空间环境与人类生活息息相关的周围生物形态，构造出了各种各样带有浓厚神秘色彩、同时具有本氏族特征的部落图腾。图腾就是各氏族组织的特有徽号，它可以是动物，也可以是植物，甚至可以是天、地、山岳或是雷电风火等等。一旦氏族集团形成，这种最初被盲目崇拜的事物、物体就成为本氏族共有的区别于其他氏族的崇拜物，并成为单一氏族的象征。整个氏族就会以各种各样的形式加以突出、表现与宣示，以提高本氏族的名望与形象。玉正是这时氏族突出形象的重要载体。

龙可以说是远古时期黄河流域各氏族融合后形成的共同的图腾形象。它是从各个氏族尊奉的鸟、牛、虎、蛇等图腾上各取一部分重新创造的大众化新的氏族标志，从新石器时期开始以玉石雕刻表现龙的形象就在中华大地上层出不穷，成为中华文明的特殊文化现象。

红山文化玉龙即是这些玉石雕刻中最具代表性的。1971 年在内蒙古自治区赤峰市翁牛特旗三星他拉村发现岫岩玉制的玉龙，吻部前伸，鼻端齐平，有对称的一双鼻孔，双眼突出，龙的形象毕现，整个形体卷曲成"C"字状，刚劲有力，颈部有长鬃弯曲上扬，表现了原始人类丰富的想象力和非凡的创造力。类似的玉龙形象在已经发掘的红山文化玉雕中共计有 30 多件。

商周时期玉龙的形象仍持续不断的出现，如殷墟妇好墓出土的玉龙，其形式继承了"C"字形造型，形象清晰装饰化，身上多饰以菱形、三角形等的几何图案，形成一种独特的符号，从而使人们已经目中的神龙更具有了宗教和文化的特殊底蕴。

春秋战国时期龙仍然是玉石雕刻最常表现的题材，这时的玉龙躯体变成了"s"状，似蛇形曲绕，婉转自然，头与身躯明朗化，并从原始时期、商周静止的状态中挣脱出来，充满了活泼跃动的气息。此时龙的形象是玉石世界的主宰，在玉璧上有浮雕的龙，有圆雕的龙，有龙形佩，有龙形璜。汉代龙已经逐渐成为皇权等级的象征，龙的形象在玉雕上日趋成熟，成为天上地下腾挪万方的神灵。汉代的玉龙形象更加潇洒自如，奔放不拘的形式展现出汉代社会蓬勃向上的活力，同时形象有了角，有了龙尾、四肢、龙眼、龙耳，已与后世的形象相差无几。汉以后，龙始终是玉石雕刻的重要形象之一，唐宋明清的玉龙体现的是中华民族至高无上的精神力量，体现了龙的变化莫测神通广大，无所不

---

① 刘凤君：《美术考古学导论》。

能的神奇威力。人们陈设龙的玉屏，佩戴龙的玉佩，表明人们对龙的感情内涵和对龙形象的敬畏、喜爱，可以说古往今来玉与龙的结合始终是中华民族挥之不去的情愫。

原始宗教创造了神，同时也创造了与人的现实世界不同的神仙世界，这个想象中的环境往往也是雕栏玉砌。昆仑山是我国古代宗教神话中最著名的仙山，是一座天帝和众神诋居住的万神之山，《尔雅·释地篇》云："西北之美者，有昆仑虚之璆琳琅玕焉"，《淮南子·坠形训》云，昆仑山"上有九井，以玉为栏"，上面的传说描绘的是这座仙山不但产美玉，而且还有玉树，连建筑都是用玉来雕砌的，到处都是玉的世界。又如传说中的海外仙境瀛洲，也是玉的国度，《山海经》就描述这座海中的仙岛，神芝仙草遍地，还有玉石高达千丈，简直美不胜收。除此之外，我们熟知的道教神主玉皇大帝居住的云霄宝殿，更是琼楼玉宇玉色耀眼，遍布玉树琼宝。当然这些都是人们主观想象的东西，目的无外乎要描述神仙的逍遥自在，恬淡悠闲，引导告诉现世的人们遵依宗教的信条就能到达这些美好的世界。由于玉的美好及其所得到的尊崇，宗教中的神仙神物也常用玉来命名，如玉帝、玉皇、玉蟾、玉兔，用来制作偶像法器如玉法轮、玉佛像，这些都反映了玉在宗教神秘文化中所处的重要地位。

原始宗教产生后，相应地就会产生与之相对应的多样的宗教活动，以此才能使宗教理念得以宣扬并深入人心。"原始宗教是经国家或诸侯君王们组织起来的信仰活动，其核心内容即是祭奠神灵"。① 原始社会时期，人们幼稚地认为世间万事万物都由其自身具有的意志来控制，并继而认为各种神灵不仅支配其自身还支配人间祸福，为了祈求神灵祖先的保佑与赐福，使人与神能够得到意念上的沟通，人们采取了祭祀的办法。《礼记》云"国之大事，在祀与戎"，"礼有五经，莫重于祭"，可见祭祀在中国古代社会的重要影响。

祭祀是以献贡与表演的方法与"神"直接交流的通神术，由祭者、祭祀对象和祭祀形式三方面构成。华夏先民的祭祀活动涉及到宇宙自然的多种事物，把芸芸众生与那无处不在、无所不知、无所不能但却幽深莫测的神秘世界紧密联系起来，形成了多样化的祭祀文化。原始的祭祀充满野蛮的气氛，人们用泥土塑造简单的神灵偶像或在石岩上画出神灵形象作为崇拜的载体，并在其前陈列献于神灵的食物和其他礼物，然后祭祀者对神灵唱歌跳舞。甲骨文卜辞和先秦史料保存了大量有关古代祭祀活动的文字，我国古代第一部诗歌总集《诗经》中的《大雅》和《颂》几乎都是表现商周时期各种祭祀活动的诗篇，

---

① 海南出版社：《中华神秘文化辞典》，2002。

结合《周礼》《仪礼》《礼记》的记载，说明至商周我国的祭祀文化已经很发达，祭祀活动和政治活动的关系越来越紧密，礼节越来越复杂，祭品越来越丰富，规模也越来越庞大。很多古文化遗址都留下了远古时代进行祭祀活动的遗迹。原始时期人们的祭祀朴素，所献的供品也比较简单，但已出现了玉的身影。1981年考古工作者发掘了红山文化牛河梁遗址，发现了积石冢、女神庙和一个像一座小山一样大的三层祭坛，在这里不仅出土了明显带有宗教祭祀性质的女神像，也同时发现了祭祀供奉女神所用的玉雕制品，其中就有玉龙、玉璧、双猪首三孔玉器、玉鸟、玉兽面和玉勾云形器等，形式多样，种类丰富。

　　《周礼》成书于战国末年，它反映了两周王室官制和春秋战国时各国的制度，很多内容都添附了儒家的政治理论，其中提到了对玉质礼器"六瑞"、"六器"的使用，说明了西周祭祀文化用玉的情况。《春官·大宗伯》说："以玉作六器，以礼天地四方，以苍璧礼天，以黄琮礼地，以青圭礼东方，以赤璋礼南方，以白虎礼西方"，六器就是祭祀活动中重要仪式道具璧、琮、圭、璋、琥、璜。（图2-1）

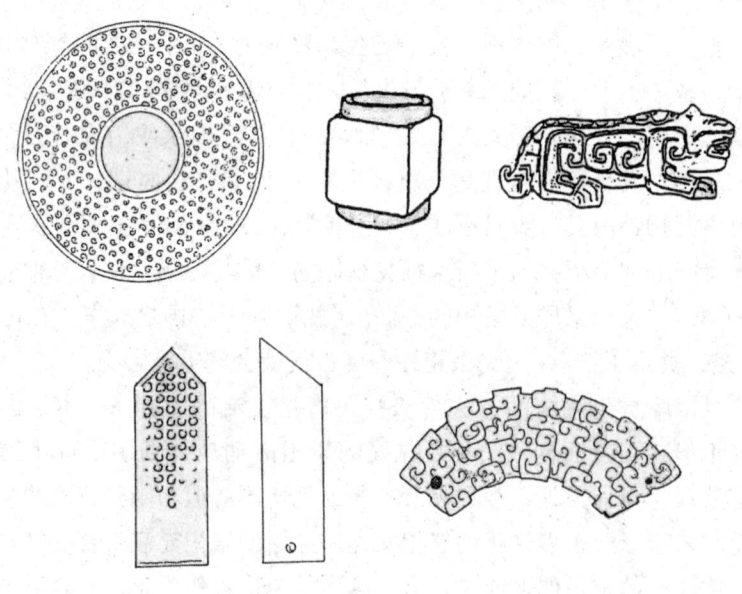

图2-1　"六器"

上左起璧、琮、琥　下左起圭、璋、璜

这些玉制品中，璧是一种圆形片板状的玉。《尔雅·释器》里有一个简单的标准："肉（玉的实体部分）倍好（圆孔的部分）谓之璧"。新石器时代的玉璧，多光素无纹，形制有时也不甚规整。作为礼器的玉璧，在《周礼》中只有苍璧、谷璧与蒲璧。"苍璧礼天"正是古人借以璧的圆形与色彩来暗合原始思想观念中的天和天的基本色调，代表着广大与苍茫。

琮是一种中空，外方内圆的柱状礼玉。《周礼》注云："琮之言宗也，八寸所宗故，外八方象地之形，中虚圆以应无穷，象地之德，故以祭地"。琮是中国古玉文化中神秘的器形之一，常是祭祀和殓葬的重要器物。在良渚文化遗址中曾出土有大量体量大琢制精美的玉琮，它的方象征了大地的八个方向，内空又象征了大地的神秘无穷，充分显示了炎黄子孙对大地的尊崇以及认识上的独特见解。

圭是一种下端平直上端尖锐或平整的长方形礼玉。根据《周礼·考工记》和清代学者吴大澂的整理，圭又有各种不同的形制，如大圭、镇圭、恒圭、信圭、琰圭、谷圭等等，《周礼·春官·典瑞》载："王进大圭，持镇圭，缫籍五彩之就，以朝日"，就是指天子携带镇圭、大圭，于春分时刻到东郊朝拜初升的太阳。它们作为礼器之一，一方面是天子和贵族大臣身份地位的象征，同时也是朝会重大典礼时必带之物，正如《周礼·冬官考工记·玉人》所载"镇圭大有二寸，天子守之，命圭九寸，谓之恒圭，公守之，命圭七寸，谓之信圭，侯守之，命圭七寸，谓之躬圭，伯守之"。

璋与圭相似，是一种上端斜切角下端方形的玉礼器。《说文解字》云："剡上为圭，半圭为璋"。它的功能主要有三种：一为祭祀山川，二为诸侯礼聘的信物，三为古代帝王发兵时命使节执掌的瑞节。《周礼》中记载的璋有五种形制，即赤璋、大璋、中璋、边璋、牙璋，而祭祀南方用的是赤璋。红色在华夏文明中代表的是南方，用赤璋表示祈求万物昌盛，生机勃勃。

琥是一种刻有虎纹或雕成虎形的玉器。《周礼》云"以白琥礼西方"，郑玄注："礼西方以立秋，谓白帝之精"，说明天子是在节令立秋的时候用白琥这种礼玉来祭祀西方的神灵，以求神灵保佑天下太平。

璜是一种弧形板片状的礼玉，一般是璧的1/3或1/4不等。璜具有悠久的历史，《左传》载："周公……分鲁公以大路，大旂，夏后氏之璜"。璜大多有美观的花纹，一般两端雕成兽头，以龙头、虎头为最多，表面则有云纹、鸟纹、三角纹等，《周礼》说："以玄璜礼北方"，郑玄注："礼北方以立冬，谓黑精之帝"，说明立冬时节，天子要持玄色的玉璜祭祀北方的神灵，祈求风调雨顺国泰民安。

自古以来华夏大地就被称为礼仪之邦，华夏民族是注重礼仪的民族，除了在宗教祭祀时举行盛大的祭礼，还有与人们生活紧密联系的生活礼仪。西周时期为维护统治者的权利与缓和阶级矛盾，维系社会各阶层人与人之间关系的需要，周统治者以半神权思想为基础制定了一套生活守则，将当时社会公开活动和人们的一举一动都以条文的形式规定下来，给人们的私生活规定了一些守则，即所谓的"制礼作乐"，《礼仪》中就有"士冠礼"、"大礼"、"聘礼"、"乡射礼"、"士相见礼"、"有司礼"、"丧服"等多条，在这些礼仪中很多活动都要用玉来表达人们的思想观念。《诗经·卫风》云："报之以琼琚……永以为好也，报之以琼瑶……永以为好也"，"琼琚"、"琼瑶"都是玉名，说明人们已用玉来表达美好的爱情，此外婚庆中的聘礼，丧事中的丧礼都是大量用玉的礼节，丧礼用玉尤其隆重也最多，下一节还将作详细的描述。

总之，材料本身的美质莫过于玉，制作之精巧莫过于玉，精美绝伦而又历史悠久不朽者莫过于玉。玉有如此的魅力，中国人之爱玉、惜玉，在礼仪中用玉实在不是偶然的事情。

3. 玉与中国古代丧葬仪轨

远古时代由于生产力水平的低下，原始先民们对众多发生在自己身边的自然现象无法得到解释，尤其是关于人的出生与死亡更是使他们感到恐惧与困惑。因为有了这种种疑惑于是人们试图从各方面对自身的存在作出解释。古人认为人死后虽然肉体消失，但看不见的灵魂仍然没有泯灭，仍能参与和影响人们的一些活动。如北京山顶洞人，其洞穴分上下两室，上室居住着活着的人，下室安放着死者。死者身下和四周都铺以红色的土壤，认为死者的灵魂是遁失到另一个世界了，铺设的红土是使他们的灵魂易于辨认回到身体中来。

商周时代社会的文明程度逐渐提高，对自然世界的认识也进一步加深，但对灵魂的观念仍十分崇信与重视。"敬天事祖""慎终追远"，① 是西周时期礼乐制度的核心内容，表示人们既要敬畏上天的威力，也要常常供奉已经死去的祖先，也要隆重郑重的对待死亡这件事。由于对灵魂的深信不疑，因此，在西周时期丧礼可谓是各种礼仪中最繁杂而重要的一种，具体做法是首先将之前在民间约定俗成的丧葬习俗礼制化、固定化，使人们有章可循，如人死以后三日及七日生者要用死者的衣物登到屋顶高处进行招魂。其次利用丧礼"辩上下，定民志"，② 将死者所用的衣食棺椁分为多个等级，《礼记·丧服大记》就记

---

① 《论语·学而》。
② 《周易·履卦·象辞》。

载："君大棺八寸，属六寸，四寸。上大夫大棺八寸，属六寸，下大夫大棺六寸，属四寸"，其意图是灌输上下尊卑的思想。其三是以斩衰、齐衰、期、大功等的服丧日期来表明亲缘远近关系，这些已被奴隶制冲垮的原始社会的血缘关系被重新以礼制的方式建立起来，成为一种"宗法奴隶制"。

如果说祭祀是人们侧重于对天地万物自然的尊敬，而丧葬则是人们对于死亡和死者的尊重，它自古以来作为一种隆重盛大的仪式，也从远古时期就开始大量使用到玉。1986年我国考古工作者对浙江余杭反山、瑶山良渚墓地进行发掘，两处都发现了大量雕琢精美纹饰奇丽的玉制品，如反山墓地 M23 墓葬，出土玉璧 54 件，玉璧少量放置在头部和尸骨下，大部分叠放在腿脚部位，十余件堆成一叠，有三四叠之多。M20 墓葬出土有玉制品 170 件，品种很丰富，有璧、琮、环、三叉形器、半圆形冠饰等，瑶山 7 号墓则出土玉制品 148 件，有琮、钺、锥形器、冠装饰物，串饰等。

商周时期墓葬用玉的记载层出不穷，《西京杂记》就云："魏襄王冢……有玉唾壶一枚，铜剑二枚，金玉杂具，皆如新物"，"晋灵公冢……孔窍中皆有金玉……唯玉蟾蜍一枚，大如拳"。考古发掘也证明这一时期的墓葬用玉量是非常惊人的，商妇好墓就是一个著名的例证。1976年考古人员在殷墟发掘的妇好墓其用玉数量之多，葬制之豪华隆重令人惊叹。这位商朝第 24 代王武丁的妻子，地位显赫，随之入葬的玉制品达到 755 件，有玉龙、玉凤、玉制生活用品种类非常丰富，其中仅玉璜就有 73 件，玉人 13 件，玉鸟近 50 件，玉鱼 75 件等等，形制独特玉材精美，都具有很高的艺术审美价值。同样著名的还有 1996 年在河南三门峡发掘的西周时期虢国国君墓，其中一个墓中仅玉制品就有一百五十件（组），墓主人头面部有玉面罩，左右肩胛骨及骨盆处都置有玉璧，且头上有玉冠，口中含玉，手中握玉，脚下踏玉，甚至脚趾中也夹有小玉，可谓满身皆玉，这些玉制品品种多样造型也都非常精美，葬玉之精数量之多，说明这一时期丧葬用玉的豪华程度。

商周以后，汉代上层统治者贵族承袭了这一用玉厚葬之风，成为丧葬大量用玉并将玉与丧葬仪轨紧密结合的一个登峰造极的时代。

汉代是我国封建社会发展的第一个高峰，社会经济文化水平高，儒家思想得到确立与巩固，人民生活相对春秋战国时期安定富足。随着文景之治、汉武盛世的出现，整个社会积累了大量的财富。纵观我国古代，凡国家统一社会稳定，政治经济情况好的时期，往往也是丧葬礼俗发展的高潮时期，具体表现就是汉代的厚葬之风。厚葬即以隆重的礼仪、丰富的葬器安葬死者。在墓室营建、随葬明器、治丧礼仪、送葬仪式等方面均体现了不惜花费巨资的倾向。

《论衡·薄葬篇》记述汉代的厚葬之风时云："竭财以事神，空家以送终"。

在汉代人们普遍相信人死灵魂永存的思想，相信"人死为鬼，有知"，"以为死人有知，与生人无以异"，① 相信还存在着与现行社会并存的另一个世界，人死后就会到这个世界中继续生活，因此特别重视把死人当作生人看待，即所谓的"事死如事生"。② 为了使死去的人在另一个世界同样过着舒适安稳的生活，即完全按照现实的房屋建筑蓝本构建墓室，同时将生人所用的工具、物品随葬，甚至是田地、家禽牲畜也制成模型埋入墓中，目的就是为死者建造与现实世界同样的地下世界，于是"死乃崇丧，或至到金缕玉，檽梓梗柚，良田造茔，黄壤致藏，多埋珍宝、偶人车马，起造大冢，广种松柏、庐舍、祠堂，崇侈上潜"。③

其次，随着儒家思想体系的深入，孝也在社会思想中占有重要的地位，重视丧葬也成为孝的表现。《盐铁论·散不足》云："今生不能致其爱敬，死以奢侈相高，虽无哀戚之心，而厚葬重币者，则称以为孝，显名立于世，光荣著于俗"，《汉书·原涉传》也云："令先人坟墓简约，非孝也"，所以"世以厚葬为德，薄葬为鄙"。④ 伴随着这一观念，汉代自上而下各阶层都以奢靡的礼仪进行丧事。《汉书·霍光传》载：朝臣霍光死后其丧葬方面就曾得到皇帝的丰厚赏赐，"金钱缯絮绣被百领，衣五十箧，璧珠玑玉衣、梓宫、便房、黄肠题凑各一具，枞木列藏椁十五具"，朝臣如此皇帝陵更是"汉天子即位一年而为陵，天下贡献三分之一供宗庙"，"多藏金钱财物，鸟兽鱼鳖牛马虎豹生禽，凡百九十物，尽瘗藏之"，⑤ 可见汉代厚葬之风之炽烈。

从考古发掘可以看出，崇尚厚葬的汉代埋入墓葬的玉数量非常之多，同时也形成了形制完备与丧葬仪轨相配合的葬玉制度。

汉代墓葬中大量使用玉究其原因主要有两个方面，首先，中国古代文化中认为玉能防腐，能够使死人的身体保持完好，尸骨不朽，"汉制王公皆用珠襦玉匣，是使不朽也"。⑥ 其次，古人认为自然世界冥冥中存在着一种可怕的危害生命的神秘力量，危害着人类的生存也危害着死者，玉则本身蕴含着一股生命之力，足以战胜危险与邪恶，人活着佩带可以得到保佑，死了也可以以之驱

---

① 《论衡·薄葬篇》。

② 《左传·哀公十五年》。

③ 《潜夫论·浮奢篇》。

④ 《后汉书·光武帝记》。

⑤ 《晋书·索琳传》。

⑥ 《名医别录》。

除邪恶。正是这种观念使玉在汉墓中担当了重要的角色。

玉衣 汉代著名的丧葬用玉当属玉衣。《西京杂记》载："汉帝送死，皆珠襦玉匣，匣如铠甲，连以金缕"。事实上玉衣在两汉初期不仅皇帝可用，王侯及有一定地位身份的贵族也可以用，只是到了东汉进行了明文规定以示等级区别：皇帝使用金缕，而王侯、列侯、贵人、公主等用银缕，大贵人、长公主等用铜缕玉衣和丝缕玉衣。

早在 1966 年考古工作者就在河北邯郸汉墓中发现了象氏侯刘安意的玉衣，自此以后全国范围内共发现了玉衣 22 件，其中保存完好的当属河北满城发掘的西汉中山靖王刘胜及其妻窦绾玉衣和广州象岗发现的南越王赵眜的玉衣、徐州狮子山楚王陵出土的金缕玉衣。玉衣的历史可追溯到春秋战国时期，1990年在河南三门峡虢国墓就发现了墓主人面部覆有由耳、鼻、眼、口、眉额组成的缀玉面罩。其中一件由 52 块玉石分上下两层组成，以鼻为中心左右对称。西汉中山靖王刘胜夫妇的玉衣历经千年仍保存得非常完好，分别由头罩、脸盖、上衣、裤筒、手套和鞋六部分组成，玉衣外貌与人体一致，组成玉衣的玉片是根据人体各部位的形状设计的，整个身体全部被玉片包裹起来。这两件玉衣分别由 2498 及 2160 片长方形、方形等玉片以金丝连接起来，金丝分别用去 1100 克和 700 克。南越王赵眜的丝缕玉衣所用玉片也有 2000 余块，而狮子山楚王墓的金缕玉衣所用玉片竟达到四千多块，且大多系和田玉，玉片晶莹剔透做工精细。像这样的玉衣别说是一般百姓，就连王公贵族也要花费大量的时间精力金钱才能置办得起，堪称稀世之宝。三国曹魏时期魏文帝曹丕鉴于"汉氏诸陵无不发掘，至乃烧取玉匣金缕，骸骨并尽，是焚如之刑"才下令终止了使用玉衣的厚葬风俗，因此魏晋之后的墓葬中就没有出现过玉衣的身影。

玉琀与玉握 在汉代比较高等级的墓葬中还经常会发现玉琀与玉握这两种丧葬玉制品。玉琀是让死者含在口中的葬玉，《周礼·春官·典瑞》记载："大丧，共饭玉含玉"，死者口中含玉在汉墓中非常普遍。据考古发现，早在我国的新石器时代就已在丧葬中用到含玉，如上海青浦崧泽遗址中就曾出土三件形制并无定规的玉琀，在殷墟大司空商王墓地的人骨架口中也有蝉形玉琀。山东、陕西的西周墓葬中玉琀同样也是多种多样，有蚕型也有扁平圭形，这与早期"天子含实以珠，诸侯以玉，大夫以玑，士以贝，庶人以谷实"的记载是一致的。① 西汉末期至东汉的墓葬中玉琀逐渐规范为蝉形，如山西阳高、南昌老福山西汉墓，河北定县北庄、甘肃武威等东汉墓都出土了蝉形玉琀，这可

_____

① 《说苑·修文》。

能因为古人迷信蝉的死而复生，也可能因为"古人向来崇拜蝉，认为蝉是出生在泥土之中的，饮露而生，纯洁清高，死者含着蝉的玉器可以净化身体，通灵升天"。① 湖北随州发掘的曾侯乙墓，出自墓主口中的小玉琀共21件，被雕作猪、狗、牛、羊、鱼、鸭等，最小的只如一粒稻谷大小，最大的如蚕豆，小巧玲珑充满口腔，可知古人在死者口中放置玉琀主要是希望死者在另一个世界有充足的食物可享用。（图2－2）

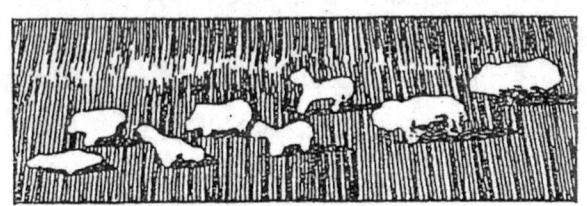

图2-2

曾侯乙墓出土玉琀

玉握是指握于死者手中的玉。玉握在汉代之前及初期的形制也未固定，如曾侯乙墓墓主手握的是一圆柱形玉，而西汉中山靖王刘胜夫妇墓墓主左右手各握一件玉璜，后来才出现常见的玉握形制——猪形玉握。如在山东巨野西汉墓中就出土了一对形象生动的猪形玉握。猪在古代被比喻为丰收、财富的象征，其目的也是希望死者能够在另一个地方继续享受人间一样的快乐生活，不致空手而去象征富足的意思。

九窍玉 汉代最具特色的丧葬用玉是九窍玉的使用。葛洪在《抱朴子》中说："今玉在九窍，则死人为之不朽"，古人对玉的迷信近乎痴迷，总认为玉能使人平安不朽，这同玉衣能使尸体不腐坏的想法是相一致的。所谓九窍玉是指填塞或遮蔽死者眼睛、鼻孔、耳孔、嘴及生殖器、肛门的九件玉器，其中口塞只是半填入死者口中与玉琀有很大的区别。中山靖王刘胜墓出土的玉制九窍玉，形制完备规整，有青玉质的眼盖一对，长方形片状表面微凸，中间留有似可外视的孔洞，青玉制耳塞一对，略作八棱锥台型与耳孔相吻合，口塞一件，灰白色呈月牙形，鼻塞一件做圆柱状，肛门塞一件，灰白色也做圆柱形，阴茎罩一件，是用一端封闭的玉琮改制的。这些九窍玉的使用显示出墓主人身份地位之高，为我们留下了明确的丧葬用玉实物资料。

---

① 何勇：《玉之赏》，北京出版社，2005年版。

汉代墓葬中如此之多的玉，无疑客观上助长了偷坟掘墓之风，使得古人很多美好的愿望化为泡影，反而使得死后陵墓被掘，金银玉器被掠，尸骨暴露，因此魏晋以后这种奢侈的葬仪逐渐被废止而淡出历史，转而一段时间提倡薄葬，遗憾的是薄葬也只是一个特殊历史阶段的产物，统治者的穷奢极欲并没有遏制对财富的占有欲，唐宋以至明清，上至皇帝下至封建地主仍在热心于建筑巨大豪华的山陵坟墓，把平时搜刮的奇珍异宝同自己的尸体一起埋葬，希望永远占为己有。离我们最近的例子就是清末的慈禧，据清室《爱月轩笔记》披载，慈禧墓中仅翡翠就有翡翠西瓜两只，甜瓜两只，头顶放有翡翠荷叶一件，另有二十七尊翡翠佛像，十只翡翠桃和两颗翡翠白菜。仅一只翡翠白菜就值市银一千两，可见墓中用玉的豪华与穷奢。虽然丧葬玉器仅指"那些专门为保护尸体而制造的随葬玉器，而不是泛指一切埋在墓中的玉器"，① 但仍可看出商周、汉代发端的厚葬之风的流毒影响之深，也说明了中国古代丧葬仪轨对玉的偏爱重视。丧葬仪轨与玉文化结合之紧密，两者反映了我国古代玉文化对精神世界和物质世界并重的特点。

4. 中国人的生活与玉石

《诗经》为我们描绘了许多古人在生活中爱玉、珍玉、佩玉的美丽诗篇，如"有女同行，颜如舜英，将翱将翔，佩玉将将"，② "我送舅氏，悠悠我思，何以赠之？琼瑰玉佩"，③ "瞻彼淇奥，绿竹猗猗，有匪君子，如圭如璧"。④ 从这些丰富的记载中我们可以了解当时的人们已经将玉纳入到他们的现实生活之中，他们因为玉的美质而倾倒，也因为玉的佩饰而变得美丽多姿，使玉与中国人的生活衣食住行密不可分。

玉的发现来自生活、生产劳动，因此也首先在古人的生产中作为劳动工具大量出现。玉质的物件硬度较一般的石材高，不易磨损，所以远古时期原始人类用玉制作了许多实用工具，如斧、凿、锛、铲、刀，在良渚、红山、龙山文化等时期的遗址墓葬中都有发现。如龙山文化出土的一件阴刻兽面纹玉锛，玉质细腻磨制精巧。故宫收藏的一件良渚弦纹玉斧，长 19 厘米，宽 6.2 厘米，厚 1 厘米，呈梯形扁平状，从磨损情况可以看出有多次使用的痕迹。

---

① 夏鼐《汉代的玉器》。
② 《郑风·有女同车》。
③ 《秦风·渭阳》。
④ 《卫风·淇奥》。

进入夏商周阶级社会后，使用起来显得笨重的石器逐渐被淘汰，以玉制作的器具也不再具有实用价值。考古工作者在商代殷墟妇好墓发现了 74 件玉制工具，其中有斧、锯、凿、锛、铲、镰、刀等，这些玉制工具本身制作水平已经远远高于原始时期的此类制品，玉料的质地优良，但大都没有使用过的痕迹，因此"其意义可能是象征性的"，① 从墓主人的身份可以看出象征着一定的地位等级，是玉制礼器的初期过渡阶段。

玉剑饰 从历史上看，玉制的兵器与生产工具同样是这一时期的主角。"轩辕、神农、赫胥之时，以石为兵……至黄帝之时，以玉为兵"，② 说明玉制兵器的历史一样悠久。妇好墓出土两件玉矛，形体流畅薄而尖锐。同墓出土的玉刀，刀身窄长凹背凸刃，具有很好的使用性能，但显然此种材质的兵器也只能局限在军队或国家中具有较高地位的人使用，因此也带有仪仗的性质。

虽然玉制的兵器逐渐退出了历史的舞台，但在中国漫长的冷兵器时代玉却始终与刀、剑如影随形，只不过这时的玉已经转换了身份，而成为兵器上重要的装饰品。剑是冷兵器之王，它不仅具有实用性而且也是中国古代军人、侠客、士族身份等级的象征，因此剑成为使用玉饰最重要最具代表性的兵器。用玉装饰的剑称玉具剑，常为贵族与高级将领佩戴，流行于春秋至两汉之间。剑上的玉制装饰通常分为四部分：剑首、剑格、剑鞘带扣和剑鞘末端的玉饰。剑首也称标首，嵌于剑首的顶端，一般为圆形片状。剑格也称剑珥、璏、卫，介于剑柄与剑身之间可保护手，一般为六边菱形玉制，剑鞘带扣也称璏，便于悬挂腰间，鞘端玉也称珌，保护剑鞘。河北满城中山靖王刘胜墓出土的一件玉具装饰齐全的玉具剑可称得上是此类剑饰的典型代表。此剑剑首嵌玉，中间有圆形凸起，浮雕有精美的神兽，玉璏为长方形，正面也浮雕神兽装饰，剑格为菱形亦有浮雕云纹与神兽纹，剑鞘头为四边形玉饰，神兽纹雕饰更为精彩，两面浮雕五只神兽翻腾于云海之中，不仅反映了墓主人的奢华生活水平，也代表着汉代人的生活风尚。

玉首饰 "君子无故，玉不去身"反映的是商周时期礼制与社会生活相结合的现实。早在 18000 年的山顶洞人和 6000 年前的半坡人的洞穴、墓葬中，考古人员就发现了大量制作精细的穿孔兽牙、蚌壳、小石珠、小石坠，据考证这些大都是串起来挂在脖子上的装饰品和头饰。玉制的生活装饰品在良渚、大汶口、红山文化时期大量增多，上海福泉山良渚文化遗址 T27M2 墓葬中出土

---

① 臧振、潘守永：《中国古玉文化》，中国书店，2001 年版。
② 《越绝书》。

的130多件玉制品中，就发现死者胸部的玉装饰件玉珠47粒，玉锥形饰6件和2件玉管，浙江余杭瑶山发现的11座墓中成串的玉管饰就有46组，成串的玉珠饰有13组，其中有一串玉管多达201件。内蒙古依兰县红山文化、江苏新沂大汶口文化也多有类似的玉管、玉珠装饰品。此外发现的这一时期的玉制装饰品璧、玦、璜，佩带于手腕的镯、环也很多。

夏商周三代，此类用于生活中个人装饰和服饰装饰的玉制品更加丰富多彩。玉玦是一有缺口的圆环状装饰品，在南京北阴阳营新石器时代遗址中出土的是目前所知我国最古老的玉玦装饰品。早期的玦多为素面，如辽宁阜新查海兴隆洼文化玉玦和江苏常州戚墅堰圩墩遗址出土的6件玉玦。商代玉玦制作趋于雕饰，殷墟妇好墓出土的玉玦，一类两面雕琢蟠龙纹，龙头尾相接，背脊作特有的扉棱，一类作虺形，有耳无角背脊光滑，制作异常精美。春秋战国至汉代玉玦开始大为流行，一般都有精美的雕饰，最重要的变化是此时的玦逐步演化为腰间的配饰，"君子能决断则佩玦"，[1] 说明玦含有决断的意思，楚汉相争鸿门宴故事中范增曾向项羽示玦给我们留下了关于玦的深刻印象。

手镯是古人常佩戴的玉制装饰品之一。在山东大汶口、苏南浙北良渚、安徽薛家岗、广东石峡、甘肃马家窑以及山西龙山文化陶寺类型文化遗址中都有出土。这些玉镯大多宽短呈筒状，素面磨制细致。良渚瑶山曾出土一件白玉镯，内壁略直，外壁精心琢出十三道似拧绳的凸棱，外形非常美观。瑶山还曾出土一件玉镯，外径8.2厘米，内径6厘米，宽2.6厘米，截面为长方四棱形，在外壁雕琢出四组兽面纹，过去曾称作"蚩尤环"（图2-3），实际上是良渚特有的"神徽"纹饰，非常有特色。装饰手臂的

图2-3
良渚文化瑶山出土"蚩尤环"

玉制品还有很多，如玉瑗、臂环、手串等。商周时期除典型的玉镯形式外，还风行以珠、管杂串而成的腕饰。由春秋战国、两汉、唐宋至今玉镯都有丰富的形式变化，如唐宋盛行两三段链接式金镶玉镯，《梦溪笔谈》描绘其："两头施转关，可以屈伸，合之令圆，为九龙绕之"。总体来看玉镯的趋势是由粗到

---

[1] 《白虎通》。

细，由凸棱到浑圆光素，逐渐成为当今我们常见的女士佩戴的玉手镯样式。

佩戴在手指上的玉制品史书上称"韘"，主要用途是射箭用来拉弓弦。殷墟妇好墓出土的一件深绿色玉韘，圆形中空可以套入中年人的拇指，具有实用功能。常见的玉石指环于春秋两汉定型，且演化为定情信物，东汉时期的《定情诗》云："何以致殷勤，约指一双银"，隋时《十索诗》也云："从郎索指环"，魏晋以后，除了用整玉作指环，也开始出现金属指环镶玉及宝石，至于"戒指"一词，则始于明人《三馀赘笔》并成为指环的总称。清时著名的翡翠扳指，也可看作是此类玉装饰品的一个特殊形式。

玉佩饰　古人生活中更多的是服饰装饰用玉，其中既有纯属装饰美化服饰的各种配饰，如璜、璧、刚卯、司南佩、玉牌，也有将实用与装饰完美结合的实用装饰玉，如玉带钩、玉带扣板等等。毫不夸张地讲自从古人有了美的观念，有了为显示欣赏美打扮自己的需要，就已经开始制作和使用佩玉，佩玉也是中国玉文化表象之一。

璜、璧这些神秘的玉器，自秦汉以降成为服饰装饰的重要组成，有可供佩挂的系璧、系璜，与礼仪所用的最大区别在于其体积小雕刻更为精美，唐宋以后系璧系璜多变为达官贵人的赏玩玉。

除了系璧、系璜之外，战国时又始见所谓的鸡心佩或称心形佩，是由早期的实用型玉器"韘"演变而来的，东汉时此种佩定型下来，大多主体中空呈心形，两侧雕镂抽象的鸟或动物纹饰。

刚卯、司南佩、翁仲是古人认为能辟邪的三种宝玉，刚卯为方柱形，长不过寸许，四面刻有三十二字的铭文，其文曰："正月刚卯，灵殳四方，赤青白黄，四色是当，帝令祝融，以教夔龙，庶瘦刚瘅，莫我敢当。"刚卯的字体为古代殳书，减笔假借，非常难认识。翁仲则相传是秦始皇时的武士，因其具有威力，所以便借其形象琢为玉器，以避邪保平安。司南佩也很有特点，其形状像一件两层的扁方形玉，一端琢小勺，一端琢小盘，中有穿孔用于佩挂。此几种佩玉都流行于两汉，唐宋之后多为仿制。

玉牌源自系璧、系璜，在明清两代最为盛行，直到当代仍然是玉佩饰中的主要种类之一。玉牌形若牌子，方形或长方形，宽厚敦实，明清时期的琢玉大师陆子冈琢制的子冈牌，几乎成为玉牌的代名词。子冈牌的玉料大都以和田玉为主，牌上琢有美轮美奂的人物、景物、花草浮雕和文人气十足的诗词书法，将艺术和玉制作两者完美融合，在当时价格已倍于寻常，形成了一股不小的佩戴子冈牌的社会风气。

中国传统用于佩戴的玉饰，其形式内容还有丰富的玉人、玉凤、玉龙、玉鱼、玉莲、玉竹、玉佛手甚至玉蟾蜍等等，总的说来凡是具有吉祥美好含义的植物动物、纹样都可以制成玉饰。

如果说单件的佩饰表现出生活的诗意美与惬意美，玉组佩则表现出规范的美和用玉的豪华奢侈，在西周、春秋战国至汉代都很流行。西周时期由于用玉等级化、礼仪化，所谓"天子佩玉而玄组绶，公侯佩山玄玉而朱组绶，大夫佩水苍玉而纯组绶，世子佩瑜玉而綦组绶，士佩瓀纹而缊组绶"，[①] "古之君子必佩玉，右徵角，左宫商，趋以采齐，行以肆复，周还中规，折还中矩，进则揖之，退则扬之"，[②] 所以其形制最为繁复，形式也丰富多彩。组佩一般由璜、珩、冲牙、璧、牌饰、珠管等以一定的规律相搭配组合而成，如洛阳中州路东周墓葬出土的玉组佩，上为双环双管，下为一对透雕龙纹佩。再如陕西扶风西周墓发现的玉组佩，其中一组由玉人、玉蚕、玛瑙珠、料珠管共12件组成，安徽寿县蔡侯墓出土的玉组佩更是由环、管珠片、璜、璧等21件玉器组成的大型组佩，这样大型的玉组佩在等级森严的封建社会只有帝王公侯可以使用。

1978年，湖北随州曾侯乙墓出土的一件多节连环佩极为精巧，玉佩由5块白玉分别雕琢成双龙、凤鸟等镂空饰件，其16节中除了4个活环是可拆卸金属扣，其余都是整块白玉镂空而成的活环套，彼此连成一体，一共26六件连接成长48厘米的大型佩饰，此玉佩精美华贵，表明当时的玉雕工艺已经达到登峰造极的程度。

玉饰中玉带钩、玉带扣是最贴近生活的玉饰品。良渚文化时期曾出土玉制带钩，呈扁方体，一端钻孔一端钩状，形制较简单，而春秋战国时期的标准玉带钩则曲线流畅，钩似鹅首，扁喙长颈，胸腹圆鼓，背面一钮可供系带。满城汉墓出土的玉带钩非常精美，温润细腻的白玉质，钩部琢为兽头，两侧阴刻卷云纹，正面浮雕卷云纹。河南辉县固围村战国晚期墓出土的玉带钩，则龙身盘绕于带钩两侧，中部又有二鹦鹉雕饰，背脊正中嵌有三块面琢谷纹白玉，中间又嵌入色调丰富的珠料，五色相配玲珑剔透，堪称中国古代玉带钩装饰品的巅峰之作。

玉带扣也是服饰用玉之一。汉代常见的为一端雕作兽形，一端带扣可以扣系，而宋、元、明各期盛行双扣玉带，即带的两端各饰一玉扣，既实用又美观。与玉带扣相比玉带板则盛行于唐、宋、明，是王公贵族服饰装饰的重要等级标志，隋唐时期三品以上官员才可用玉带，其玉带板一般10块左右，明代

---

① 《礼记·玉藻》。

② 同上。

则定制为20块组成，上大都浮雕有人物及装饰纹样，极富艺术价值。

玉实用器 玉在中国古代不仅被用来装饰服饰，在生活实用器上也被大量使用。殷墟妇好墓是高等级的商贵族墓葬，墓中出土的74件玉制品中就包括玉梳两件，用来调色的玉调色盘一件和玉簋两件。簋是类似于后世碗一样的餐食用具，商周统治者及贵族大量使用青铜、玉等贵重材料制成的碗、盘，可见其生活的豪华奢靡。战国秦汉以后具有生活气息的玉碗多见，广州南越王墓曾出土有带活环的有盖碗。唐宋以后为了使用的方便，玉碗的造型向简洁、素雅、矮小发展，碗口外敞，圆圈足，玉壁也较薄，还多见成套的制作。明清玉碗较多见，如现存故宫的玉碗，最大口径达24厘米，玉质以白、青、碧玉为多见，其上多有浅浮雕的图景与诗文，有的碗上还镶嵌金银，非常华贵。

玉杯在生活中也很常见，是宴乐场合常用器，自商周以后玉质杯历代不绝。商人嗜酒，因此玉质的酒杯与青铜质的酒杯都很多。战国时期杯的样式已定型，有单柄高足杯、单耳杯、角形杯、双耳杯等，且装饰复杂，内壁光滑而外壁多雕谷纹、勾连纹等。西安窖藏出土的唐代玛瑙杯造型奇特，具有异域风味和很高的艺术欣赏价值。唐诗"葡萄美酒夜光杯"所提到的夜光杯也是这一时期有名的玉杯，至今仍是酒泉地区著名的特产享有盛誉。

灯盏是古人用来照明的生活用具，普通百姓所用多为陶、铁等制成，而贵族阶层则多以玉来制作显示富有与权力，《西京杂记》曾记载：汉"高祖初入咸阳宫……有青玉五枝灯，高七尺五寸，下作蟠螭，以口衔灯，灯然，鳞甲皆动，焕炳若列星而盈室焉"。实物如战国时期的一件勾连纹青玉灯由三块质地优良的和田青玉雕琢拼接而成，圆形灯盘的中心突起团花柱，灯柄中部束腰，上部为上仰的三叶片，下边为勾连纹装饰，从玉质到雕刻都精光莹莹灿烂夺目。

类似的玉制生活用品在各时代还有很多，如"汉制天子玉几，冬则加绨锦其上，谓之绨几"，[1] 汉代嵌于手杖上的玉杖首，用于室内熏香的玉香炉，盛瓜果点心的玉盘等等，更有甚者"汉朝以玉为虎子，以为便器"，[2] 体现出封建统治者穷奢极欲的生活。

唐宋以后，文人墨客开始大量使用玉来制作文房用品。虽然文房玉制品起步较晚，但却在发展过程中形成了一个庞大的体系。

笔筒是装插毛笔的用具，材料可用竹、木、牙角多种材料，而玉笔筒以清

---

① 《西京杂记》。

② 《西京杂记》。

代为最多，纹饰主要是山水典故、诗文、花鸟图案，制作清雅。笔架则是为方便置放毛笔而制，明清历代的玉笔架多制成山字形，并配以山水人物雕饰。清洗毛笔经常要用到笔洗，因而其成为文房中之必备，清代此类玉制品花样繁多，有制成花瓣形的、荷叶形的，也有制成动物、人物、山水形的，雕工都很精美。镇纸、臂搁、笔添、砚滴也都是文房常用器具，它们和其他玉文具相搭配形成了洋洋大观的文房玉世界。

五千年来华夏民族的生活离不开玉。纵观中华文明的历史，玉与中国人生活关系之紧密在世界范围内是绝无仅有的，用玉体现着对美的理解和对生活的美好憧憬，这实在是中国人的骄傲。

5. 玉与中国人的玩赏情趣

我们的原始人类祖先为了生存于大自然中，他们在峻岭山脚、河流浅滩寻找合适的石块打制劳动工具，从而发现了玉石这种特殊的物质。那美丽的色泽和坚韧的质地焕发出的自然美触动了古人内心深处爱美的本性。从仰韶文化、河姆渡文化遗址出土的经过简单加工的玉石制品中可以看到，他们开始有意识地去获取玉石，去欣赏那造化生成的自然美。到良渚文化、龙山文化早期，原始人类遗址中的玉石使用量骤然增多。如果说原始人类初期对玉石的打磨只是出于制作生活生产工具的本能，偏重于实用性能，对玉石的美只是懵懵懂懂的欣赏，那么在新石器晚期人们已经不再简单地满足于对自然美的欣赏，而是逐渐通过自己的感知表现出自身对美的一定的认识，开始创造高于自然美的造型形式。从龙山文化、良渚文化等遗址墓葬发掘的玉制造型可以看出，这种美的创造几乎是跨越式的，一经出现就在广阔的华夏大地上迸发出灿烂的光华。

良渚文化的瑶山、反山等墓地、祭祀遗址出土的玉制品中，除了极少数的具有实用功能的刀、斧形器和具有宗教礼仪功能的琮、璧外，最引人瞩目的就是众多的具有独特艺术造型及图案的玉冠状器、玉锥形器、玉半圆形器和三叉形器，如反山墓地编号 M18 墓葬，出土玉器 64 件，除了璧、环、琮、钺外，刻有"神徽"的冠状器、锥形饰、三叉形器、半圆形冠饰，刻有龙首的圆牌饰以及鸟、鱼、龟、蝉等饰物占了很大部分。瑶山墓地八墓和一座祭坛遗址共出土玉器 635 五件，大部分也是具有奇特造型的三叉形器、锥形饰、冠装饰。而在辽宁阜新胡头沟发现的红山文化石板棺墓中，更是出土了玉鸟、玉龟、玉鸮、勾云形器。良渚的冠装饰、三叉形器等均出于头骨位置，从其上所钻的穿孔可以看出是头冠的装饰品。红山文化出土的勾云形器，出土的鸟、龟动物形器也都特征明显，背脊部钻孔，可以看出是用来佩戴的饰物。它们有一个共同的特点就是具有美的可视的造型形象，虽然这些玉器此时还并没有完全成为可供单独欣赏的美的艺术品，但足以证明我们的祖先已经在通过对玉的使用的同时开始关注造型给人的视觉带来的独特美感，开始注重符合人类需求的具有审美欣赏性的艺术美。

夏商周三代，玉的地位得到空前的提高，统治者用玉来显示自己的财富和地位，用玉来祭祀神秘的天地祖先，甚至玉的某一些造型也被神秘化，使玉承载了越来越多的宗教礼仪文化内涵。但玉在这一时期对宗教礼仪功能的偏重并没有完全掩盖人们对美的向往与欣赏。虽然我们在礼天的璧，礼地的琮上所看到的是一成不变的造型，但是我们同样也能看到雕琢纹饰精美的璜、佩和各种雕琢造型美丽精妙的玉鸟、玉凤、玉羊、玉龙、玉人等等。如殷墟妇好墓出土玉圆雕人物五件，浮雕人物七件，鸟类如玉鸟、鹰、鸽、鹦鹉、鹭鸶、鹅等四五十件，还有虎、象、熊、兔、鱼、龟、马等动物一百多件，具有实用功能的玉制品基本上也都进行了艺术化装饰，出土的玉刀、玉梳和玉调色盘都雕饰着美丽的凤鸟和活泼生动的鱼及花样纹式，调色盘上的一对背向而立的鹦鹉，两翅相连，造型生动美观，三件象牙杯中其一件筒形带流虎鋬的通体雕有繁缛瑰丽的夔纹、饕餮纹、云雷纹，鋬上雕有一虎，整个象牙杯淡雅而不失富丽，造型带给人可视的美感。

妇好墓出土的玉人大都呈跪坐抚膝式，有的宽衣束腰盘发戴冠，着交领窄袖服饰华丽，有的袒胸露肚身体赤裸，形象、动态、发式刻画精微，还有一件裸体站立的双面玉人，一面男性一面女性，刻画很是生动。至于各式飞禽走兽也都表现得或笨拙、或灵巧、或活泼，生动可爱玲珑润洁，具有很强的艺术感染力。笔者认为以这批玉人、动物制作精巧，造型完美，艺术水平较高，应该大部分都是墓主人生前的观赏把玩之物。

值得一提的是，殷墟小屯村北 11 号房屋遗迹发掘时出土的两只五六厘米长的利用玉石天然绿、褐、红俏色雕琢的玉石鳖，爪目清晰生动，放在掌中把玩卓然可爱，因并不是出于墓葬显然是为玩赏的目的而雕琢的，这样看来，以妇好墓为代表的商代殷墟玉人、动物堪称中国古代最早具有把玩陈列欣赏性质的玉石雕刻艺术品。

玉石雕刻的艺术欣赏价值再一次得到重视与体现是在汉代。汉代是我国第一个封建社会经济文化大发展的时期，虽然"罢黜百家，独尊儒术"确立了儒家思想体系的统治地位，以礼玉、佩饰为主的玉制品得到大力扶持与完善，但用于观赏的玉雕也滥觞于统治阶层，对美玉及其制品的欣赏倾向在生活用具

中国古代玉石雕刻艺术

的雕饰上，如著名的汉玉鸠首、玉辅首、玉灯盏和用于佩戴的玉舞人，造型在利于实用的基础上更侧重于人们的欣赏与审美需求，这种需求更进一步的发展就是汉代大量用于观赏的玉石艺术品的出现。陕西咸阳汉平陵附近出土的堪称艺术杰作的羽人骑马玉雕，可以说是汉代玩赏用玉的代表，此件高只有七厘米，马背上的羽人神态超然直视前方，玉马作嘶鸣奔腾之势，马足坚实有力地踏在刻有云纹的长方形托板上利于陈放，整个造型玉质洁白无瑕，具有很高的艺术观赏价值，汉代此类的玉雕还有很多，如雕琢雄浑的玉熊、玉虎，憨态可掬的玉牛，神气张扬的玉龙、玉辟邪等。

秦汉之际，玉雕一直是皇宫贵族的专有装饰用品。隋唐直到两宋，随着社会经济文化水平的提高、商业的繁荣和手工业技术取得的巨大进步，玉石加工变得更为方便，玉器不仅在上层统治阶层流行，而且也逐渐走入到更广大的平民阶层，整个社会制玉赏玉之风渐盛。唐代玉雕技术高超，浮雕、圆雕、装饰雕刻等几乎囊括了所有玉器技艺与造型形式，更注重在使用的同时满足欣赏的需求，如唐代著名的玉带扣伎乐人浮雕、玉凤佩、玉步摇、牛首玛瑙杯，来源于佛教的玉飞天、玉佛像等，这些玉制品可以说充斥着当时社会生活的各个角落，在结合具体的使用价值的同时具有某种欣赏把玩性，可称为独立的赏玩艺术品。

宋代是中国玉雕工艺十分发达的时期，市民作为一个新的生产消费阶层的产生刺激了消费水平的提高。对世俗化欣赏的要求越来越多，使得此时玉的礼仪功能大大减弱，而用于符合人们吉祥如意思想的观赏玉制作大增，如宋代非常典型的玉童子，就有飞天童子、行走童子、舞蹈童子、持荷童子等等，童子的形象活泼可爱，天真烂漫，令人爱不释手。宋代玉制作还有一个重要的变化就是将植物花草纳入到玉雕欣赏的范围，如大量的缠枝花草、荷叶牡丹、连理花卉等摆件，丰富多彩雕镂细致。

辽金元虽然是少数民族建立的政权，但在政治制度、文化典章上深受汉文化的影响，在玉制作上更是秉承了唐宋的优良传统，不但在生活装饰用玉上极尽华美瑰丽，而且融合了很多少数民族的文化趣味。春水玉和秋山玉最能体现这一时期的审美追求和风格，这些少数民族政权起源于辽阔草原、白山黑水之间，游猎和放牧体现着其生活特性，在春水玉上我们正可以看到鹰鹑猎天鹅，陪衬以莲荷水草，秋山玉上则是虎猎鹿奔，山石掩映，使人在观赏的同时艺术化地表现了生活场景，感受到山水自然清新明丽之美，山水玉的出现使得中国玉雕艺术又出现了一个重要的欣赏门类。（图 2-4）

图2-4
元代俏色秋山玉

　　明清两代是中国古代玉石雕刻的鼎盛时期，两代皇帝普遍爱玉成风，并建立特殊的制玉官署不遗余力地大批制作玉制品以供生活使用和装饰赏玩。文化艺术的发达也使以文人士族为主的中下层以赏玉玩玉为雅事。大量出现的玉制作其玉质之美，琢工之精，器形之大之丰，使用之广都是前代所未有。明清玉器最大的特点即更加注重鉴赏、玩赏，并使具有把玩欣赏性质的玉制作成为中国玉文化的一个重要门类，这一类玉制作主要包括玉山子、把玩玉和仿古玉器三种。

　　玉山子即玉石雕刻的山水、树木、人物以及自然景观、亭台楼阁，采用的雕刻手法有浮雕有圆雕，往往以山水画为蓝本表现出一定意境。题材内容多种多样，可以是神话传说，也可以是世俗生活故事。清代有名的玉山子小的有《桐荫仕女图》、《会昌九老图》、《秋山行旅图》等，大件最有名的要数高两米多的玉山子巨制《大禹治水图》，其雕刻充分利用了一整块和田山料的自然造型，雕刻了层层山峦，滚滚洪水，山树葱翠，其间点缀了大量的人物形象，山水人物如图画般生动自然，将玉材的特殊质感、玉雕艺术形式技法和宏大的题材内容完美结合起来，使观赏者有身临其境之感。

　　清代大批文人雅士热衷于玩玉、赏玉、鉴玉，促进了玩赏玉件的广泛流行。清代此类玉制品多数体积不大，以便于佩挂陈设、放于手中把玩。其玉质优良，内容多富有吉祥如意、平安幸福含义，如玉羊、玉马、玉莲、玉竹、玉灵芝等等，甚至"图必有意，意必吉祥"，如玉莲蓬寓意"连生贵子"、"多子多孙"，玉雕的猴马两种动物组合，寓意"马上封侯"，玉蝙蝠意为"五福献寿"等等，贴近世俗生活的审美要求。

　　明人高濂《燕闲清赏笺》中记载："近日吴中工巧摩拟汉宋螭玦、钩环，用苍黄杂色边皮葱玉或带淡墨色玉，如式琢成，伪乱古制"，说明在明代已经开始仿制前代玉器。清代康熙、乾隆更是大力提倡仿制商周时期的青铜器造型以陈列欣赏，这些仿古玉器虽然采取的是商周图案造型，但带有清代工艺特征，仿得非常细致精巧，往往还刻有制作年代的年号，如"乾隆仿古"。乾、嘉年间玉雕仿青铜彝器备受宫廷青睐，形成了很大的规模，这些仿品形式、尺寸、纹饰都尽力做到与原物相同，但也有创新之处，如故宫博物院收藏的青玉异兽觥式壶，下部为觥形，上部却另雕刻一异兽，张口为壶嘴，兽尾为柄，形成了独特的清式风格，使这些摆放于案几花架、多宝格之上以供欣赏的精致、堂皇而又古雅盎然的仿古玉雕，成为清宫观赏玉雕的重要代表。

清代重要的陈设观赏玉制品还有玉如意和将玉雕的山水景致镶框悬挂或放置的挂屏、插屏、玉屏风，与其他玉制品一起共同将宫廷居室装点成一个琳琅满目的美丽玉世界。

谈到中国人玩玉赏玉的情趣，就不得不提到玉沁。玉沁是古玉的某些部位在年深日久的自然环境因素作用下，如深埋于土中、置于古墓，或被缓慢氧化，或被周围其他物质渗透、侵蚀，从而发生外观上的色变甚至质变。沁有白化、血沁、水沁、土沁、黑漆古等多种，由于完全出于天然因此变化莫测，能够出现令人难以捉摸的不同的色彩和肌理。随着赏玉玩玉风潮日盛，宋人已经注意到了这一奇特的变化，并视之为难得之物，宋人《清波杂志》中即说："佩玉以尸沁为贵，酬价增数倍，墟墓之物，反为生人宝玩"。明清两代皇帝和文人士大夫的追古情愫，使得玉沁作为一种独特的美被加以欣赏、研究，丰富了玉文化的审美范围，同时还进一步出现了将有古沁的古玉于手中把玩的盘玉行为，人与玉似乎已达到合二为一的境地。

中国人的赏玉玩玉在世界范围内都是非常独特的现象，世界上还没有哪一个民族能像中国人这样将自己的衣食住行与玉紧紧联系起来，也没有哪一个民族这样爱玉玩玉，并使自己的文化、思想、审美与玉密不可分，更没有哪一个民族将对生活的憧憬与美好祈望都赋予了玉。时至当代，玩玉赏玉仍是我们当中一部分爱好者生活工作闲暇中乐于接受的高雅倾心的活动。对玉的欣赏就在我们的身边，走进博物馆可以看到丰富的古玉艺术品，来到宾馆、饭店、大厦写字楼同样也可以看到大量精雕细琢的玉石艺术品摆件。从古到今玉在中国人心目中的地位，对玉的欣赏是一脉相承的，无论古今人们对玉的把玩与欣赏都同样寄托着对美好生活对平安幸福的向往与期盼。

三、中国古代玉石雕刻艺术的原始萌芽

1. 神人兽面与良渚文化玉石雕刻艺术

河湖纵横、地域广阔的长江三角洲，是我国最早出现人类居住生活痕迹的地区之一。考古发掘表明，在 7000 年前河姆渡、马家浜、崧泽、良渚文化原始人类先后在这里繁衍生息，留下了他们生活的足迹。他们不仅在河流两岸土地肥沃有利于农业生产发展的地方过着定居的生活，建立了氏族村落，用磨制的石器、骨制的骨耜砍伐树木，烧荒开地培植稻谷，在河湖中穿行捕获鱼虾，蓄养猪牛丰富自己的食物，而且已开始用材质特殊的美石磨制装饰品来美化装饰生活，使这一广大地区成为我国古代玉石制作发展最早最具特色的地区之一。

河姆渡文化分布于杭州湾南岸宁绍平原，早于良渚 3000 多年。其遗址中出土了玉石制作的萤石耳坠、项链饰品和弧形佩饰件，这些玉石制品形制多样，如遗址中发现的玉石管和玉石珠，玉管呈两端窄中部鼓的形状，中有穿孔。距今约五千年左右的崧泽文化，晚于河姆渡、马家浜文化而早于良渚文化，是长江太湖流域新石器时代中期文化，崧泽文化时期的玉制品已经选用质地较为优良的玉材，造型线条流畅圆滑规矩，尤其是具有代表性的圆弧一侧琢有齿纹的半璧形玉璜，进行了精心的设计与制作，在造型美观方面有了更进一步的追求，制作技术和艺术性都有很大的提高，这为继之而来的良渚文化玉石雕刻艺术的大发展谱写了强劲的前奏曲。

良渚文化位于长江下游"金三角"地区，因 1936 年考古工作者最早发现于浙江余杭良渚镇而得名，主要遗址集中位于长江入海处的杭州湾口附近，分布在太湖流域的浙江、江苏、上海三省市，时间距今 4000 多年，是我国重要的具有代表性的新石器晚期文化。良渚文化属于父系氏族社会时期，男子在生产中占有主导地位，生产工具得到了改进，耕作工具有石斧、石铲、石耜、石铲、石犁等，增加了耕种效率和产量，便于积累大量的个人财富，手工业与农业分离成为这一时期社会经济的重大变革，这一变革直接促进了包括制陶、房屋建筑、纺织及玉石雕刻艺术的飞速发展，尤其是玉石雕刻大量制作使用，从出土发掘情况看数量众多，世所罕见。琢玉用玉可谓良渚文化的一个重要的特征。

良渚玉器自 20 世纪初开始发掘，出土多而精，主要遗址、墓葬有江苏吴县草鞋山遗址，上海青浦福泉山遗址，浙江余杭反山墓地和瑶山祭坛遗址，江苏武进县寺敦三号良渚文化大墓等等。位于杭州西北余杭县的反山墓地，在 600 多平方米范围内共发掘墓葬 11 座，出土玉器 200 多件，几乎每墓都出土有大量玉器，仅编号 M20 的一个墓内除出土陶器、石器外，玉器多达 511 件，占到整个墓地全部出土文物的 90% 以上，距反山墓地五公里之遥的瑶山墓地和祭坛遗址，发掘面积 500 多平方米，发现方形祭台一座，墓葬 11 座，七号墓埋葬玉器最多，出土共计 148 件（组），整个遗址墓葬共出土 635 件。单个墓葬中上海福泉山良渚大墓成堆的玉琮、玉璧、玉斧及玉装饰品共计 144 件摆放在墓坑中，常州武进寺敦 3 号墓，58 件玉璧、玉琮和其他玉制品从头到脚围绕人体骨架一周，十分引人注目。（图 3－1）

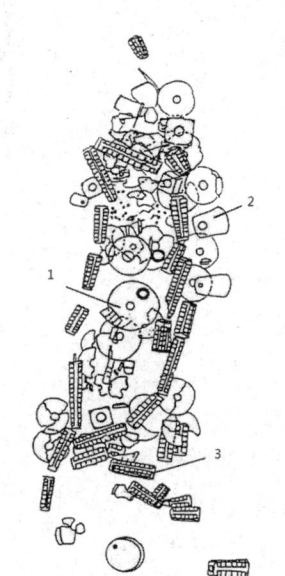

图3-1 良渚文化常州武进寺
敦三号墓平面图
1.玉璧　2.玉钺　3.玉琮

从良渚文化诸多遗址墓葬出土玉制品来看，主要有以下几种形式，其一为玉璧。玉璧是良渚出土最多的玉器之一，如上海福泉山大墓出土玉璧 4 件，江苏常州寺敦 3 号墓出土玉璧 24 件。在浙江余杭反山十一座墓中出土了更多的玉璧，它们大多十余件一起堆放在腿脚部位，少量的放在头部和身下，分布很有规律。这些玉璧小者直径十厘米左右，大者达到 20 多厘米，共计玉璧数量有 125 件之多，仅 23 号墓就有 54 件玉璧。其二为玉琮，良渚出土的玉琮不仅体积硕大数量众多，而且也是良渚文化中最具有造型艺术特征的玉制品，如上海福泉山和常州寺敦墓分别出土玉琮 5 件和 33 件，都较玉璧多。反山墓地 11 座墓也出土总计 21 件琮，而且大多琢有神秘的神徽纹饰，制作精美用料考究，其中一墓中在人头骨上方出土一件重达 6.5 千克的玉琮王，堪称良渚玉琮的代表经典之作。其三为三叉形器、冠状饰和锥形饰。这三种玉制品与良渚文化的玉璧、玉琮相比出土数量较少，但往往制作非常精致，"它们不是一般人的装饰品，而是显贵者或者高级巫师之类人物的用品"，① 是良渚文化中地位十分重要的玉器种类。三叉形器下部为圆弧形，顶部有三个向上的方柱，形似"山"字，三叉下的圆弧面上往往雕饰神徽纹饰，此种玉器造型反山5座墓中各出土一件，瑶山出土共计6件，这些造型特别奇特的三叉形器都雕饰得相当精美。良渚文化的冠状饰从墓葬中均置于头部位置看

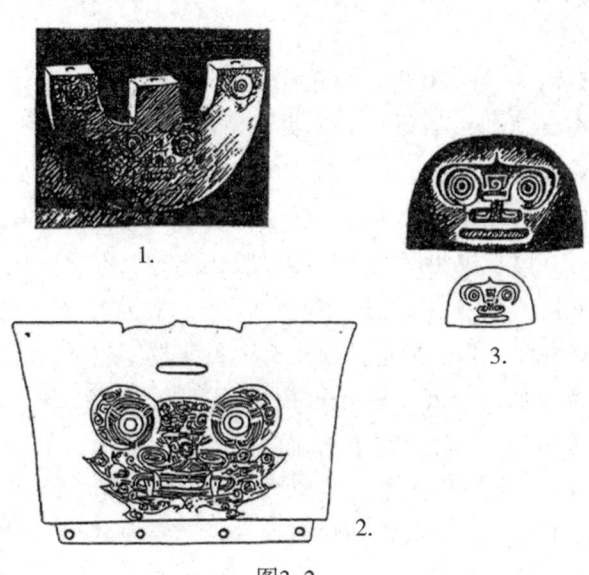

图3-2
1.反山出土三叉形器　2.反山出土冠状器
3.反山出土半圆形冠状饰

应是代表死者特殊身份的重要玉器类型。冠状饰分两种形式，一为半圆形，一为方面近似梯形，有的为光洁素面，有的刻画有良渚标志性的神人面像徽记，上有用来穿戴的钻孔。反山墓葬出土了半圆形冠状饰16件，造型为近似梯形的9件，每墓一件，瑶山也每墓均有一件共11件。（图3-2）锥形饰也是良渚文化中非常特别的玉石制品，呈长棒状，长者二三十厘米，短者两3厘米，有圆锥形、方锥形之分，最初在良渚及其附近的一些墓中发现的此类玉制品有的只有一件，有的两三件，并不知晓其具体的用途，1986年在反山良渚墓地第一期的发掘中，11墓共发现73件锥形器，且大多以集束状放置于头骨上方，有三件一束的，也有六七件一束的，最多的九件一束，上大都琢有简化版的神人面徽，磨制的非常精致。此外上海福泉山，吴县草鞋山，浙江瑶山都曾出土玉锥形器，从这些锥形器放置的位置形制看与冠状饰同样可知是头冠上的装饰品。其四玉钺，良渚文化遗址中出土的石、玉钺数量之多前所未有。汇观

① 臧振、潘守永：《中国古玉文化》，中国书店，2001年版。

山良渚墓曾出土石钺48件，横山二号墓更是出土石钺132件，玉钺一件。浙江瑶山和反山墓地都曾出土玉钺，其中反山墓葬群中共出土5件，形体较大扁宽而开阔，一端为磨制成型的刀刃状，有穿孔，多放置在左手边，似是象征权力的特殊制品。有的玉钺的刀刃上角琢有神人徽记和鸟纹饰。其五装饰用的玉制串饰，如上海福泉山出土的136件玉制品，就有串缀用的玉珠47颗，玉管两件，江苏武进寺墩一墓的串饰由玉珠13，玉管4，玉坠一共18件组成。余杭反山、瑶山墓葬出土的串饰更多，一件串饰往往由数十上百件组成，如编号为M12的墓葬，串饰品有68枚玉管，瑶山发现的成串玉饰件有13组，有一墓则串饰多达201件玉管，这些串饰品多置于胸腹部，亦有放置在头顶和脚端的，是装饰陪葬的重要玉石制品。

良渚文化的玉制品种类除上述五大类外还有璜、镯、带钩、臂饰、圆牌饰和鸟、鱼造型等多种，其中就有著名的瑶山出土的凸棱纹玉镯和"蚩尤环"，以及江苏吴县张陵山遗址、余杭反山遗址出土的玉蝉和玉鸟，它们和璧、琮、三叉形器、锥形器、冠装饰、串饰等共同组成了庞大且特色鲜明的良渚文化玉石雕刻艺术群体。

良渚文化之前的河姆渡、马家浜、崧泽文化由于对玉的认识并不完全，其材料中真正属于玉的仍很少，还有很多属于质地细腻的细石类，甚至闻广生先生对苏南浙北新石器时代玉器材料进行鉴定，认为"河姆渡文化和马家浜文化装饰品全属假玉，崧泽文化出现了真玉制作的装饰品"，[1] 而到距今4000～5000年的良渚文化，什么是玉，玉的质地特性已得到充分的认识。如反山、瑶山出土的绝大部分已是质地优良的真正的玉石材料。

良渚古玉所用的玉料有多种，其中最主要的是透闪石——阳起石系列的软玉和蛇纹石类粗玉，另外还包括大量的萤石、叶蜡石、石燧、绿松石等等。质地为透闪石——阳起石的软玉矿"已在江苏溧阳小梅岭发现"，[2] 至于蛇纹石为主的粗玉料则大都为太湖地区山中所产，色彩以绿为主，玉质为不透明，玉色也不均匀，硬度较低。也有学者认为良渚的氏族社会群体非常强大，与外界的交往也很广泛，推测良渚玉料"多来自辽宁或贝加尔湖地区"。[3] 但无论如何良渚文化用玉材料之细润，品质之优良是毋庸置疑的。良渚时期人们对玉的质材识别已具有相当高的水平，他们用质好的玉料来琢制重要特殊的玉器，如

---

① 臧振、潘守永：《中国古玉文化》，中国书店，2001年版。

② 刘道荣等：《白玉鉴赏》百花文艺出版社，2006年版。

③ 臧振、潘守永：《中国古玉文化》，中国书店，2001年版。

放置于头部、手部的琮、钺、三叉形器、冠装饰，因此此类玉制品经过数千年的埋藏与地下物质的侵蚀，由于质料细密，一些受沁钙化严重成为不能透光的俗称的"鸡骨白"，一些则完全没有受沁或受沁轻微，如福泉山9号墓的湖绿色玉钺，光线仍能完全透过玉质，反山12号墓的玉钺、瑶山2号墓的冠装饰光线能部分透过，显得非常晶莹，手感也平滑细腻，表面呈现出宝石般的光泽。

良渚以蛇纹石为主的粗玉料则主要用来琢制数量体形比较大的璧和一般的玉器，这种玉料多为不透明的暗绿色，内部结构比较粗散，但在受沁后却很多呈现出五彩斑驳的色彩。良渚后期由于优质的玉料渐少，所以也用这种质料琢制多节的琮，但制玉璧的用料却始终没有改变。

良渚时期的开料琢玉主要是手工借助自然材料如石、沙、绳、水等来完成。加工工艺主要有开料、制环、钻孔、琢制纹饰、抛光等，涉及了新石器时代主要的加工手段，从许多良渚玉器上的弧形痕迹看，开料使用了线切割，从琮的开孔看，进口大中央相通处口径小，有时有错台现象，可知良渚人已使用了两头对钻孔的方法。

良渚玉器的材料、形制丰富多彩，而在琮、钺、环等玉器上琢制的标志性神秘奇特的神人面像纹饰更是具有艺术价值的部分。神人面像徽记历来被誉为良渚文化玉器的象征，它的基本纹饰造型在余杭反山M12墓出土的号称琮王的玉琮上表现得十分清晰，这件玉琮形制之大在宽短形玉琮中首屈一指，其四面布满了纹饰，在

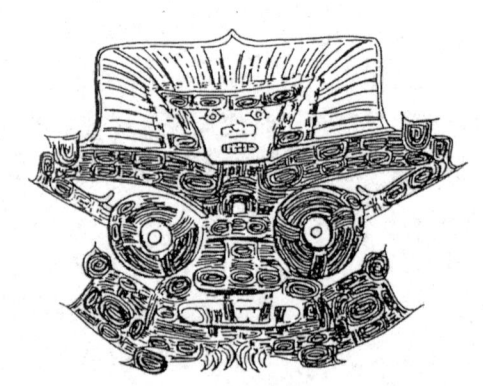

图3-3
良渚阴刻线神徽

四道凹槽内上下各琢有一组神人组合徽记，四面相同共八组，每一个组合徽记由两部分构成，上部为着羽冠的人面像，圈眼宽鼻阔嘴，脸与羽冠为浅浮雕的形式，人物双手叉腰做蹲踞状，腿部收回脚为三爪鸟足，为细密的阴刻线，在神人像的胸部又以浮雕琢制出兽面纹，重圈环眼，阔嘴中有醒目的獠牙，在此琮的方形四角上还分别琢有上述纹饰的简化形和长有獠牙的兽面，并两侧各增加琢有鸟纹纹饰，整个纹饰琢制精细，表现出神秘威严的气氛。（图3-3）反山另一墓出土的一件冠状饰上的纹饰则省略了神人而着重突出兽面，兽面大眼

大鼻孔，巨口獠牙都非常清晰。瑶山出土的玉器上也有同样的徽记纹饰，如M9出土的玉琮，以转角直棱为对称轴刻画出鼻梁、卷云纹的鼻头和椭圆形的大眼，再以阴刻线绘制眼圈、鼻孔、獠牙、长卷毛的面颊，额头有羽状的装饰。M7出土的一件三叉形器上左右两叉各琢有一侧面着羽冠神人，中叉较低以繁复的阴刻线刻画出兽面的圆眼、鼻孔、巨口和獠牙。

良渚此种神人面像徽记从早期到晚期呈现出逐渐简化、抽象化的特点，早期的如上述的玉琮王，其神徽人物和兽面结构非常明确，而到中期后繁缛的线条被去除，造型都被简洁的块面所取代。瑶山M12号墓的一件玉琮上人面纹消失，只琢有神面，其像大眼突出，鼻梁被一横线取代，以卷云纹表示鼻部，同地7号墓神面的头冠改为两道长横棱线，面部只突出眼与口，鼻部借用转角棱表示。反山20号墓出现的神面更为简洁，玉琮上琢两节小眼面纹，中间无凹槽分隔，上部的长横棱绕围一圈，每面只琢一个单圈表示眼部，一个小眼可供两面使用，与四条短横棱组成小眼面纹，纹饰十分概括简略，这种抽象简化的神面纹在良渚中后期的纹饰中占据着主导地位。

良渚文化所代表的长江流域玉石雕刻虽然以太湖为中心展开，但其影响力在后期达到南部的岭南地区，西部的巴蜀，北部的黄河流域，辐射了大半个中国。对中国古代玉石雕艺术及中华古代文明的影响非常深远。

总体来看良渚文化玉石雕刻艺术有以下几个重要的特点，首先，玉在良渚文化氏族社会生活中取得了重要的地位。在原始人类看来生死都是生活中的重大事件，对死亡的恐惧和关注使他们可以将现实中所重视的物品放置于墓葬内，上海福泉山、浙江反山和常州寺墩大墓中分别埋藏有多达数百件的玉璧、琮、环、串饰等，即是这种思想的表达，具有宗教祭祀的功能。玉同时与个人在社会中所具有的等级身份有着密切的关系，因此在良渚文化墓葬中玉的放置数量多寡，造型形制都是有所区别的，从发掘情况看虽然玉璧、玉琮及串饰等墓中大都有出土，但玉锥形器、玉冠状饰和玉钺却不是每墓都有。如瑶山墓地分南北两列，南列诸墓都在死者头部放置有锥形器、冠状饰，在手部放置玉钺，而北列墓地都未见，从这些玉制装饰品的放置位置与华丽雕饰、玉钺所具有的权利内涵看，是良渚父系氏族社会中具有统治地位的男性所有，是父系社会统治结构的具体体现。其次，良渚文化玉石雕刻艺术装饰华美奇异，代表了这一时期高超的雕刻艺术水平。玉器上刻画装饰纹样良渚文化首屈一指，在良渚出土的玉器尤其是重要的琮、半圆形器、冠状饰上都刻画有精美的以神人面像为主的装饰纹样，除了如余杭反山出土的玉琮王及少数玉器在表现这一题材时还较为写实的表现人物的面像肢体服饰外，大部分突出为点线面组合的装饰表现手法。瑶山出土的一件三叉形冠饰，以繁复的装饰线条勾勒出兽面的眼、口鼻特征，底面又浅琢有云纹图案，三叉上琢饰的三组羽纹规矩美观，整个图案充满了器形空间，不留空隙，具有卓越的装饰效果，同地的两件玉镯，一件外壁琢有美观的13道平行斜棱凸起，一件琢有二方连续的装饰性神兽面，都突破了圆形素面的造型形式，既实用又美观，显示了良渚人独具的审美观念。其三，良渚文化玉器制作工整精良，造型丰富多彩。如玉琮既有一两节的宽短形，又有多达19节的高长形，冠状饰既有半圆形又有近梯形，三叉形器又结合了半圆形与梯形的结构，其造型是独一无二的，特色鲜明。此外还有装饰类的玉管、玉珠、玉锥形器，各种造型琳琅满目，多达数十种，很多造型体现了良渚人的创造力和想象力。这些玉器的制作水平同样首屈一指，琮是由外部的立方形体与内部的圆筒状体结合而成的，绝大部分的琮立方体线面平直内筒圆滑，结合完美规矩，半圆形饰及冠状饰的圆弧面也制作的线条非常流畅，厚薄均匀美观，打磨很深入，虽经数千年出土后至今还呈现出俗称"包浆壳"的晶莹玻璃光泽。其四，良渚文化玉雕无论造型、装饰纹样都极讲究对称的美，显得稳重精巧。玉琮、冠状饰、三叉形器都极力修整的呈中心对称形，厚薄一丝不苟，图案装饰也多以对称形表现，如瑶山出土的一件三叉形器，中叉上饰一神兽面，左右两叉上又饰相向完全相对称的羽冠人面像，类似的对称图形在其他器形上也很常见，如玉钺、玉冠状器上对称的鸟纹、羽纹和玉琮立方面上琢制的神兽面形象都有对称的特征。其五，良渚玉器上的纹饰主要以减底隐起结合线刻来表现，体现了雕塑艺术的特征。这些纹样，一种为以器平面为基准只减低图案周围小范围的底子的凹形，一种为图案全部高于底子的凸形，无论哪种形式大都突出眼、嘴、鼻和额头，虽然是比较单纯的层次，但作为浮雕雏形的造型手法表现的极为准确。同时为了使造型更加丰富，用细密的阴刻线进行装饰，使纹饰非常醒目的特点也很突出。

2. 质朴淳厚——红山文化玉石雕刻艺术

华北北部内蒙古赤峰市近郊的老哈河支流英金河畔，有一座由暗红色花岗岩石构成的山脉绵延起伏，横亘在内蒙古自治区和辽宁省的交界处，天朗气清之时遥望此山，在开阔的蓝天背景下呈现出一片特别的红色，清晰夺目，久之当地人即曰此地红山，蒙古语称乌兰哈达，意为红色的山峰。在这个偏处华夏大地一隅的地区，从内蒙古高原科尔沁草原到松辽平原虽然现在略显荒寂与辽远，却在稍早于良渚文化一两千年的母系社会后期至父系社会早期，成为我们一些原始人类祖先生活的家园乐土，他们活跃在这里的山水之间，畜牧养殖、渔猎生产，代代生息留下了自己丰富的文化印记。

红山纳入中国历史文化的视野始于20世纪初。1919年前后法国人、日本人曾涉足这一地区并发掘了一些人类使用的陶器残片和一些磨制石器工具，30年代我国著名考古学者梁思永也在红山附近发现了石器时代遗址及带有印纹的陶片、石器，证实了这一地区确实曾生活着我国一支重要的原始人群。

随着考古发掘活动的日渐增多，这一地区开始受到历史学家考古学者的重视，新中国成立后红山文化的研究步入正轨，于1954年正式将其命名为"红山文化"，使该文化在中国新石器时代考古研究中具有了举足轻重的地位。

红山文化属于距今5000～6000年的新石器晚期文化，其分布范围在内蒙古东部、辽宁西部和河北北部、吉林西部等地。六七十年代围绕红山文化这一重要课题，我国考古工作者对赤峰蜘蛛山、西水泉、敖汉旗白斯朗营子、四棱山、三道湾、翁牛特旗三星他拉等遗址进行了调查和主动性发掘，证明红山文化原始人类聚族而居，有相当成熟的农业种植、养殖畜牧技术和制陶技术，思想文化上盛行图腾崇拜，通过自然崇拜这一原始信仰形式来加强氏族成员之间的联系，极大地丰富了红山文化的内涵。

众所周知玉器是红山文化最为显著的标志，然而从20世纪初到60年代的发掘报告中都还没有提到玉制品的出土，民间零星发现的玉制品由于没有科学的报告总结，也完全没有和红山文化联系起来，甚至在很长一段时间内被认为是夏商早期的玉器。随着对红山文化研究的深入和当地文物工作部门的努力，70年代开始，精美绝伦的玉器和高超的琢玉水平使江山文化这一默默隐藏了数千年的文明逐渐揭开了其神秘的面纱，完全地呈现在世人的面前，成为我国北部原始时期玉器制作的代表而蜚声中外。

1971年，内蒙古赤峰市翁牛特旗三星他拉村村民在村北山植树时挖出了一件"C"形青玉质玉龙，直径约26厘米，奇特的造型和精致的琢工引起了很大的轰动。

1973年，在辽宁省阜新胡头沟的一处断崖上发现了一处属于红山文化的石板棺墓葬，出土了大量的玉璧、玉环、玉珠、玉勾云形器和动物鸟禽类的玉鸟、玉鱼、玉鸮。1975年赤峰市巴林右旗羊场又出土了一件造型奇特高约15厘米墨玉质的兽形玉雕。1979年辽宁凌源县三官甸子墓葬是这一时期重要的红山文化玉器发掘，出土了包括勾云形器、玉璧、玉环、马蹄状玉箍和玉鸟、玉珠等一大批玉制品，随后的1979年至1982年，考古工作者对辽宁喀左县东山嘴红山文化遗址进行全面发掘，出土了造型奇特的双龙首玉璜和绿松石质地的石鸮。

　　1983 年，在辽宁建平、凌源两县交界一处约 50 平方千米的土地上考古工作者进行了一次深入了解红山文化的重大发掘工作，这处文化遗址便是牛河梁红山文化遗址。在这里发现了一座女神庙、祭坛、大型祭祀平台、数处积石大墓冢群以及面积约 4 万平方米的类似城堡或方形广场的石砌围墙遗址，出土了包括女神像、玉佩饰、石饰和大量供祭祀用的具有红山文化特征的陶器。在大型积石冢中则出土了玉猪龙、玉马蹄形器、玉璧、双猪首三孔玉器、玉鸟和玉勾云形器、玉兽面形器等等，使红山文化的研究取得了突破性的进展，特别是一些红山文化特殊造型玉器的出土，使得长期以来流散在民间的玉器找到了明确的对照标本。（图 3－4）

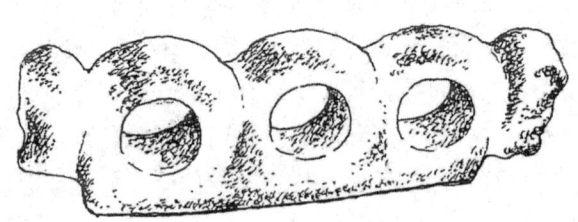

图3-4

红山文化　玉双猪首三孔器

　　从牛河梁大冢墓和其他地区发掘的墓葬还发现其只葬玉器，不葬或基本不葬陶、石器，形成了"惟玉为葬"的现象。牛河梁遗址墓葬共发掘这样的墓葬 61 座，在有随葬品的 31 座墓中，就有 26 座只随葬玉器，其中 1 号墓是出土玉器数量最多的一座，在其丰富的随葬品中就没有一件新石器时代墓葬中普遍所见的陶器。牛河梁遗址是我国 20 世纪重大的考古发现之一，对其考古发掘至今仍在进行。

　　从狭义上看，红山文化遗址的核心在辽宁省西部和内蒙古自治区东部的大凌河中上游，老哈河中上游和西辽河流域，大部分主要的玉器都是在这一带的墓葬中发现的，但是在北至西拉木伦河，东到下辽河，南到渤海湾，西抵燕山山脉南部的广大地区也都有红山文化特征的玉器出现，足以说明红山文化的影响力非常广泛。

　　红山文化出土的玉器造型多而制作精，它以形制多样化展现在世人面前，其具有独特风格与造型的玉制品，尤以生动传神的动物造型，抽象具有图腾意义的玉佩和各种装饰类玉器最为著名，主要有玉龙、玉猪龙、玉勾云形器、兽面纹佩饰、三孔器、丫形器、二联璧玉鹰、三联璧、圆雕人物形器等。

玉龙是红山文化重要的标志性玉器，许多学者认为红山文化遗址发现的玉龙是中华文明中龙形象的最早雏形。此类玉龙整体造型为近浑圆的"C"形，有长而前伸的吻和头颈后的长鬃。据目前初步统计此类玉龙发现 30 多件，其中最著名的红山文化玉龙是 70 年代被内蒙古自治区赤峰市翁牛特旗三星他拉村村民偶然掘出的由绿色岫岩玉琢制的一件，这件精心琢制的玉龙造型生动传神，前伸的龙吻微微上翘，嘴部清晰合闭，双眼大而突出，颈部随弧形弯曲拉长的鬃毛在末端扬起，配合刚劲有力通体无纹饰的圆弧形整体造型显得气势昂扬。此类玉龙之前大部分为民间流散收藏，难免使人怀疑在生产力水平异常低下的新石器时代我们的祖先竟能以独到的眼光和高超的技艺雕琢出如此美妙的玉雕艺术品。随着红山文化遗址发掘的增多，翁牛特旗广德公乡黄谷屯和牛河梁大墓都曾出土了类似的精美玉龙，终于确认了玉龙确是红山文化先民的创造，红山文化玉龙被誉为"中华第一龙"而蜚声海内外。（图 3 – 5）

图3-5
翁牛特旗出土　红山文化　玉龙

玉猪龙在红山文化玉器中出土流传较多，在墓葬中出土往往佩戴在墓主人胸前，其造型分为三种形式，一为类似"玦"，大眼兽首，身体蜷曲成圆圈状，颈后有佩戴用的穿孔。二为也似"玦"形，只是"玦"的开口没有完全断开，中心仍为完整的圆形穿孔，颈后有孔。三乃较为少见的圆浑的弧形，一端为兽首，形体较粗短。从众多出土此类雕刻来看，其均为尖耳、圆眼、长吻，只是鼻部抽象有数道皱纹，颇类猪鼻口，因此向来被称为"玉猪龙"，实际上从有的口中琢有獠牙的情况可以说明，此类应为抽象化的兽首造型，应称为兽首环形器较为准确。

玉勾云形器整体造型一般片状较宽大，中间厚四周薄甚至如钝刀刃，中间镂空似卷云纹、旋涡纹回旋状，且呈左右对称或上下对角对称。这种造型在其他地区玉器中未有发现，是红山文化玉器所独有。勾云形器又有单勾、双勾之分，都具有回旋优美的弧线和简洁舒展抽象的装饰性，有的单面有明显的凹形

图3-6
1勾云形器　2兽面纹佩饰

纹路，有的双面均有，背面往往钻有对穿孔，是用于佩戴的玉饰品。（图3－6）

　　兽面纹佩饰整体造型与勾云形器粗看起来颇为相似，仔细观察实际上是兽面特征的抽象化表现——双目是镂空的旋涡眼，双目之间的凸棱似鼻，口部更加抽象往往只是并排长短相同的齿。齿有只在口部出现的，如牛河梁第二地点1号冢出土的兽面纹佩饰，有的则在左右两边作为特殊的装饰图案出现，也有上下左右四面都有齿的，无论哪种都给人以既生动又神秘的感觉，似乎都包含着深邃的内涵，令人过目不忘。

　　三孔器、丫形器也是红山文化所特有的玉雕造型。三孔器是底面平直上面圆弧三环相接而成，一种整体平素无任何雕琢纹饰，一种为两段雕琢兽头，其含义与功能至今尚无定论。

　　辽宁阜新福兴地曾搜集到一件特殊的玉器，整体造型似汉字"丫"，上部为简写兽面，圆圈双目，有鼻孔和长扁嘴，下部为数道横向沟凹，由于造型奇特其他地区未见，为众多研究者所费解。

　　二联璧、三联璧属红山文化同一类型的玉器形式。现存的二联璧和三联璧数目较多，仅牛河梁遗址出土的二联璧有四件，胡头沟出土三联璧两件，黑龙江的东翁根山、亚布力各出土二联璧一件，杜尔特出土两件。牛河梁一号冢大墓出土的一件三联璧高十三厘米，厚一厘米，造型为三件近圆的璧相粘联而成，中间厚度大于周边，三孔较圆，上边的孔较小，而周边的轮廓圆中带方。阜新胡头沟出土的一件二联璧，造型上小下大的两孔璧相连，上边的璧接近角较圆滑的三角形，钻孔与不甚规整的外形形成强烈的对比，磨制精到，呈现出大气、简洁、质朴的美感。

　　动物禽鸟类玉雕是红山文化玉器的一大类别，表现的内容已知的有鹰、蛹、兔、鸮、鳖、鱼等等，其中以玉鹰的雕琢最精巧。鹰是北方草原、森林、山地最常见的一种猛禽，也许它那展翅翱翔在高空之上俯视大地的雄姿触动了原始人类的艺术灵感，使他们倾心创造了一个个优美雄健多姿多彩的玉鹰形象。民间流散和红山文化遗址出土了数量众多的玉鹰，如辽宁阜新胡头沟出土了三件，那斯台遗址出土了两件，此外，福兴地、东山嘴、城子山、营子村、大甸子等地都有出土。这些玉鹰以简练、质朴的艺术手法，生动地表现了鹰的特征神态。玉鹰的造型大致有两种形式，一种翅膀张开飞翔状，如胡头沟墓地出土的一件，身短翅长，明显地啄出头、双翅和尾翅，双翅上刻画出大斜线象征羽毛，四片尾翅张开，尖嘴，手法非常粗犷。一种翅膀张开而后垂于身两侧，肩部耸起，头甚至与肩齐，形象地刻画出双爪，似乎正欲腾空飞起，以为数不多的凸棱表示羽翅，极好地烘托出鹰的雄健气势。（图3-7）

三、中国古代玉石雕刻艺术的原始萌芽

图3-7
红山文化　玉鹰

　　红山文化有名的还有玉虫蛹和蝉，巴林右旗出土的一件虫蛹长4.5厘米，头尾分明，头上琢有眼，钻有孔，体上刻数道凸纹，形体饱满而生动，富有很强的生命力。同地出土的两件玉蝉，首端平圆刻双圆圈作目，尾部圆弧，背部有凸弦纹，大的长9厘米，小的7.5厘米，是迄今所知最早的玉蝉形象。

　　圆雕人物是红山文化玉雕的一个特殊的种类，称其特殊一是因为它不像其他地区新石器文化偶尔出土几件，而是数量很多，且造型各异，二是造型手法

·47·

游离于写实与抽象之间，形象生动而神秘莫测，赋予人很多的遐想。这种玉人雕像小的几厘米大的二三十厘米，大都蹲踞状，双手扶膝，腋窝双足处钻孔镂空，整体呈对称的造型。普遍对人物的头部进行夸张，使其几乎占到总体比例的1/2，形象上用粗线条刻画出人物的眼、鼻、口、耳，生动而概括，奇怪的是有的人物头顶中间刻出凹槽和横线像牛角，或像头发、头冠，还有的则头顶上再累刻上兽头，如牛头、鹿头，似乎和原始巫术崇拜有很大的关系。（图3－8）

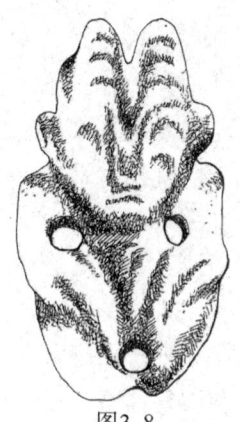

图3-8
红山文化 玉雕人物

　　红山文化玉制品是以动物人物形器和造型特别的佩饰为特征的，其与其他原始文化玉雕不同之处在于，第一，红山文化遗址早在20世纪初即被零星发掘，但大规模考古发掘却一直延迟到70年代以后才开始进行，特别是红山文化玉器的科学发掘与研究更是在胡头沟、牛河梁、三官甸子等遗址墓葬被发现后才逐步步入正轨，因此，红山文化玉器中有很大一部分是在这之前被偶然发现并在民间流散，形成了考古发掘与民间流传两大群体，很多特殊形式还有待根据今后的出土情况进行对照考证来进行确定。第二，从发现的红山文化玉器来看，部分受到沁蚀，严重的会出现鸡骨白、黑色、红色或咖啡色沁，但由于红山文化所处的辽宁、内蒙古地区气候条件较为干燥，因此有相当一部分玉器受沁不多，或者根本没有受到沁蚀，至今还显现出艳丽优美的玉质。以此科学工作者对红山玉器所采用的材料进行了研究，确定其呈青绿色、苍绿色的绝大部分属于本地所产的岫岩玉料，而部分由透闪石——阳起石优质玉料琢制的，其材料也来源于岫岩玉中的"河磨玉"，至于出现的玛瑙制品更是取材当地，至今辽宁的阜新地区仍是我国玛瑙的重要产地。第三，红山文化玉器的琢制技术特色鲜明，与其他地区有很大的区别。琢制工艺擅长以磨碾手法制作形似瓦沟状的凹形沟槽，自然形成凸起转折流畅的棱脊线，如玉勾云形佩和玉鹰。在动物人物造型上不同走向深浅的凹槽相互组合，交接的凸起又表现出丰富的造型结构。阴刻线的细部装饰较少，沟槽和棱线都进行了深入的打磨，形成了触之有凹凸感而视之无线的特殊艺术效果。红山文化的打孔技术也很高超，钻孔的方式多样，除了三联璧、三孔形器等平面打孔外，还多见在人物玉雕上两边对进的对穿孔，俗称的牛鼻孔则是在平面或微凸的玉器背面上两边各打一孔然后将中间贯通，这样打孔并不影响整体的造型，可见其精深的琢制技巧。第四，红山文化的玉器造型与长江流域的良渚文

中国古代玉石雕刻艺术

化玉器大有不同，良渚玉器的制作追求造型的面平线直，追求几何形状的规整对称，而红山文化的著名玉雕造型人物、动物、玉龙，甚至是装饰性的二联璧、三联璧、勾云形器等，都不追求直线面的规整，而是发挥曲线造型的特长，用或长或短不同的自然形曲线塑造复杂结构。这些自然的曲线丰富而具有弹性，使造型感观生动活泼，提高了玉制品的艺术欣赏性。第五，红山文化玉雕由于使用的琢制技术和艺术表现内容手法不同，其所显示的造型艺术风格也一枝独秀，神秘而富有个性。首先大量琢制凹槽来表现造型，减少局部刻线的装饰，大刀阔斧概括式的方法，给人以简练、挺括、质朴的感受，主题明确重点突出，其次，红山文化玉器所表现的题材内容既有来源于生活的人物及动物，也有富神秘意味的勾云形器、丫形器、玉龙等，这些内容在琢制时不以工整取胜而是结合内容的需要注重外部轮廓的自然流畅，注重整体结构的洗练，寓巧于拙，形成了饱满的艺术造型，强化了神秘深邃的主题。

红山文化玉器，神秘中透出稚拙，其质朴、古拙、洗练、大气的艺术风格堪称新石器时期我国北方玉雕艺术的杰出代表。

3. 龙山及其他地区玉石雕刻艺术特色

以黄河流域、淮河流域为中心的中原腹地，秦岭横亘，黄河奔流，山清水秀气候温和，优越的地理条件和丰富的物产使之成为中华民族的重要发源地之一。1963 年考古工作者在渭河岸畔发现了距今 60 万至 80 万年前的古人类化石，命名为"蓝田人"，1978 年又在其对岸发现了距今 20 万年左右的"大荔人"头骨化石，连同 1954 年在汾河流域发现的距今 10 万年的丁村人化石，说明这片区域也是我国石器时代原始人类生活的地区之一。

黄河流域属于新石器晚期父系氏族的文化遗址主要就有龙山文化、齐家文化和大汶口文化等，龙山文化则是其中的代表。龙山文化因 1928 年首次发现于山东章丘县龙山镇城子崖而得名，其分布地区很广，东临黄海，西至渭水中游，南至江苏，北达辽东半岛和渤海沿岸，考古工作者在此发现了特征鲜明的陶器、石器和房址墓葬，表明此时的原始人类生产力水平和生活水平已经得到很大的提高，尤其是手工技术逐步与农业分离而成为独立的手工行业，门类涉及制陶、冶铜、建屋、工艺品制作等等。

在龙山文化的手工业门类中，具有原始宗教内涵用于祭祀、丧葬装饰品的玉石制作手工业，也在这一时期的社会生活中具有十分重要的地位。

龙山文化距今约 4500～4000 年，稍晚于红山文化而几乎与良渚文化同时，又因地区差异可分为陕西、河南、山东龙山文化以及山西襄汾陶寺类型和豫陕晋交界地区的庙底沟（二期）龙山文化类型等，从考古发掘情况看龙山文化玉器的主要种类有璇玑、钺、璧、环、璜、圭和人物、动物形玉雕。

璇玑也被称作牙璧，器形是圆形片状，中心钻孔，外轮廓琢出三或四个数目不等的齿牙，这种造型在山东胶县三里河发现两件，藤县发现一件，陕西神木石峁和辽东半岛的长海县也有发现，天津文化局文物处收藏的一件白玉璇玑，玉质优良近圆形，周边有三个顺向外旋的宽齿，形似风车状。山东藤县里庄出土的璇玑则体扁平，外轮廓也由三个形状相同向同一个方向旋转的齿牙组成，不同的是在每个大齿牙边又琢有三组较小的锯齿，造型简洁大方，很富有装饰美感。（图3－9）

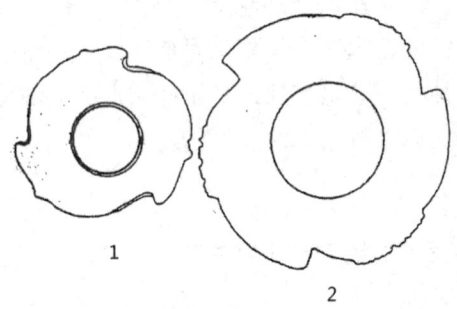

图3-9
龙山文化玉璇玑
1. 山东胶县三里河出土　　　2. 山东藤县里庄出土

玉钺、玉刀以及玉铲、玉锛、玉斧这些显然来自实际生产的造型是各地龙山文化遗址出土最多的玉器。它们大部分都被琢为钝刃，用料考究打磨光亮，如山西襄汾陶寺类型出土的玉钺、玉斧及山东日照两城镇出土的四孔玉刀和陕西长安客省庄出土的玉刀，从实物上看它们大都没有使用过的痕迹，已非生产实用性质，"似用于军旅……后来逐渐演化成王权的象征"。[①]

玉圭是我国奴隶社会、封建社会时期重要的礼器，山东龙山文化日照两城镇遗址和陕西龙山文化神木石峁墓地出土的玉圭将其制作使用历史提前近两千年。两者都呈长条形，下端平齐有孔，上端有刃。两城镇出土的圭以阴刻的旋转曲线突出双目，"勾画出一副极为狰狞的面孔，这类纹饰无疑影响了其后我

---

① 中国玉器编辑委员会编：《中国玉器全集》，河北美术出版社，2006年版。

国奴隶制时代青铜礼器的装饰纹样"。①

龙山文化动物形玉雕以陕西神木石峁和山东胶县三里河出土的最多最具特色，其中石峁造型有玉虎头、玉蚕、玉螳螂，三里河有鸟形、鸟头形佩饰，这些取自现实的动物形象被琢制得特征准确栩栩如生，显示了高超的制作技巧。

龙山文化比之红山、良渚地域分散，原始先民们在各自的区域创造性地发挥了独特的技艺特长和丰富的想象力，制作了一大批精美的玉器，但它们之间仍有着极为相似的特点。首先，龙山文化玉器出土的总数量规模虽不及红山、良渚文化，但其价值的重要性却有过之而无不及。这是因为红山、良渚文化的装饰性玉雕在龙山文化出现的非常少，其占绝大部分的是玉钺、玉斧、玉刀、玉圭此类的礼器，说明龙山文化氏族社会重视宗教祭祀活动，这为以黄河流域地区为中心建立的夏商周王朝礼玉的盛行打开了源头，使礼玉逐渐成为中国玉文化的重要组成部分。其次，在部分礼玉上刻画有造型特点突出的兽面纹、人面纹，如天津艺术博物馆藏的龙山文化玉圭，其上的兽面纹主要用阴线勾连琢刻，以双目为中心对称，与良渚兽面神秘中透出质朴所不同其造型神秘冷峻，此种兽面纹在商周时期广为流行于青铜器之上，体现了中原原始文化与商周文化的继承与内在联系。其三，龙山文化处于黄河中下游，位于中国腹地，除了具有自身造型特征的玉刀、璇玑等之外，特殊的地理位置环境还使之成为南北文化的交汇点。龙山玉器造型自然简洁大方，在质朴中显出新意，而同时又对南北玉器造型有所吸收，如陕西神木石峁发现的动物类玉器，同样具有整体的外形和不施细部线刻装饰的特征，陕西延安碾庄卢山卯发现的几件玉琮，形体结构内圆外方，中部表现刻画的直线条，上下分饰兽面纹，具有良渚玉器的某些特征，只是孔径较大器壁较薄，四角琢成高三厘米大小的三角状，比良渚的造型柔和。龙山文化玉器的这一特点丰富了中国原始时期玉石雕刻艺术的内容形式，为我们研究中华民族的民族融合交流历史提供了重要的有力的证据。

在我国的甘肃、宁夏、青海等西部地区省份也多有原始文化遗址的发现，如属于新石器早期距今五千多年的马家窑文化和时间较晚的齐家文化。这些文化遗址的发现表明黄河中下游原始文化的进步几乎是处于同一水平，就玉器的制作与使用而言，他们也很早就发现了玉这种物质的特殊性，并以之进行装饰品的制作。在甘肃半山类型的瓦罐嘴遗址就曾发现了类琮状玉制品和形状独特琢制精细的三璜联璧。齐家文化与陕西地区的龙山文化有着密切的联系，影响范围达到甘肃、宁夏、青海等地及陕西的西部一部分地区，距今约 4000 年左

① 中国玉器编辑委员会编：《中国玉器全集》，河北美术出版社，2006 年版。

右。齐家文化主要有琮、璧、璜等，制作水平很高，琮的造型已经将马家窑的雏形具体化，更接近后世的形式，另外，其由生产工具演化而来的玉斧、玉锛、玉铲等采用硬度很高的玉材，造型规整琢制精到。甘肃武威皇娘娘台出土的玉璧、玉锛、玉斧形体上追求线面的平直，磨刃薄利造型几何感较强，可以代表这一文化玉器平稳庄重、简洁大气的艺术特色。

在我国的长江流域，除了著名的河姆渡文化和良渚文化，还有青莲岗文化、马家浜文化、崧泽文化、屈家岭文化、凌家滩文化、石家河文化等等，活跃在长江中游和淮河流域地区的凌家滩文化、石家河文化，他们的玉雕艺术也成为中国玉石文化的一支重要支脉。

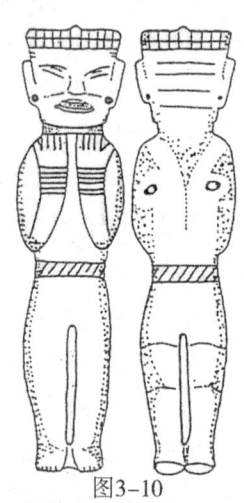

图3-10
安徽含山凌家滩出土
玉雕人物

考古工作者1987年在安徽含山县长岗乡凌家滩发掘了一处新石器时代的墓地，出土的玉器有近百件，形制有玉斧、玉镯、玉璧、三角形器、玦、管、璜、玉龟、玉人等，其中玉人和长方形玉刻图很有地域特色。玉人呈头戴圆冠双屈腿站立，两臂弯曲置于胸前状，人物的局部粗眉大眼，嘴上雕饰有胡须，十指张贴于胸，手臂上有环，腰间束宽带，人体比例较红山文化趋于写实，局部的刻纹和钻孔技艺精湛。（图3-10）同地四号墓出土的长方形玉刻图，长方形稍呈弧状，四周有近20个钻孔，其上刻有两个同心圆，圆内有星形及放射状的光芒图案，似乎是原始的八卦图形，有学者认为"这一图形与神、太阳、山川有很大联系，以此证明，我们的祖先早在五千年前就已形成了河图、洛书和八卦的观念"，① 这一图案形玉器与玉人是其他地区玉器中所未见的。

凌家滩出土的玉璜很多，形式多变是其一大特点，有半月形、半璧形、长条形玉璜，还有龙凤造型的璜和桥形璜等，其中外廓边缘琢有锯齿的半璧形璜在原始文化玉器中比较少见，很有装饰特色。

石家河文化是分布于江汉平原的一支新石器晚期文化，时间距今约四千年，几乎与良渚文化同时，其玉雕主要是人物头像和动物造型，大多体积小巧便于佩带，作为其中典型代表的玉人物头像，常见头戴小冠耳佩玉饰，琢工非常精细，与良渚的阴刻线手法相反，以较为立体的阳纹琢制见长，风格上则线

① 《中国玉器全集》，河北美术出版社，2007年版。

条粗犷，淳朴自然。

中国南部曾是发现距今 150 万年的元谋猿人化石的地方，新石器时代玉石雕刻艺术在这里也同样生根发芽，继广东地区石峡文化出土玉佩饰、璧、琮，在东南部与祖国大陆隔海相望的宝岛台湾，于 20 世纪八九十年代也发现了卑南文化遗址，并出土了大量的玉石制品。

台东县卑南遗址是台湾东部新石器时代卑南文化的代表遗址，经科学的碳 14 测定其年代大约为距今 4670 年左右，在这里共抢救性发掘了大约 1500 多座墓葬，其中大多为石板棺墓，获得了大量的玉石陪葬制品，往往一墓出土玉器甚丰，如 2413 号墓葬，棺内精美的玉制品非常丰富，计有双人形和多环兽形玉饰各一件，带四凸起的玉玦 12 件，玉制管珠 15 件，玉棒一件，玉锛九件，玉矛一件等，其他墓葬出土的主要玉石形制还有棒形、长管形及珠形颈饰和佩饰，玉矛、玉锛以及人形玉制品等。卑南文化遗址总共出土玉玦耳饰 1300 件左右，是为主要的玉制品形式。从河姆渡到良渚文化时期的玉玦基本为带缺口的圆环形，而卑南文化的玉玦一种为圆环形，在外圆处却琢有四个对角对称的小方凸，一种则为方形、长方形玉片琢缺口，形体垂长，有的还在有缺口的末端分叉如双翼，两种造型都异常特殊而精美，开拓了玦这种玉器形式的新鲜艺术造型。

卑南文化出新的玉雕造型还有玉人形饰、玉多环兽形饰。卑南文化遗址 2391 墓葬出土的一件高 5.7 厘米人形饰，浅绿色半透明质，片状，以简练镂空的手法剪影式生动地刻画了人的屈腿站立姿势，透露出凝重严肃的内涵，另一处墓葬出土的玉多环兽形饰则更加抽象化，在片状的玉材上钻对称有缺口的 9 个连环，上端环最大似为兽头，下部的八环造型既有抽象装饰意味又给人以无穷的想象，显示了这一地区原始人类奇特的审美趣味，不仅如此，此类造型还存在其他更加丰富的变体形式，如 2413 号墓又有一件类似的玉器造型似上述单人形饰的双人组合，不同之处在于

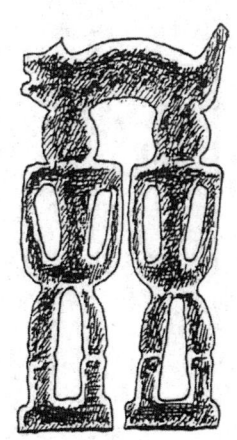

图3-11
台湾卑南遗址出土
玉双人兽形玦

双人头顶琢有一昂头翘尾的侧面全身兽形，同样的抽象简括手法在中国古玉雕中极为罕见。（图3-11）

翻开我国原始时期文化历史，玉雕的使用制作从南到北，从东到西大量涌现，呈遍地开花风靡之势，其间的艺术风格和艺术造型又是各有差异，独具特

色，既有古拙浑厚的红山、龙山文化玉雕，也有精巧细腻规整的良渚、崧泽文化玉雕，更有抽象派的卑南文化玉雕，可谓百花争艳美不胜收。红山、良渚、龙山文化玉雕，为中华民族古老的玉石雕刻艺术打下了坚实的基础，使之在其后的历史进程中放射出更加夺目的光彩。

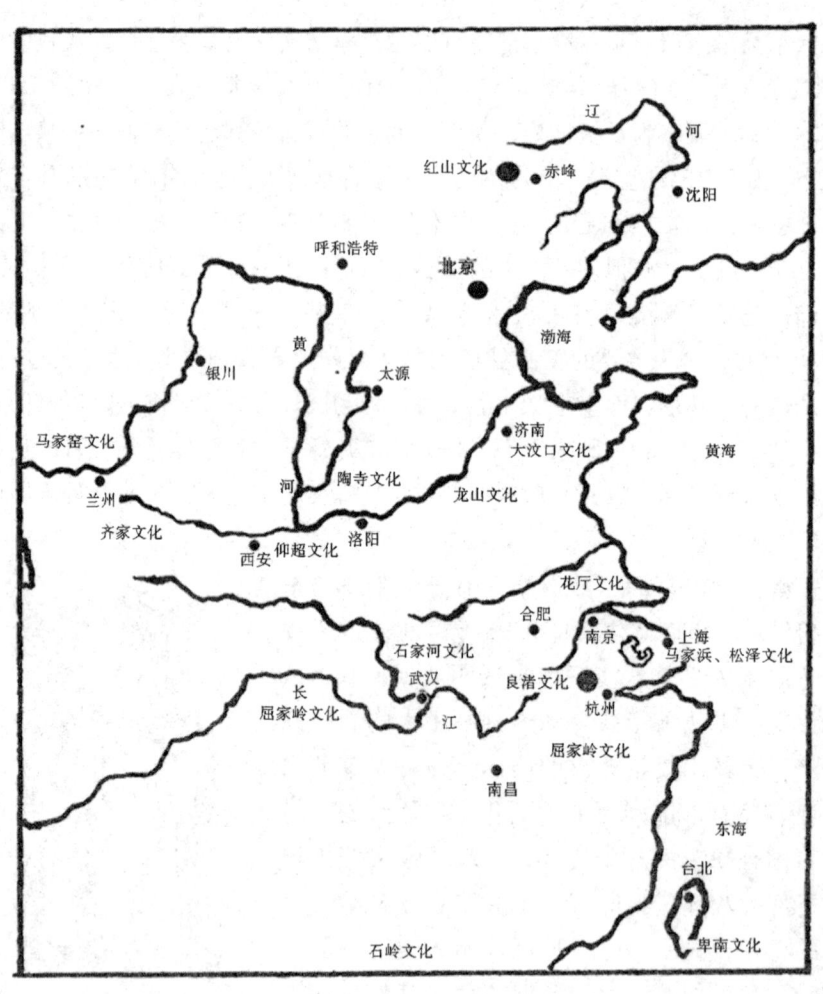

新石器晚期原始文化分布图

四、中国古代玉石雕刻艺术的成熟与鼎盛

1. 夏商时期玉石雕刻艺术

公元前约21世纪，禹的儿子启建立了我国第一个奴隶制王朝——夏。中华文明由原始社会进入到奴隶社会。

夏和商是我国奴隶社会的初创期和完备期，整个社会生产力水平逐步提高，经济文化、社会生活呈现出上升的景象。至商代，统治者注意实行"宽以治民"的政策，使农业、畜牧业、商业手工业持续得到发展，盘庚迁殷后社会生活更加稳定，手工业成为重要的生产门类，使青铜器雕塑和玉石雕刻成为我国这一时期造型艺术的典范。

夏代处于原始社会与商代奴隶社会高速发展的交接时期，根据历史与考古学的断代，通常将河南郑州二里岗、偃师二里头、登封王城岗和山西夏县的东下冯村、襄汾的陶寺等遗址划分为夏代的重要遗址，从这些遗址出土的玉石雕刻艺术品一般认为具有夏代的艺术特征。山西襄汾陶寺遗址的发现与大规模发掘使夏代玉器比较集中地展现在世人面前，类型有玉礼器、仪仗器、用具与装饰器四大类，而礼器最多，主要有圭、斧、钺、璋、刀、戈，说明这一时期的玉石雕刻类型由石器时代的形式多样性趋于统一，主要集中在礼器仪仗，而生活实用与装饰用玉较少，反映了在阶级社会的初创阶段作为玉的主要拥有者和使用者，上层奴隶主贵族此时将注意力主要放在建立完善统治制度体系的社会现实。

从目前出土的夏代玉石制品上看，特点较为鲜明，首先，就其种类而言装饰用玉少而礼器占绝大多数，且普遍体型比较大，如河南偃师二里头遗址出土的一件牙璋长54厘米，宽11.4厘米，一件七孔玉刀更达到长64.7厘米，制作打磨规整。玉圭承袭了龙山文化圭的造型，大都呈长方形，一头略宽，稍有刃，另一头稍回收而窄。二里头出土的一件玉圭，窄的一端有上下排列的孔，

比较典型。玉牙璋是夏代重要的礼玉，璋的主体呈凹形，月牙形刃，一端较宽，有两个一长一短的端角，别具一格，有的长达 35 厘米，有近长方形的手柄，在柄部两侧琢有外凸的齿，且齿的样式很多，具有抽象的造型。夏代的玉钺不同于之前的良渚玉钺，与之后的商玉钺也有较大的区别，最常见的一种是圆方造型，形状接近璧，中间有一个较大的穿孔，两侧直棱有对称的齿牙，下部是弧形刃。其次，夏代玉制品以光素的造型施以简略规矩的阴刻线为主要表现形式。如传世的一件夏代玉刀，其上边缘阴刻极细而长，呈多线平行状分布，线条挺拔笔直，只有近距离才能仔细分辨。其三，夏代玉制品的艺术风格总体上看明显具有新石器文化与商文化的双重特征。夏代早期玉雕，造型质朴、简洁、大气，以直、弧线形面为主，多光素体，分布数目不等的钻孔成为唯一的装饰。后期纹饰稍多，但也多以细直的阴刻线为主。因此，夏代的玉雕风格淳朴中透出凝重，简洁中显出洗练，体现着我国古代玉雕从石器时代走来，并逐渐与特定的思想内涵融合而表现出特有的艺术特色。

商代是中国历史上第一个有文字记载的时代，在著名的甲骨文中最早出现了"玉"字，其写作"丰"或"羊"、"重"，字像侧视的几个玉片用绳纵贯串联之形，《说文解字》解释为"象三玉之连"。说明商代已经有了独立明确的玉的概念。从出土的甲骨上刻划的卜辞可知，玉在祭祀礼仪中已被经常用作重要的祭品，如卜辞"癸酉贞：帝五玉其……牢"，"其贞用三玉，犬，羊"等等，不仅如此，举凡贵族生活、国事祭祀、商王赏赐等等都以玉为重，以玉为美，使玉在社会生活中扮演的角色愈加重要，因此我们看商代甲骨文中凡是和重大的祭祀活动、祈望美好事物的含义有关的字经常与玉有关，如"礼"甲骨文写作"豐"，"丰"写作"豐"，都像两玉盛在豆中，以示献于神祖祈求福佑，甚至"弄"字也写作"弄"，像双手抚摸把玩一块玉，显示了商人对玉的喜爱程度。

考古工作者多年以来对商代遗址和墓葬的发掘，出土的玉非常之多仅次于青铜器。从河南偃师二里头文化三、四期属于商早期的墓葬中出土了圭、牙璋等四五十件玉制品开始，商代玉雕大量出土继之不绝，先后有著名的郑州商城遗址及墓葬出土大约有 40 多件，湖北黄陂龙盘城商代城垣遗址及墓葬出土 20 多件，河南罗山莽张天湖村 25 座商墓出土 80 多件，江西新干大洋洲一座墓共出土 105 件各类玉器。属于商代具有浓厚地方特色的四川广汉三星堆遗址仅祭祀坑就出土玉器达数百件以上。此外，河南辉县琉璃阁，河北藁城台，山西石楼、灵台和山东曲阜、益都都出土了数量不等的玉制品。商代玉器最多和最重大的发现在河南安阳殷墟遗址。商王朝自盘庚将首都迁到这里后，商也史称殷，是商代八代十二王统治的政治中心，也是历经273年的繁华大都市。1976年考古工作者在殷墟小屯西北地一座房基址下发现了一座中型商代贵族墓，从青铜器上的"妇好"铭文确定，其为商王武丁的王后同时是一位女将军妇好的陵墓，在这座保存完好的墓中出土制作精美种类丰富的玉器达750件，可以说是商代玉器的一个巨大宝库，其中既有琮、璧、戈、圭、矛等礼玉，也有梳、簋、簪这样的生活用玉，还有十多件罕见的人物玉雕和象、虎、牛、羊、兔、鱼、鸭等等20多种动物形玉雕。这些玉制品不仅活显示了商代贵族的奢华生活，而且使我们完整地看到了商代玉制品的整体风貌，也为我们展示了商人高超的制玉技术和独特的审美观念。从有关资料看殷墟所出土的玉器还远不止这些，由于古今盗掘，横跨洹河两岸面积大约30平方公里的殷墟大部分王陵和重要遗址已是十墓九空，这些地方随葬的玉器还应更多更精美，可惜已流散各处。尽管如此，仅从殷墟正式发掘的妇好墓及其他墓葬遗址出土的2000多件玉器就可看出，商代是一个爱玉尚玉的时代，玉不仅代表着价级统治的地位身份，也满足着人们爱美欣赏美的心理，玉石雕刻艺术之所以在商代能取得如此大的发展成就也就不足为奇了。

商人的爱玉风尚最直接的结果就是使这时期的玉制品不仅数量多制作精美，而且具有很高的艺术价值，在中国古代玉石雕刻艺术中具有独特的风格特点。

商代玉器的特点之一是种类繁多。商早、中期的玉器种类以礼玉、仪仗玉为主，大致还是承袭前代，如二里岗、二里头发现的除极少数的装饰性玉器外，大都是圭、璋、戈、钺、铲、刀、璜等，而到了商代中期至晚期以后，玉器的种类骤然增多，式样纷呈。从殷墟遗址、王陵墓葬和著名的妇好墓出土的玉器种类我们可以看出，这一时期的玉器根据不同的用途大致可分为三大类，即礼玉仪仗玉，实用玉和装饰玉。礼玉仪仗玉主要用于商王与奴隶主贵族的祭祀、礼仪活动，除有圭、璋、钺、戈外，还有璧、琮、璜、瑗、矛等，品种相当齐全。实用玉已经从玉器中独立出来，具有生活实用功能，殷墟出土的实用玉有作为工具使用的斧、锛、铲、纺轮、镰等，在妇好墓还出现了具有明显实用功能的日常生活实用玉，如研磨朱砂用的臼杵，调颜料的调盘，以及玉梳、耳勺、玉刻刀等，这在我国古代早期的用玉中十分少见，用贵重的玉制作此类用具说明，用玉的种类已经逐渐延伸到奴隶主贵族的生活之中。

装饰用玉向来是玉器的一大门类，商代之前已有优良的装饰用玉传统，商代晚期的装饰用玉数量最多，仅殷墟就出土有千件以上，种类也很齐全，有佩戴用的珠、管、环、牙璧、璜、玦，形式多样的佩，有陈设用的各种动物造型、人物造型，还有尚不清楚用途的柄形、圆箍形、长条形装饰品等等。

商代玉器特点之二是题材广泛。新石器时代玉着重于宣示氏族社会成员间的等级地位关系，被赋予浓厚的宗教、巫术神秘文化内涵，用于祭祀神灵祖先及墓室陪葬，夏代则将玉更加集中于这一题材，表现范围较为有限。自商早期起此种题材内容也从未中断，说明其在奴隶社会的发端和发展过程中始终是社会经济政治生活的重中之重，代表着统治阶级行使统治权的根本所在，因此这一题材的玉器如圭、璋、钺、璧等一直占有主导的地位。商代后期这一题材也得到了扩展，在原有龙、凤、兽面等带有神秘文化意味的题材之上又发展了具有一定内容性的神话题材，如妇好墓出土的一件玉怪鸟负龙，鸟背负一龙踩云升天的画面，构思奇特新颖，再如鹰攫人首玉雕比以往简单的或凤或龙或兽面的单独造型更具有一定的思想情节，更耐人回味。（图4-1）

图4-1
故宫博物院收藏
商代 鹰攫人首玉饰

动物禽鸟题材在商之前的各个时期都有涉及，如蚕、蝉、鹰等，而商的此类题材范围更加扩大，几乎包括了当时人们熟知的一些重要的动物形象，在妇好墓出土的20余件动物玉雕中，有象、虎、牛、羊、狗、马、鹤、熊、鱼、鸽、鸭、鳖、鹦鹉、燕、螳螂等等，俨然描绘了一个飞禽走兽的世界。而这一时期人物题材的出现则改变了以前将人物抽象形态化的做法，着重表现生活现实中的人物形象，拉近了与人的距离。殷墟出土的十多件玉人像，虽然多呈跪式，但动态自然五官清晰，衣着完备，形象非常生动，是前所未见的，为我们研究当时的生活习俗等提供了不可多得的一手形象资料。

商代玉器特点之三是玉雕技术高超，雕刻手法多样。商代玉器比之新石器及夏代造型平薄工整，刻线流畅钻孔圆直，甚至一些如掏膛、套链之类的高难度技术也已出现，说明商代玉器的开料、造型、琢纹、钻孔、抛光已形成完备的工序，技术水平大大提高。

商代玉石雕刻主要有装饰性的刻线和浮雕、圆雕手法。刻线一为阴刻线，一为双钩隐起的阳线，具体做法前者沿花纹直接琢制，形成凹沟，有时也将凹沟两边再磨宽，如禽鸟的羽毛纹多用此法，使条纹更加突出。后者则是沿纹样两侧边缘分别刻出阴线再将阴线的外侧修磨成一斜面，此种形式多施于装饰纹样，阴阳线条的搭配刚劲有力，具有华丽的图案美感。

商代玉雕已采用了较为成熟的浮雕雕刻技法，增加了装饰图案的层次，具有突出的视觉效果，一般通常的做法是先沿纹饰轮廓刻出阴线，再将阴线外侧的玉面扩展磨去，使图案凸出，具有很强的雕塑艺术性质。

商代玉雕中的动物人物禽鸟采用圆雕手法的很多，主要手法是利用玉料的自然形状稍加琢磨，设计出比较切合的题材，如妇好墓出土的一件玉牛，作伏卧回首状，就是依据这块天然籽料前高后低外形的起伏形状，再施以动物的特征而成的，天然成趣生动自然。

商代玉器的雕刻还开创了刻线与平板式剪影外形相结合的表现形式，据统计此种形式在殷墟大约 390 多件动物形玉器中约占 90% 以上，商代琢玉用正面或侧面剪影的方法，按照对象的外轮廓在玉片上裁出各种动态的造型，然后再用阴刻线准确勾勒出各个部位的线条和装饰线，就使得刻画的对象栩栩如生地出现在我们眼前，线面结合的造型既具有装饰美又具有生活味，艺术效果十分独特突出。

商代玉器特点之四是选用的玉料优良，并能将玉料与表现内容完美地结合。商代玉器特别是晚期用料大都色泽瑰丽多彩，数千年后的今天依然晶莹光润。妇好墓发掘之后有关专家对其中的 300 件进行了科学的鉴定，发现绝大部分是和田软玉，在这些玉料中青玉最多，许多的圆雕动物等还是用质料上乘的和田籽料琢制而成。其他使用的玉料还有少量的南阳玉、岫岩玉、红玛瑙、绿松石等，来源非常广泛，显示了作为奴隶制大国的商代其经济文化交往的广泛已经远远超出我们一般的认识。

商代对玉料自然形态除了利用外形琢制圆雕，还巧妙地对玉料的色彩进行了艺术加工，如往往用同一块玉色相近的玉料琢制成对造型，譬如妇好墓出土的对象、对马、对鹤，另外还利用玉料上天然形成的不同色调，制作独特的"俏色"玉雕，如殷墟小屯出土的两件俏色玉石鳖，玉料上的黑色被雕成背甲、四爪和双眼，灰白色和肉红色琢成头、颈、腹，整个玉雕设计制作缜密浑然天成，颇有趣味，可称我国古代玉雕中"俏色"的经典之作。

商代玉器特色之五是丰富多样的纹饰装饰。大约为商代早期的偃师二里头玉器大多造型简单，素面无纹饰，中期以后除少数武器、工具及礼玉没有满饰纹样外，其余举凡装饰玉、动物人物玉器等都雕琢有华美富丽的各种装饰纹，这些纹样以点、线、圆、方、三角为基本要素构成各式的几何纹、弦纹、云雷纹、涡纹、兽面纹、饕餮纹、螭纹、凤纹等。这些纹样又不是单独孤立存在的，纹饰与造型完美地结合起来，使之既能表达一定的意义又具有美的装饰性，如兽类身躯多用斑条纹、变形云纹表现，背部多为脊状纹艺术化地显示结构，眼部则多为商代典型的"臣"字纹，突出神态。鸟禽类则多用羽毛纹或翎纹，眼为圈纹，体现羽毛的质感和禽类的灵性，玉龙则较多地刻画大气的云纹或菱形纹增加气势，这些纹样总的来看不仅刻画了局部使之变的重点特征突出又很有装饰感，也使玉器呈现出繁复华丽的整体艺术性，商代玉雕的这一特征给人留下很深的印象。

商代玉器的特点之六是其风格独特，艺术性强。商代玉器一为祭祀、仪仗用的礼玉，一为生活中的装饰玉和把玩玉。礼玉、仪仗玉是用在祭祀宗教活动中的，而在祭祀中常伴有奴隶社会残酷血腥的人祭和对奴隶的杀戮，因此商代的此类玉器如钺、刀、斧等造型规整，纹饰较少，刻了纹饰的也以类似青铜器上的兽面纹为主，不追求华美富丽呈现出严肃、冷峻、神秘甚至狰狞的艺术风格。而用于生活中的装饰玉、观赏玉器则纹饰繁缛，刻线生动甚至柔美，非常具有生活情趣，体现出生动活泼富丽堂皇的艺术风格。

商代玉器的艺术性主要体现在各种人物、动物饰品雕刻上，其将刻线、浮雕与圆雕有机地结合起来，使玉饰品雍容华贵，人物、禽鸟、走兽惟妙惟肖，玉凤、鹦鹉、螳螂、鱼、兔夸张手法运用恰到好处，个个神态有别形神兼备，特别是圆雕的造型能与材料相融合，人物姿态多样，动物或憨态可掬，或灵捷活泼，再施以丰富的装饰云纹、几何纹等，具有很强的艺术感染力。

商代的玉石雕刻艺术与青铜器雕塑，在中华文明文化史上占有重要的地位，由于运用了许多独特的甚至是独创的琢制艺术手法，使商代玉石雕刻艺术具有鲜明的时代感，在中国古代玉雕史上达到了一个高峰。它总结了前代玉雕的诸多实践经验，又有本时代的风尚，在中国玉雕发展史上意义重大，对后代玉雕的设计琢制技术、艺术表现形式发展有着深远的影响。

2. 西周、春秋时期玉石雕刻艺术之传承与发展

西周的建立大约在公元前 11 世纪。西周建立后，周武王吸取商灭亡的经验教训，首先"散鹿台之财，发巨桥之粟"、"释箕子之囚"、"释百姓之囚"，[①] 笼络人心，继而建立起比之商更加完备的国家政治军事法律机构和实行分封制，经济上实行著名的井田制，努力发展工商业，思想文化上实行严格的礼刑制度，巩固了对广大被征服地区特别是原商朝地区的统治，扩大了其势力的影响，从而推动了经济的快速发展和文化的兴盛，使周的统治南至长江以南，西至今之甘肃，东北至辽宁，东到大海，成为一个疆域空前辽阔的奴隶制国家。

"周"甲骨文写作"𤰫"，《说文解字》云："周，珣，治玉也"，这个字正像治玉琢纹之形，说明周与玉有着很深的渊源。从实际考古发掘情况看，西周、春秋战国时期的古玉出土也在我国各朝代玉器发现中属最多最精美的部分之一。

陕西关中是周王朝的发祥地和政治经济中心，在渭河两岸关中平原的长安、扶风、岐山、宝鸡等地两周时期古墓葬中玉器大量出土，有确切发掘地点的玉器总数约达 3000 多件，出土玉器多而著名的如扶风强家 1 号西周墓，仅玉石器就随葬达 550 多件，而在宝鸡茹家庄强国墓地出土的 1500 多件随葬品，仅玉器一项即达 1300 件。80 年代在长安沣河西岸的丰镐遗址中，张家坡以井叔墓地为中心的 390 多座墓葬出土玉器制品也达 1246 件（组）。

河南也是周王朝统治的中心地带，三门峡黄河台地上发现的虢国墓葬群，堪称我国西周中晚期玉器的重大发现。特别是第 2001 号大墓，出土的 150 件（组）玉器，不仅数量可观，而且种类繁多，制作精美，少量玉器上还刻有文字，为玉器的断代提供了可靠的依据。20 世纪 90 年代山西天马—曲村晋侯墓地也以出土大量精美西周时期玉器成为我国重大考古发现，如其中一墓玉器一项即达 800 余件，而另一陪葬墓仅玉覆面就由 79 件各式玉器组合而成，其中佩于墓主前胸的组佩则更由 6 件玉璜和玛瑙珠组成，整体达到 400 余件，另一件由玉牌、玛瑙等串联的玉佩则长达 67 厘米，均可列为西周玉器发现之冠。除此之外，出土比较重要西周玉器的地点还有北京琉璃河，山东济阳刘台子，山西洪洞永凝堡，南方的浙江衢州西山，安徽屯溪，福建南安大盈和西部的宁

---

① 《史记·周本纪》。

夏固原孙家庄、甘肃灵台白草坡等地。

由于周早期长时间与商并存，并在建国后从殷商获得了大量商玉以及大批的琢玉奴隶工匠，因此不可避免地在艺术造型风格上基本与商代晚期的风格相似，西周晚期才因政治制度的稳定完备，社会审美风俗理念的转变，形成了独特的艺术风格。

西周时期的玉石雕刻艺术特点主要表现在：

一、西周时期玉的使用总体上由殷商的重祭祀性向礼仪性转变，礼玉成为这一时期数量最多的玉器造型类别。西周早期就已注意吸取商灭亡的经验教训着手完备礼制与宗法制度，认为要使得奴隶主、所有国家里的人事以及各个方面都很好地永恒地纳入规范就要建立礼制，其目的正如《左传》所言"经国家，定社稷，序民人"、"民不迁，农不移，工贾不变"，使奴隶主的统治正规化、合法化和更加稳固。因此，周礼所谓"以玉作六瑞，以等邦国，王持镇圭，公持桓圭，侯持信圭，伯持躬圭，子执谷璧，男执蒲璧"，[1] "以玉作六器，以礼天地四方，以苍璧礼天，以黄琮礼地，以青圭礼东方，以赤璋礼南方，以白琥礼西方，以玄璜礼北方"，即是礼玉的具体体现。

西周时期为了强化礼与玉的结合还从制度上对琢玉行业给予了独立的地位和加以法律规定，设立了直接为王权政治服务的专职管理琢玉用玉的机构——玉府和典瑞，其中典瑞隶属于春官，专门管理礼玉，使得礼玉从制作使用甚至保管都有一整套操作方法，可见西周礼玉已形成一个完整的系统。

西周时期的礼玉主要有璧、琮、圭、璋、戚、戈、斧等，西周礼玉从考古发现看虽然也有少数如故宫博物院收藏的双龙玉璧，陕西西周沣西遗址出土的凤鸟纹玉琮等琢有装饰纹样，但多光素无纹，如山东济阳刘台子和四川广汉地区出土的玉璧、大玉璋以及山东刘台子和沣西出土的玉戚、玉戈。这些玉器的造型由于需要符合礼仪规范，所以造型上略显呆板，艺术价值相对较低。

二、以玉组佩为代表的装饰玉是西周时期一个最重要、数量庞大的玉器门类。西周时期，除了出于国家政治需要用于重大礼仪、祭祀活动的礼玉外，人们还把用玉、佩玉同人的精神世界、道德修养及生活中的行为举止、财富等级都联系起来，所谓"白圭之玷，尚可磨也，斯言之玷，不可为也"，[2] "瞻彼淇奥，绿竹猗猗，有匪君子，如圭如璧"，[3] 就是表明玉代表着人的品性、能

①《周礼春官·大宗伯》。

②《诗经·大雅·荡之什》。

③《诗经·卫风·淇奥》。

力、气质、德行等等，所以《礼记·玉藻》说"古之君子必佩玉"、"君子无故玉不去身"。

西周时期的佩玉饰品从出土情况看数量最多，主要有璜、柄形器、环、项饰、各类型佩等。其中各类动物型佩饰丰富多彩，表现的内容涉及鹿、鸟禽、鱼虫等多种多样，艺术上也取为写实，（图4-2）陕西茹家庄强伯墓、沣西丰镐遗址和三门峡虢国墓出土的玉鹿、对鹿的长角、腱腿等形态特征捕捉得非常准确，特别是一昂首鹿，前腿立后腿弓，把其由静卧到起跑的瞬间动态表现得淋漓尽致，生动传神，对生活的细致观察与表现是显而易见的。山东济阳刘台子出土的一件鱼鹰作屈足垂尾回首状，喙衔小鱼，鱼被刻画成尾部上翘挣扎之态，惟妙惟肖。

图4-2

西周　玉雕动物

玉组佩是西周地位高贵的玉器种类。1981年考古工作者在陕西扶风的强家村西周墓中发现了成组的佩玉，既有由玉人、玉蚕、玛瑙珠、料珠管组合的，也有以三角形装饰玉片及玛瑙、珠管组成的。在三门峡发现的虢国国君墓和山西天马—曲村晋侯墓、陕西沣西井叔墓中，玉组佩的组合有一定的规律，如陕西沣西出土的组佩相当完整，主体为3件玉璜，两侧为4件对称的玉管和数百件玛瑙串联。天马—曲村一墓中玉组佩则是由6件玉璜为主体，再串以总数达400余件的料珠和玛瑙珠，三门峡出土的一件组佩更加精美复杂，共有7件玉璜，辅以左右对称的玛瑙、琉璃串珠，从胸部直垂于膝部，排列整齐形制美观。这一时期的玉组佩从发掘看还有多种变化组合，不一而足，均具有优异的装饰美感。

三、殓葬玉在西周时期的玉器中逐渐发展成熟，开了后世特别是西汉时期葬玉的先河。

原始时期南京北阴阳营、甘肃皇娘娘台、上海青浦淞泽等遗址墓葬中除了放置随葬玉器外，已出现了简单的口中玉晗，而至陕西、河南等地的西周大墓中，殓葬玉的出现已蔚然成风。扶风西周墓出现了蚕和蝉形玉晗，山东胶县也曾有扁平造型玉晗出土，可以看作是远古风俗的传递。特别是陕西沣西强家西周墓、三门峡虢国墓地、山西天马—曲村晋侯墓多墓都出土了极具这一时期特色的玉面罩，将殓葬玉的形制进一步规范化。三门峡一大墓中玉面罩是将玉琢成五官的形状缝缀在织物上，由耳、鼻、眼、口、眉、额组成，天马—曲村一大墓则是将与面部及五官特征相似的各式玉器相组合成玉面罩，所用的玉器数量达79件之多，这些高等级大墓出现的殓葬玉，证明了"大丧，共饭玉，含玉，赠玉"，"圭、璋、璧、琮、琥、璜之渠眉，疏璧、琮以殓尸"的西周文献记载，① 是西汉时期更为豪华的玉衣、玉匣葬玉制的雏形。

四、西周时期的玉石雕刻由于无论是礼仪活动还是随身装饰都要求既有美感又要便于佩戴使用，因此其造型以板片状为主，纹饰的琢制技法上不仅钻、镂、琢、磨技术相互结合，而且线条较殷商时期的续接性好更加婉转、流畅，生动自然。线条琢刻早期更多的是继承殷商的双勾阴线法，而中后期出现了创新的俗称"一面坡"的一面阴线斜切法，使这一时期的纹饰线条更加遒劲和庄重，具有了更好的立体感和优异的表现力。

总体上西周时期的装饰纹样趋于抽象化、几何化、平面化，在突出夸张造型内容的同时兼顾装饰美化，加之其礼仪思想内涵的规范、用玉材料的优异，使得西周时期的玉石雕刻艺术以其具有的庄重、严谨、华丽艺术风格在中国古代玉雕艺术上大放异彩。

公元前8世纪下半叶，西周各路诸侯纷纷立国，中国历史由此进入春秋时期，此时既是儒家所谓的"礼崩乐坏"的时期，也是地主阶级作为新的生产力代表开始登上历史舞台，思想活跃学派林立百家争鸣的时期。社会政治、文化方面用玉数量大增，比之西周有过之而无不及，并且对传承了数千年的玉进

---

① 《周礼·春官·典瑞》。

行了哲学理论、人文思想上的阐述，尤其是儒家针对上到统治阶级下到普通民众对玉的普遍重视，顺应社会生活、政治意识的潮流，从理论上形成了独特的儒家玉器体系，扩大深化了玉器所包含的礼制内容，使之前含混的礼玉内涵得以确定，并被之后各个时代普遍认同。玉在现实生活中的地位被提高到一个新的高度，诸侯贵族出于标榜自己的地位和德行，西周时期的用玉制度遭到僭越，人人竞相佩带昂贵的玉器促使了玉制品的大量制作，使得春秋时期的玉石雕刻艺术空前的兴盛。

春秋时期的玉石雕刻艺术特色源于西周风格与地域特色的影响以及社会风气的转变。首先，玉礼器少而装饰佩玉多是春秋时期玉器的一个总的特征。春秋时期自商周以来掩盖在美丽的玉器之下为极少数人服务的礼制观念遇到了极大的挑战，代表新兴地主阶级思想的新学说、新思维纷纷出现，政治上诸侯争霸，学术上百家争鸣，统治者及士大夫们逐渐将目光转到通过对玉的欣赏、佩带假以提高自身在现实生活中的德行、品质、财富地位上来，因此束缚思想的礼玉逐渐退出人们视野而被冷落。春秋时期的玉礼器仅在如山西侯马春秋盟誓遗址出土有玉圭、玉璧和玉璋，江苏吴县窖藏出土有琮，其数量上与同时出土的装饰玉器已不可同日而语。

春秋时期的装饰玉佩是最多最主要的玉器种类，主要有璧、璜和各种人物动物形佩，它们既可单独佩带，也可相互组合为组佩，形式多样造型美观。

璧是人们熟知的重要礼玉之一，但从春秋时期开始其原始神秘的思想内涵在新的社会思潮之下已经褪去，人们将之剥离了礼玉的功能赋予了独特的装饰美感，成为玉佩中的一种。春秋时期的玉璧多属小型系璧，直径多在十厘米左右，如河南光山黄君孟夫妇墓出土的直径 11.6 厘米的玉璧，淅川下寺出土的直径 12.5 厘米的玉璧，河南固始侯古堆的玉璧更是直径只有 3.6 厘米，这些显得小巧玲珑甚为可爱的玉璧，用玉考究，往往都非常晶润光泽，在造型装饰上通常于边缘处琢出阴刻圆廓线，并在璧面琢有装饰性的纹饰，让人爱不释手。

玉璜这一时期脱胎换骨，春秋时期进行了颇为新颖的创造，一种是在基本造型上加大装饰力度，进行更多更复杂的纹饰装饰。一种是在保持大造型的基础上融入各种神兽动物的形态。前者如山西太原金胜村晋卿赵氏墓和河南固始侯古堆 1 号春秋墓出土的玉璜，通体布满了繁复多样的云纹、卷曲纹，且轮廓线也与纹饰连成一体起伏凹凸，体现了这一时期追求繁丽的审美意趣。

春秋时期的各种动物神兽形玉璜，常见的均在璜的两端琢以完全对称的侧面神兽头，璜面则饰以云纹、卷曲纹等纹饰，如山西太原金胜村、江苏吴县窖藏出土的此类形玉璜极具代表性。

　　动物形玉佩是春秋时期玉佩饰中有代表性的玉器类型之一，此类玉佩整体主要具两种形制，一种为河南光山黄君孟夫妇墓、淅川下寺春秋墓、吴县窖藏出土的长片形、弧形，一种为河南固始侯古堆、山西太原金胜村晋卿赵氏墓出土的以"s"形为主的外形，前者如玉鱼，整体大致呈长方形，只琢出鱼眼和象征性的鳞片。玉虎佩极力夸张虎头、卷曲的虎尾和虎爪，特别是虎头嘴大张，尖齿宽唇，威风凶猛。后者则在春秋晚期大为流行，太原金胜村出土的一批玉龙形佩、玉龙凤合体佩以"s"形变体而成，龙首、龙吻、龙角左右卷曲，器表满布阴刻线勾云纹，"s"造型的出现一改春秋之前佩玉的规矩几何形藩篱，为我国古玉雕向艺术化发展开辟了新的天地。

　　其次，春秋时期玉雕较商周时期，纹样琢制繁缛细致，呈现出华丽的艺术风格。春秋时期思想活跃，各国文化艺术在交流竞争中发达起来，人们的审美意识得到了提高。这一时期玉器上的纹饰明显较商周丰富，纹饰内容上既有虎、鱼、兔等源自生活的造型，也有凤鸟、龙、蟠螭等所谓神兽造型，还有装饰性的勾云纹、谷纹、涡纹、乳钉纹等等，前两种纹饰可以看作是商周纹饰造型在这一时期的继承，但是春秋玉器上无所不在的仍是勾云纹、谷纹、涡纹等这些具图案装饰化的纹样，这些纹样的一个共同特点是线条的卷曲回旋。春秋时期的玉器上此种装饰繁缛富丽，其形式美感被发挥得淋漓尽致。如江苏吴县窖藏的一件兽首玉璜长仅9.5厘米，器身及两兽首阴刻的弦纹之内皆琢有繁密的勾云纹和羽状纹，衬托出整体造型的富丽华美，而太原金胜村出土的一件玉牌，原本造型上不甚规则，但在被阴刻线分为三区的器表琢制了细密的勾云纹、蟠螭纹后，整器显得光彩照人，华丽堂皇，艺术美感焕然一新，装饰艺术性特别突出，堪称春秋时期运用装饰纹样的优异之作。

　　第三，春秋时期玉器琢制艺术手法多样化，制作更加精良。春秋时期铁器已经出现，表明当时的生产力水平得到了很大的提高，琢玉技术也相应有了快速的进步，玉器琢制较商周时期越来越向精细发展。

　　春秋前期的琢玉造型手法仍然多借鉴西周以来的双阴刻线、一面坡技法，但线条的折角开始变得圆转而不露转折的痕迹，更讲究疏密搭配以及流畅顺达。河南光山黄君孟夫妇墓出土的玉虎可称这种用线特色的典型例子，其除了在腹、双肢刻有少许几何纹外，通体琢满阴线变形的龙纹，线条婉转流畅，粗细深浅均一，最可称道的是这些线条刻画形式多样，左右呼应，相互交结，交错处生动自然。

　　春秋中期以后，双阴刻线发展成为减底隐起的具有浮雕特色的琢制手法，并在以后大为盛行，如山西太原金胜村玉龙佩等一批玉器均是采用的此法，具体做法是将需保留的纹样周边的玉底减去，再将突出的纹饰打磨圆滑，这种技法难度很大，要在繁缛细密的纹饰间琢掉硬度很大的底子非有很高的功力、经验和优良的工具而不可为。以这种琢制手法琢制的装饰纹样，高低起伏对比强烈，富有立体效果，使近视远观繁密富丽的艺术效果更加突出。减底浮雕的技法使用在佩璧上，则出现了我们熟知的规整、圆润的谷纹、乳钉纹等几何纹样，并成为之后各时代最常运用的琢刻手法。

战国时期各诸侯国的势力更强大，东周王室已名存实亡直到退出时代政治舞台，到后期完全出现了七国各据一隅相互征战争霸的局面，思想文化更加活跃，以儒、墨、法各家为代表的思想理论体系争相鼓吹自己的观点，其中以儒家最突出并得到了较多的响应，因此，战国时期社会生活及各阶层的用玉非但数量不减，而且玉器的制作使用也更加刻意的表现迎合儒家的用玉观念。

战国时期玉器的存世和出土数量非常可观，主要的考古发掘有河南省的洛阳中州路及小屯村战国墓，信阳长台关、淮阳平粮台战国墓，山东省的曲阜鲁国故城墓地，山西省的长治分水岭战国墓，河北省的平山县中山国墓，湖北省的江陵望山、随县曾侯乙墓，安徽省的长丰县杨公墓等，其中河北中山国战国墓是以中山国君墓为主的庞大墓群，这里虽多次被盗，有的墓在历史上已被盗掘一空，仍出土了形制奇特、制作精美的玉器，数量达到 3000 多件。1978年，湖北随州市擂鼓墩曾侯乙墓的发掘更是举世瞩目，它是我国战国考古的空前发现，其出土的青铜器、漆器和玉器在战国考古上占有极其重要的地位。此墓玉石器达 528 件，质地有玉、水晶等，既有璧、璜各种形制的佩，也有实用的带钩、玉具剑等等，制作水平足可代表这一时期的最高水平，其中就有著名的玉镂空多节龙凤蛇纹佩和小巧玲珑的动物形玉琀。

从上述地点出土的玉器，具有其时代的独特性。首先战国时期玉礼器已基本淡出历史舞台，春秋时期最多的玉佩饰继续在战国时期得以流行，而且在此基础上出现了新的造型和更加复杂的组合玉佩、人形佩和剑玉等，同时还出现了实用型玉器。

曾经盛极一时的礼玉系列在战国时期礼性淡薄，玉璧、玉圭、玉琮等更多地突出政治功能，成为外交、祭礼、聘贤、朝婚、丧葬等场合的形式与工具。造型上也较春秋时期有很大的创新，出现了战国特色的出廓璧。出廓璧即在璧的外廓又琢制纹样造型的玉璧形式，为战国时期的首创，如故宫博物院珍藏的一件白玉双凤涡纹出廓璧，系用一整块和田玉琢制，玉璧表面琢制排列规则的谷纹，璧外对称镂琢有两只凤鸟，与普通的玉璧相比极具造型美感，玉器的造

型意识已较之前大大提高了一步。（图4－3）

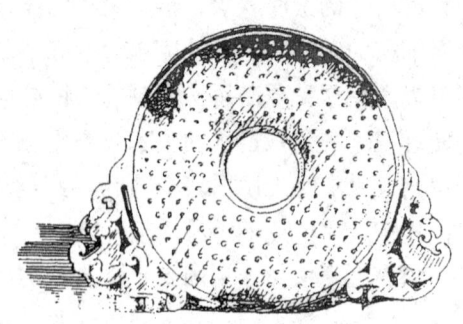

图4-3
战国　白玉双凤涡纹出廓璧

佩玉在战国时期则更加大行其道，在玉组佩上表现得极为突出。如湖北曾侯乙墓出土的一件玉组佩，一改前代各独立玉部件以丝绳串联的组佩方式，而是由5块玉琢成16节相互扣合，长达48厘米，由于各节由玉活环连接，达到可卷可伸的精巧地步，令人叹为观止。佩饰玉中的玉剑饰春秋时虽有雏形，但形成较为完整的玉器门类则在战国时期，主要包括玉剑首、玉剑格、玉剑璏、玉剑珌等，常见的剑首为稍厚的圆片形，中心部有一圆形凸起上饰涡纹，外缘饰谷纹，剑格为扁长条形，中部厚两端薄，两面分饰兽纹，玉剑璏为长方形，背面有仓可供穿系，表面多饰以乳钉纹及丁字形纹，玉剑珌则为方片形，也两端稍薄中间厚，两端多饰以"山"形勾连纹或抽象的兽纹。玉剑饰虽然只有地位较高的将领才有能力佩戴，但它的出现从一个方面反映了战国时期战争的纷争和人们的尚武精神，用玉领域又得到了进一步的延伸。

战国时期的玉佩中人形玉佩渐多，如河北平山中山国战国墓中就出土了较多的人形佩，从某种意义上说这个时期的人形玉佩是可成为从奴隶社会向封建社会转变过程中人文意识崛起的重要物证。

战国时期以玉制作的生活实用器开始出现，有玉梳、玉带钩、玉灯、玉简册、玉杯、玉玺等等，如故宫博物院藏的一件青玉灯，上为灯盘，盘边缘琢勾连纹，中柱上琢五叶团花，中间有纹饰束腰，下有云雷纹，底盘又有勾连云纹，异常典雅华丽，显然这些用贵重的玉料制作的物品并非一般人所能拥有，它是上层贵族的生活奢侈品，但也为我国玉器的发展开辟了一个新的领域，其地位非常重要。

其次战国时期生产力水平的持续提高，各种金属加工业如青铜、铁器的制作蓬勃发展，创造了玉、金属镶嵌的新工艺。

中国古代玉石雕刻艺术

战国时期，尤其中晚期，玉器的制作数量大增，工艺水平更加高超，呈现出一派辉煌景象。当时金属工具进入制作领域，磨制也采用了硬度更大的金刚砂粉，使冶玉工艺得心应手，所以战国玉器造型非常规矩整洁，器物的边角转折犀利露锋。由于制作工具的改进提高了砣轮的转速，线条也较前期干净利落，几无断续痕迹，而且回转圆滑，工具的改进与技术的成熟还出现了诸如曾侯乙墓出土的大型连环相扣套环的玉佩和大量造型图样复杂的镂空琢刻这样高难度琢制技术方法。

金属与玉相结合的玉器制作是战国时期玉器工艺的一大创造，战国时期手工业门类中的金银、丝织、漆器工艺非常发达，琢玉业和金银制作结合了起来，将金银、铜铁、松石、琉璃等多种材料同一器物上使用，创造了金银镶嵌的新制作技法。这种精美复杂的制作在上层贵族中广受欢迎，除了前提到的玉具剑，河南辉县固围村出土的一件长 20 多厘米的大玉璜，由 7 块玉和两个活动的鎏金铜兽头组成，以铜片相连，一件琵琶形的包金镶玉银带钩，器底托为银质，背脊正中镶有 3 块白玉，包金浮雕的蟠龙和鹦鹉栖息盘绕在带钩的两侧和上部，加上所嵌的珠料，五色杂佩，两件作品华美异常，足以代表这一时期金属镶玉的最高水平。

再次，战国时期的玉石雕刻艺术一改春秋的硬板豪壮而向活泼灵动转化，纹饰也相应地改变了春秋玉器繁琐的装饰风格，而变得简练、清新、规范化。

战国时期玉器中以方、圆等几何形为主的造型减少，以"S"形的曲线造型来刻画各种神兽、动物是这一时期的典型特征。常见的"S"形龙、蟠螭最具代表性，如河北平山中山国墓出土的玉龙佩、玉龙纹板，安徽长丰杨公八号墓出土的玉镂空龙纹佩，其龙身细长，均呈翻转弯曲起伏状，造型奇巧。湖北曾侯乙墓出土的玉组佩、玉透雕双龙佩，平山中山国墓出土的玉透雕三龙环形饰等多个"S"相结合的造型和湖北江陵望山出土的一对单体对称"S"形玉龙形佩也很常见，这些造型无论是单体的、多体组合的还是和其他器物造型如璧等结合的皆生动活泼，若飞若动。（图 4 - 4）

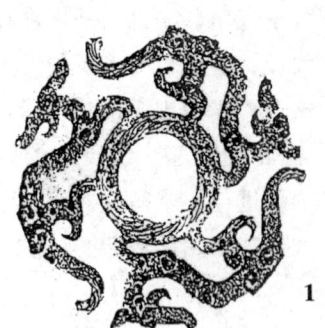

图4-4
1．河北平山中山国墓出土　玉透雕三龙环形饰
2．湖北随州曾侯乙墓出土　玉龙形佩

从龙、凤、虎等的具体造型细节刻画上也能看到战国时期玉石雕刻艺术风格变化的端倪。战国玉璜以侧视的兽首和龙首为主，一般小耳、张嘴，上下唇间以一直线间隔，龙眼有水滴形，阴刻线"分"字形等，"s"形龙的龙首拉长，张口卷唇，上唇长大，下唇短小，眼部呈椭圆形、菱形、出梢圆形，特点别具一格。

纹饰是战国玉器重要的艺术表现与组成部分，此时的纹饰仍以兽面纹、谷纹、云纹、乳钉纹、蒲纹、云雷纹为主，但也有较春秋时期很大的变化，前期多见的线型谷纹被琢制成具有立体浮雕感的装饰形式，排列规则清晰饱满。这一时期除了上述纹饰外还出现了绳纹（也称卷丝纹），多用于玉环之上，纹饰似有丝束缠绕，线条排列密集按同一方向倾斜，装饰美感非常强烈。总体来看战国时期的纹饰不生硬而灵活，不琐碎而流畅，不繁缛而清雅，逐步向装饰、抽象化发展，艺术趣味非常浓厚。

最后战国时期由于华夏版图内多国纷争，诸侯国各自独占一方，各国特别注重地方经济文化的发展，因此在玉器上就相应地有各个地域文化特征的反映。在玉器造型上以楚国、吴国等为代表的南方地区，造型飘逸灵动，细巧典致，对线条婉转波动极为追求，如河南信阳刘庄楚墓出土的玉双凤纹佩、玉双龙佩，安徽长丰杨公楚墓群出土的玉镂空龙形佩、玉管等等，其风格注重形式感装饰趣味和欣赏性，制作水平也很出色。吴国楚国的玉璧自春秋至战国都很典型，如吴国玉璧，璧面往往分若干区域，内外边廓较低，通体浅浮雕龙螭纹，而楚国的玉璧则如安徽长丰杨公墓出土的将璧面分为内外区，外区琢刻阴线双头螭纹，内区琢谷纹的形制，汉代大规模流行的玉璧分区装饰现象即是由此继承而来。

北方的玉器造型特色以秦及赵、魏、韩最显突出，这些区域的艺术造型丰富多彩，线条遒劲有力，造型突出整体性效果，如河南辉县固围村出土的玉鹦鹉佩、玉鸟佩，中山国国君墓出土的玉龙佩、玉虎形佩等，其注重玉器整体轮廓的完整鲜明，细节装饰能够与大形完美统一，其制作水平也毫不逊色。

秦国是战国时期的强国，其玉器水平在很长一段时间却较为落后，但也有鲜明的风格，如凤翔春秋秦墓出土的一件大玉璧和数件小玉璧，大者由多条绳纹将璧面分为四圈，圈内饰独特的勾连云雷纹，小者也以简略的云雷纹装饰，虽较为简陋但直到战国时代一直代表着我国西部玉饰纹饰的特点，可谓独树一帜。

以洛阳为中心的中部地区，是战国时期东周没落朝廷之所在。1928年一场大雨使洛阳城东十公里处的金村一段地面下陷，两列八座大墓暴露出来，墓中出土了大量的青铜器、漆器、玉器，可惜出不逢时，大部分被盗卖流落到国外，是我国古玉雕刻艺术的一大损失。从其玉龙凤佩、玉连环龙凤佩上看其制作技术非常之高，龙、凤造型相互组合缠绕，线条稳重圆润，玉虎形玉饰轮廓饱满，线条富有强有力的弹性，虎头、虎爪毕现，生动活泼栩栩如生，特别是在这里出土的一件由十件玉器组成的金串玉佩项链，其中的玉双舞人佩、龙纹佩，制作精巧艺术水平卓越，是为战国辉煌玉文化的杰出典型之作。由于这一地区是东周王朝的中心地带，其文化水平秉承西周的浑厚底尚，因此，玉石雕刻艺术更多地体现在华丽高贵、沉稳流利的艺术风格之上，所以通常令人称道的"金村风格"，实际上就是此地区艺术风格的总概括。

春秋战国时期的玉器制作灿若星辰，新的器形，新颖的纹饰频出，各地域之间的艺术风格在后期又相互借鉴融合，并不断吸收优良传统融入时代的风尚，因此，这一时期的玉石雕刻艺术在中国古玉文化上特别突出，春秋战国时期玉石雕刻艺术在中国玉雕史上达到了一个空前的高峰。

3. 秦汉玉石雕刻艺术之大气

秦是位于中国西部的诸侯国，上承商周下续汉魏，虽然立国时间只有短短的15年，但其建立了完备的封建中央集权政治制度，促成了我国统一的多民族封建国家的形成，文字、货币、度量衡的统一也促进了各地区之间经济和文化的交流互融。

秦朝时间虽短，其手工业水平却不可小觑。1974年在陕西临潼秦始皇陵墓周围发现的陶俑坑，出土了数万件等人大小的陶制兵马俑，其面部各具神态，或披铠甲或短褐束带，分携弓箭戈戟等兵器，造型异常生动，如此之大的陶塑制品从塑形到烧制而不出瑕疵，历经两千多年保存完整，手工业技术掌握得非常娴熟。80年代中期在秦始皇陵附近的陪葬坑中又出土了2∶1的比例缩制的两组大型铜车马，人物马匹比例准确，铸造均匀，融合了多项在今天看来都十分先进的制铜冶铸技术，金属铸造、熔炼、制范、焊接、装配、设计、造型技艺相当先进，说明秦代的生产力和生产技术水平是非常高的。

属于秦的玉石雕刻发现的不多，至今发掘的有西安北郊联志村秦汉窖藏，山东烟台芝罘岛阳主庙遗址，西安西郊阿房宫遗址，河南泌阳秦墓和陕西凤翔秦公大墓等。从这些为数不多的玉制品和史籍记载当中我们仍可看出这一时期玉石雕刻特点。首先，秦代主要的种类在于礼玉，玉器在秦代仍属"器饰宝藏"之物。《史记·李斯列传》云："今陛下致昆山之玉，有随、和之宝"，《史记·货殖列传》云："秦之败也，豪杰皆争取金玉"，说明当时的统治者上层贵族占有着大量的宝贵玉器。从当代的考古发掘看，秦的礼玉十分突出。1975年在山东烟台芝罘岛出土了两组玉器，每组都为圭一件，璧一件，觹两件，1971年西安北郊联志村的秦代窖藏中出土了圭、璋、璧、璜等成套完整的玉礼器，这在礼玉非常发达的西周时期尚且少见，结合《史记·封禅书》秦始皇多次巡游重礼祭祀山川大海的记载，说明秦时对周礼及其祭祀礼仪还是相当重视的，从而促进了礼玉的发展。其次，秦代实用性玉器较多，数量仅次于礼仪用玉。主要有玉带钩、玉杯、玉剑饰等，西安西郊阿房宫曾是秦的大型宫殿群，在这里出土的一件玉杯，青玉质直口深腹，高圈足，琢制工艺精湛非常美观，高仅十四点五厘米，应属宫廷或高等级贵族所用。玉带钩是典型的服饰用玉，陕西凤翔、河南泌阳等秦墓出土的玉带钩皆以多块玉料组合而成，如泌阳秦墓的一件玉带钩"由十节白玉组成，当中以金属扁柱贯穿成器，首尾均作龙形，钩身饰勾连雷纹，雕琢细腻，造型生动……这类带钩的结构较为复杂，钩身分节制成，雕琢刻较为方便，又比较牢固，其制作工艺比前一类带钩前进了一步"。① 第三，秦代玉石雕刻纹饰不事精巧繁缛，而造型具粗犷、质朴、大气的艺术风格。秦人尚武，偏处西陲，长期的统一战争造成了其社会严肃整体大气的风尚，这一点从气势宏伟、人物众多的兵马俑陶塑艺术上即可得以印证。秦玉器亦是如此，如湖南长沙左家塘、河北易县高陌乡出土的秦玉璧，纹饰虽同为谷纹，但却较同一时期六国细密的纹饰显得大而疏，沉稳而粗犷。再如陕西西安北郊联志村窖藏秦玉人、玉虎、玉蝉等，准确地琢制了人物

① 《中国玉器全集·秦汉南北朝》。

的服饰、神态，动物的形体特征，仅以简单的阴刻线琢制细节，虽然造型艺术水平略显粗陋，但与六国玉器的崇尚细腻繁缛华丽的风格相比却显出不可多得的稚扑、淳厚大气的艺术特色。

秦的统一结束了华夏大地数百年的内部长期纷争，为汉代的发展打下了基础。

西汉时期经济发展国富民强，文化发达。铁制农具的使用、沿河灌溉技术的提高以及商业的繁荣，使得西汉社会呈现出"非遇水旱之灾，民则人给家足，都鄙廪庾皆满，而府库余货财。京师之钱累巨万，贯朽而不可校。太仓之粟陈陈相因，充溢露积于外，至腐败不可食"的富足安定繁荣景象。① 西汉的玉雕工艺技艺超群，在其社会生活中具有极其重要的地位。西汉时期的用玉数量相当大，制作水平不仅高超而且特点突出。玉器种类较前更加丰富，主要有实用、装饰、欣赏、丧葬等几大类。

西汉时期的实用类玉器有玉杯、玉带钩、玉杖首、玉印等，此类在西汉玉器中所占的比重并不是很大。著名的器物如广州南越王墓所出土的高足杯，全器由玉杯、杯托和铜制的承盘三部分组成，结构精美复杂，纹饰华丽，同墓出土的玉带钩数量较多，其中一件钩首琢成虎头，钩尾琢成龙首，龙虎双体并列共衔一环，造型是汉代玉带钩中的难得佳作。玉印玺是汉代的重要实用品，在陕西咸阳被一名小学生无意中发现的"皇后之玺"玉玺是迄今发现的最为出名的汉代玉玺，体积虽小但印文清晰保存完好，从中可窥视汉代玉玺的制作水平和使用状况。

《风俗通》载，汉高祖"作鸠杖以赐老者"，说的是嵌于手杖上的玉制品，实用性很强，其出土较少，传世的玉杖首多作鸠鸟形，造型颇为可爱，是汉代玉器种类中颇具特色的一种。

西汉时期的装饰类玉器种类非常丰富，大致有玉舞人佩、玉璧、玉鸡心佩、玉冲牙、玉环等各种佩玉和各种玉剑饰。古人随身佩玉的传统在西汉时期仍然得以继承，且在玉器中所占的比重也很大，但商周、春秋战国时流行的大型组佩，由于佩戴过于烦琐与汉代盛行的务实进取的社会风气不符，逐渐被淘汰，取而代之的是各种实用而简单的组合。如中山王刘胜这样王侯级别的西汉墓葬出土玉佩饰中，已经没有豪华大型的玉组佩，而是由数量很少的单件佩玉和玛瑙珠、水晶珠串饰替代。

西汉时期的玉组佩规模虽然减小，但像南越王墓、中山王墓、河南永城保

---

① 《史记·平准书》。

四、中国古代玉石雕刻艺术的成熟与鼎盛

安山汉墓、北京大葆台汉墓频频出现的玉舞人佩却是前所少见的独特的玉佩形式，这种玉舞人佩一般单人为多，似翩翩起舞状，从西汉中期到后期，玉舞人的造型基本上均为着长袖衣，一袖高扬至头上，另一袖下垂，长裙曳地细腰束带造型优美，很有汉代风韵。

汉代装饰玉中造型特色突出的还有玉鸡心佩和玉异形冲牙。鸡心佩因外形颇似心形亦常称心形佩，主体为椭圆，中有一圆孔，正面鼓起背面凹进，上端呈三角尖状并有纹饰雕镂，南越王墓、大葆台汉墓都出土有精美的玉鸡心佩。河北定县、江苏扬州"姜书墓"、永城僖山等这些属于西汉中期以后的墓葬中出土有一种似为变形冲牙的玉器，其一端雕镂多彩的纹饰，一端延伸呈尖牙，中心圆孔，形式既美观又特别，与鸡心佩同样可称是西汉时期独创的两种新的玉器形式。

玉具剑在春秋战国时期已经广为流行，西汉时期则玉剑首、玉剑格、玉剑璏、玉剑珌形制更为成熟规范。其代表正如中山王刘胜墓出土的玉具剑，各剑饰上均有透雕、浮雕的螭龙云海纹，螭龙矫健腾跃，云纹繁复细腻，制作手法非常高超。同样用玉装饰的还有建筑上的玉辅首，陕西茂陵附近出土的一件玉辅首，体型较大，制作独具匠心，实用与装饰很好地结合在一起，是技术与艺术的完美结晶。

西汉时盛行黄老之学，普遍相信玉能使尸身不朽的说教，而且以贵重程度而言，玉也是能代表人的身份等级地位的标志，因此，以厚葬为风尚的西汉丧葬类玉器非常发达，是我国丧葬用玉的一个高峰。

玉衣是汉代只有皇帝和贵族王侯才能享用的高等级葬具，其前身是西周春秋战国时期的缀玉面幕。西汉时期完备的玉衣形制当属满城中山靖王刘胜和窦绾墓出土的两件，其形依人体可分头部、上衣、裤筒、手套和鞋五大部分，全由形状不同的薄玉片加金丝、丝带连接而成，玉衣的制作奢侈而精细，刘胜的玉衣共用玉片2498片，打磨光滑形制规矩，规模极其豪华。《西京杂记》载"汉帝送死，皆珠襦玉匣，匣形如铠甲，连以金缕"，汉代帝陵还未曾发掘出土玉衣，王侯一级的中山靖王刘胜墓完整的玉衣可看作这一豪华葬具的实体标本。

九窍玉与玉衣是相配套的高规格的殓葬玉，刘胜墓出土的九窍玉包括眼盖、耳塞、鼻塞各两件，口塞、肛门塞、生殖器塞各一件，将尸体完整地保护起来，可见对"玉在九窍而尸身不腐"思想的深信程度。九窍玉虽然在制作技术与艺术上无从谈起几无价值，但其反映出的汉人社会风俗却是具有代表性的，是我国自汉代起丧葬用玉的一个重要组成部分。

玉琀与玉握同样是西汉时期殓葬玉的代表种类,可能表现的是使死者口有食,手中握有财富的含义。玉琀在西汉一般做蝉形,玉握一般做豕形。西汉时期典型的玉琀蝉和玉握豕虽然在葬玉中只是一个数量较少的组成部分,但其制作方面大刀阔斧的独特技法却使之在中国玉雕艺术上独具魅力,对后世玉石雕刻技法的发展影响很大。

西汉时期的欣赏类玉器仅从出土数量看并不多,著名的作品有陕西咸阳汉元帝陵附近出土的玉鹰、玉熊、玉仙人骑马,山东巨野红土山汉墓出土的玉马,广州南越王墓出土的玉舞人,中山靖王刘胜墓出土的玉人像等,这些作品普遍制作精良,有很高的艺术价值,如玉仙人骑马,系和田玉料琢制,玉仙人骑于作奔腾状的马上,人物动物生动传神,羽翼、飞云琢制流畅精到。玉舞人头梳螺髻,长袖飞舞折腰屈膝,姿态婀娜优美,都是不可多得的玉雕艺术瑰宝。(图4 – 5)

图4-5

广州南越王墓出土　玉舞人

西汉时期的玉器与其之前时代相比风格、琢制技法也有自身鲜明的时代特色。

首先,西汉时期的琢玉技法在改进发挥前代优秀传统的基础上又有独特的创造。阴刻线琢纹是西汉之前琢玉装饰的主要造型技法,新石器时代、商周多用单阴线、变化多样的双阴刻线琢饰,西周时期又在此基础上出现了双阴刻线一面坡的独特琢制方法。自西汉开始阴刻线逐渐脱离造型的功能而成为玉雕单纯纹样刻画装饰的主要手段。这一时期的阴刻线琢制不仅长而流畅,连续性好,而且精细入微,如云纹圆转自然圆滑,仿佛白描手绘一般富有弹性,直如游丝，后人对这一特点有精辟的论述，高濂的《燕闲清赏笺》就说"汉人琢磨，妙在双钩，碾法婉转流动，细入秋毫，更无疏密不匀，交接断续，俨若游丝白描，毫无滞迹"，可见阴刻线的刀法精纯高妙。

阴刻线琢玉手法上西汉更有自己时代性的独创之法，这就是著名的"汉八刀"技法。所谓"汉八刀"即用较商周时期更宽更深的阴刻线来琢制纹饰的造型手法。这种阴刻线琢制肯定、简洁、明确，毫不拖泥带水，多运用在汉代玉蝉、玉握猪、玉翁仲的琢制上，如河北阳原三汾沟出土的一件玉蝉，蝉体宽扁，用较深的阴刻线刀法琢出突出的双目、头与双翅，蝉腹的前部有阴线琢出的"x"形分割线，用极少而粗大明确的阴刻线就生动地表现了蝉的造型神态。"汉八刀"实际并不一定就是八刀，是极言用少而精的刻线表现造型的特殊琢玉技法，这种琢法阴刻线宽而深，一边直立如壁，一边斜如刀削，线条简洁强劲大刀阔斧，精炼地凸现了汉代艺术的独特魅力。

其次，西汉时期的浮雕、圆雕、镂刻琢玉艺术手法较之前更加成熟多样。这一时期由于生产力水平的上升、冶玉工具技术的发达和审美观念的提高，逐渐摒弃了商周时期惯用的阴刻线造型手法，而直接采用浮雕、圆雕的艺术手法雕琢复杂丰富的形体变化。浮雕是形体高起于底板的造型形式，是多种琢玉技法交互配合使用才能达到的。中山靖王刘胜墓、广州南越王墓、河南永城僖山汉墓出土的玉具剑和陕西咸阳出土的"皇后之玺"玉印都可称是这一雕刻艺术手法的优异之作。南越王墓出土的多件玉剑饰上浮雕技法运用纯熟，其中一件玉剑首，在圆形的玉托板上浮雕着三只首尾相接的螭虎，其身体头部微扁紧贴于圆板上，圆滑流畅的形体转折自然，与圆板又相融合统一，既不妨碍佩戴使用又有美观的装饰性。"皇后之玺"玉印下部为方形印体，上部突出浮雕曲折回转蟠龙，兽形与印体的方正形成鲜明对比。（图4-6）

图4-6
西汉"皇后之玺"玉玺

圆雕的艺术手法在商周乃至新石器时期玉雕动物、禽鸟中已有体现，但西汉时期的此类圆雕雕琢更随心所欲，对形体的雕刻把握更深入娴熟。陕西咸阳

图4-7

陕西咸阳汉陵遗址出土　玉仙人骑马

出土的一件玉熊，虽然仅高不到5厘米，但头部、身躯、四肢如现实般毕现，动物的结构也不再如商周时期那样简括。还有表现更复杂人物、动物组合的，这方面的圆雕作品优异者首推陕西咸阳出土的玉仙人骑马玉雕，玉人双手挽马头，玉马翘尾奔蹄的动态刻画的生动自然，惟妙惟肖，特别是马头双耳上耸，鼻孔喷张，马口微闭都表现得非常细致入微，圆雕技法运用得巧妙而精熟。（图4-7）

　　西汉时期的玉雕镂空技法已经可以琢制镂空非常复杂多变的造型，南越王墓出土的玉兽首衔璧、玉凤纹牌形饰、玉龙凤纹重环，多样的镂空技法琢成的复杂纹饰华美繁丽，镂空线条衔接婉转自然。江苏徐州徐桥村汉墓、北京大葆台汉墓出土的玉龙凤纹瑗、玉佩更是纹饰镂空繁缛，龙凤相互缠绕，间以翻卷的云纹令人眼花缭乱，镂空技法已经达到炉火纯青的地步。值得一提的是西汉

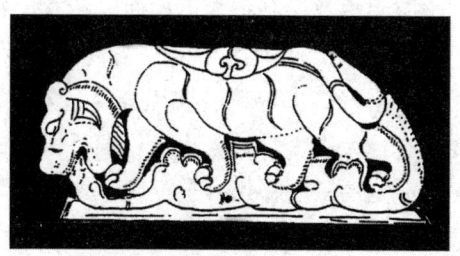

图4-8

西汉虎纹玉嵌饰

巴黎吉美博物馆藏

时期的镂空技法不是简单的单点镂空，而是以镂空造型，孔洞与丰富的形式实体都具美观的造型而相映成趣，这是镂空技艺在中国玉雕艺术史上的一大成就。（图4-8）

第三，西汉时期的玉石雕刻艺术风格在中国古代玉石雕刻艺术史上独树一帜，具有自由活泼、大气超凡的特点。西汉时期封建社会体系已成型并呈上升趋势，经济繁荣、社会生活稳定，有鉴于商周特别是秦的严律酷法的弊害，而采取了"休养生息，无为而治"的政策，因此使得人的思想活跃，普遍存在的建功立业的风气又给了广大下层有志之士发展的空间，因此文化艺术上形成了大气、自由活泼向上的心理追求。这一社会风气在汉代雕塑、绘画、建筑、文艺上有显著的反映，在玉器制作上也很明显。

如造型纹饰上，主要体现在雕琢形式变之前规整的对称形式而为上下左右均衡不对称，"S"形的曲线造型更多运用更熟练，极好地突出了曲线所能表现出的生动活泼富有立体感、现实感和自然生命力的特性。再如典型的龙凤纹，表现出全新的姿态，龙凤都不再突出神秘威严，而着重于造型的优美生动，呈现出一派祥和美好的气氛，符合了社会世俗风气的意趣。

西汉时期玉石雕刻的动物、人物形象，造型洗练，整体厚实丰满，少用纹饰而特征突出，如玉熊、玉马、玉鹰等等；玉仙人骑马则在内容上、艺术形式上、雕刻技法上完美结合，不事繁缛的细节而突出整体的立体造型，结构稳定形式奇特，想象力丰富，琢制精致而不失大气之风，是这一时期社会风尚在玉雕上的集中体现，反映了浪漫主义和现实主义相结合的精神风貌。

东汉玉器的变化是与当时的社会变化紧密相连的，总体来看东汉之于西汉的玉器在形式种类、造型纹饰、技法艺术性上共同点大于差异，但也有其自身的时代特色。第一，由于西汉末年农民大起义和各地军阀混战的影响，东汉初期的经济遭受到很大的破坏，所以光武帝刘秀为了巩固统治而奖气节，尚节俭，因此东汉时期玉器使用的数量种类大不如西汉。礼仪玉中只玉璧、玉圭少有出现，且大都出于诸侯墓中。丧葬玉中的玉衣此时也进行了严格的使用规定，《后汉书·礼仪志》记载，皇帝死后使用金缕玉衣，诸侯王、列侯始封、贵人、公主使用银缕玉衣，大贵人、长公主使用铜缕玉衣，这些规定对东汉以来的滥用葬玉风气起了一定的限制作用，也反映了这一时期的经济发展现实。

其他如装饰用玉、实用玉和欣赏玉器的种类和数量也在大幅减少，佩玉组合简化，西汉时期风行的成套玉具剑在东汉时较少见到，少数出土的玉剑饰如老虎墩东汉墓，其造型和纹饰也基本承袭西汉的风格。

东汉时期玉器上有所创新和发展的首推出廓璧和避邪类用玉。东汉贵重玉璧多出廓，即在璧的外缘雕镂精美的装饰纹样，且多呈三角形在璧的上端，出廓璧除雕镂纹饰外还出现吉语文字，以示吉祥如意的含义，如江苏扬州老虎墩汉墓出土的"宜子孙"出廓玉璧，故宫博物院收藏的一件"长乐"出廓玉璧。

辟邪玉是东汉时期始大量出现的一种玉器种类，主要有玉辟邪、刚卯、翁仲、司南佩等。其中刚卯为方柱形小玉器，长不过寸许，中间有通心穿孔，如安徽亳县凤凰台出土的玉刚卯、严卯各一件，上都琢有吉语文字，内容与《后汉书·舆服志》记载的相符。翁仲是一人形玉器，人物为传说中具有神奇威力的武士，造型十分简单，从头到脚也有一通心穿孔可以佩挂。司南佩造型奇特，为上下两层的立方体相连，上琢有小勺，下琢有小盘，古人认为出门挂司南佩可获得神的庇佑。刚卯、翁仲、司南佩是古人认为最避邪的三件宝玉，能辟邪驱魔，是这一时期沉湎迷信的反映。

第二，东汉琢玉水平更加完善，形成了独具特色的东汉玉器工艺。具体表现在镂空技术的进一步提高，细部加工更加精细，阴刻线和汉八刀的运用成熟。河北定县北庄汉墓出土的玉座屏、玉透雕蟠螭纹出廓璧，前者透雕人物鸟兽纹饰，后者璧面琢满谷纹，上端透雕有曲身缠绕的蟠螭纹附饰，纹饰镂空较西汉时期细密，边缘线流畅变化多端，技术更胜一筹。

北庄汉墓出土的一件玉枕，堪称东汉阴刻线技艺运用的代表，上琢饰有双勾连云纹，是典型的游丝毛雕技法，刻线较西汉线条细而清晰、流畅，转折匀称。除此之外东汉玉器的用料精、色彩涉及多，广泛使用软玉材质，同时也大量使用玛瑙、水晶、绿松石、琥珀等其他材质。打磨上纹饰与底凹处同样精细，因此玉器普遍光滑如镜，能很好地体现材质的美感，比西汉时期有很大的提高。

第三，东汉时期在西汉玉石雕刻艺术大气奔放、气势昂扬、自由活泼的风格基础上，又融入了清新华丽、纤细优美的特点。如东汉时期的出廓璧较西汉时虽然大的形式相同，但特别注重外轮廓的规整和谐，所雕镂的纹饰也细碎工整，有强烈的装饰图案效果。河北定县东汉墓出土的玉二龙衔环饰谷纹璧，璧面谷纹密集均衡，排列的一丝不苟，上端有二龙衔环对立，左右又别出新意地有二小龙雕作耳，制作精湛，极其优美清逸。

"汉八刀"技法运用，东汉也体现出日趋优美精细的特征。这一时期的玉蝉上，线条虽然保留了大刀阔斧的琢痕，但其流畅是西汉少有的，转折也见圆转，阴线刻画舒畅大方，使东汉时期此种刀法运用呈现出刚柔相济、装饰性强的艺术风格。

东汉玉石雕刻重装饰效果，图案纹样的艺术处理工整精细，在理论上也对玉进行了首次的总结，这就是"玉，石之美者"的概念。古人辨玉重在所谓"德"，典型的就是儒家玉有十一德的思想，《荀子·法行》也有"虽有珉之雕雕，不若玉之章章"的说法，意即珉的美色不如玉的纯洁质地。汉代特别到东汉，人们已经开始注重玉的美色，且将"德"与"美"相统一起来，成为玉的不可分割的两个重要组成部分。正如许慎《说文解字》解释玉那样，"玉，石之美有五德者"，东汉以后这一关于玉的开创性论述逐渐被固定认可，其对研究中国古代玉文化与玉石雕刻艺术之价值的重要性是不言而喻的。

五、中国古代玉石雕刻艺术由低落走向辉煌

1. 魏晋南北朝时期玉石雕刻艺术之特点

公元280年西晋建立之后，中国历史在这一时期南北战争频发，三个半世纪之间虽然在某些局部地区经济文化水平有长足的发展，各民族实现了空前的大融合，但总的来看多处于分裂动荡时期，人们的社会生活凋敝不安。面对这种长达数百年动荡的社会现实，我国魏晋南北朝时期的玉石雕刻艺术也呈现出与以往所不同的时代特征。

从发掘情况看，这一时期代表性的玉器多出于南京、江西、辽宁、安徽、陕西等地，且数量较少，总体上具有两个主要的特点。

首先，魏晋南北朝时期的玉器范围虽然包括礼仪玉、丧葬玉、装饰玉等诸方面，但种类和数量骤减，少有新的器型出现，呈现出我国玉器制作艺术的第一个低潮。

礼玉向来是各个时代玉器重要的种类，除了礼玉发达的商周，即使是在礼制逐渐衰落的两汉时期，礼玉的种类、形制、功能等都仍很清晰，但魏晋南北朝关于礼玉的使用记载寥寥，数量也远远落后于之前的汉代。从出土发掘情况看也是如此，种类上只有玉璧、玉钺、玉琮，如南京光华门外石门坎六朝墓、幕府山六朝墓、湖南安乡西晋刘弘墓，常见的圭、璜、玦等几乎不见，且幕府山六朝墓发现的一个玉琮"应是墓主生前收藏的旧玉，死后用于随葬"。① 丧葬用玉更是不能够与商周两汉时期相提并论，不仅再未发现玉衣，甚至连九窍玉也难觅其踪，只是偶有玉琀和玉握，如南京石门坎六朝墓和郭家山东晋墓、像山东晋墓出土的玉蝉和玉握猪，还保留着些许前代遗风。

装饰用玉在魏晋南北朝的墓葬中出土的也不多，佩饰有璜、珩、环、螭纹

---

① 《中国玉器全集·魏晋南北朝的玉器》。

佩和龙凤纹佩等，南京郭家山东晋墓出土的螭纹佩和邓府山六朝墓出土的龙凤纹佩是这一时期佩饰的代表，其中螭纹佩扁体造型，类似汉代的鸡心佩，但四周较方正，正面对角雕镂一大一小双螭遥相呼应，中央有一椭圆孔，背面也有蟠螭云纹纹饰。

珩在此时较流行，形式多作云头状，上部弧鼓，下部平直，少数近似梯形，上部和下部都有供佩挂的孔。山西太原王郭村北齐娄睿墓和南昌京山南朝墓都曾出土了完整的珩和璜，其中娄睿墓出土的一件珩和12件玉璜都镶有金边，是这一时期很华丽的玉器。

装饰玉中的玉剑饰在这一时期也如落日余晖，从两汉的高峰坠入低谷，如湖北宜昌三国吴墓，辽宁北票十六国北燕冯素弗墓，南京板桥晋墓等出土的玉剑饰，除了继承两汉形制并对纹饰作简化外均没有什么创新之处。

魏晋南北朝时期较有突出特色的是实用的玉器和辟邪类玉器，如玉杯、玉尊、玉盏、玉带钩、玉印、玉辟邪等。玉带钩一般都较小，钩首多作龙首，且形体变宽而厚，如南京象山东晋墓出土的一件即可说明，在这些的实用玉器中辽宁北票十六国北燕墓出土的一件玉盏形似浅碗，口沿琢有一圈弦纹，是这一时期新出现的具有时代特色的玉器形制。

魏晋时期的辟邪类玉器在中国古代玉石雕刻艺术中很突出，江苏镇江东晋墓出土的一件墨玉辟邪和天津艺术博物馆收藏的一件黄玉瑞兽，造型及制作都特别精致，黄玉瑞兽头部一角弯曲至脑后，肩生双翼卷尾扬起，昂首挺胸很有气魄，此类玉雕不仅在当时具有避邪消灾的寓意，更有很富美感的陈设装饰性，可称是后世陈列玩赏玉雕艺术的雏形。（图5-1）

图5-1
魏晋南北朝 瑞兽 辟邪

其次，魏晋南北朝时期玉器由于紧随两汉而发展，因此无论在造型上还是纹饰上都有浓厚的汉风，只是到后期才浮现出时代独有的艺术风格。

南京石门坎六朝墓、郭家山东晋墓等出土的玉蝉和玉握猪，玉蝉均扁平

中国古代玉石雕刻艺术

体、尾和翅呈三角形，正反面以粗畅的阴刻线刻画出蝉的头、身和翅，一如汉代造型，只是增加了些许细部的横向阴刻线，玉握猪也作四足前屈卧伏状，两端平齐形体浑厚，以阴刻线显示出嘴、眼等细部，也具有浓厚的汉玉握遗风。

已发现的为数不多的魏晋南北朝时期玉剑饰及实用玉器，纹饰造型紧承汉风的现象也很突出。湖南安乡西晋刘弘墓出土的一件玉尊，圆筒形，两侧有辅首衔环，底部琢三个熊形足，器身中部三道凹弦纹带，上半部浮雕二龙与云纹及仙人，下部亦浮雕双龙及羽人，造型和纹饰都与汉代的随葬陶仓、陶罐极其相似。

玉剑具中北燕冯素弗墓、镇江三国吴墓、南京板桥镇晋墓出土的纹饰上是汉代典型的卷云纹，而螭虎造型张口凸胸，后臀略隆起，四肢短小呈卷曲形有双翼，也与汉代相似，因此可以说这一时期的玉石雕刻风格是汉代装饰琢制风格的沿袭。

魏晋南北朝后期玉石雕刻从纹饰到造型显出了一些变化，主要表现是造型简练，多光素无纹，纹饰抽象简单。如南京邓府山出土的一件玉龙凤纹佩，湖北汉阳蔡甸西晋墓、江西南昌京山南朝墓出土的两件玉带钩，前者龙与凤组成环形，龙体卷曲回首，凤立于其背上，细部仅有极少的阴刻线。玉带钩亦是只雕出龙头形钩，口眼施以细阴刻线，通体素面，整体造型简洁。这种风格在其他种类的玉佩上表现得也很明显，山西太原娄睿墓，江西南昌京山南朝墓等出土的玉佩、玉璜等均素面无纹饰，非常简洁平实。

这时期辟邪类玉石雕刻出现渐多，琢制上体现出新的独特的艺术风格。辟邪类的玉器内容主要是各种奇异的神兽、怪兽，人们将现实中的各种动物特征重新以主观臆想相组合，赋予了其怪诞的面貌和神秘的内涵，因此，通常外形扭曲，人兽合形，琢刻上也线条苦涩，衔接不畅，似带有一种愁苦、恶作剧似的宣泄态度，呈现出诙谐古怪、深奥的艺术特色，这在中国玉石雕刻艺术中是非常少见的现象。

魏晋南北朝时期虽然朝代更替频繁，但其文学与艺术异常繁荣，它们集当时雕塑艺术、社会风俗、审美趣味、政治需求之大成，在魏晋南北朝时期大放异彩。但是曾经在历史上艺术上占有重要地位取得过辉煌成就的玉石雕刻在这一时期与文学、绘画相比却显得黯淡无光，甚至停滞的现象，是魏晋南北朝玉石雕刻艺术发展的奇特现象。究其原因，三国两晋南北朝时期中国长期处于军阀混战动荡分裂的局面，大大小小的长期战争曾使广大的北方地区出现"白骨露于野，千里无鸡鸣"的悲惨景象，严重阻碍了经济的发展，使得玉器的使用与制作根本没有和平安定的环境，曹操临终《遗令》曾曰"殓以时服"，

"无藏金玉珍宝"，即是这一时期民生凋敝，玉器制作少而困难的真实反映。也由于战争频多，这一时期人们的注意力多关注在生存，为生活生计而疲于奔命，因此前代的玉器传统几乎消失殆尽，以至于"汉末丧乱，绝无玉佩，魏侍中王粲识旧佩，始复作之，今之玉佩，受法于粲也"。①

另外，魏晋南北朝时期，儒家在思想领域独尊的地位动摇，将老庄的道家和儒家糅合而成的唯心主义玄学成为统治者及门阀士族地主的思想统治工具，两汉时期风行的谶纬神学思想也受到质疑与抨击，人们的思想意识有所解放，这些都使玉的存在与使用基础受到严重的挑战，直接导致了玉的社会地位的下降。佛教的传入与逐渐兴盛也是玉器衰落的一个重要因素，这一时期的动乱景象，尤其是在南北朝时期下层民众生活在水深火热之中，面对现实的痛苦与无奈，需要精神上的安慰，许多世族文人鼓吹的玄学受到打击，统治者也需要一种既能满足精神寄托又能从精神上麻痹人民巩固其统治的工具，因此整个社会转向祈求于佛，佛教迅速发展壮大起来。北魏太武帝后，历代皇帝大都信佛，南朝的梁武帝更是多次舍身佛寺，于是社会的大部分财力物力人力都用在了修建佛寺和开凿石窟之上，北方的北魏遍凿石窟，其中规模最为宏大的如云冈、龙门石窟，其石雕佛像"高者七十尺，次六十尺，雕饰奇伟，冠于一世"，②南朝则仅建康一地就有佛寺五百余所，使上层统治者、一大批知识阶层的文人士族和下层民众的情感转移，财力多用在学佛崇佛拜佛施舍之上，周汉之期文人参与赏玉、论玉、品玉之风不复存在，对玉的痴迷程度远不如商周、两汉时期。

对于魏晋南北朝时期玉器的衰落，也有学者认为源于这一时期羽化升仙食玉餐玉的行为。东汉末年，儒家思想所宣扬的所谓道德君臣理论在残酷的现实面前日趋衰落并走向了神秘主义的谶纬迷信，魏晋南北朝时期凡事都讲求神问仙，希望长生不老的思想很普遍，因此，以前用来供享神明的玉也被用来现世服用，不仅能治病还能服后成仙得道，就像《酉阳杂俎·盗侠》中记载的用来盛水能治病的玉精碗一样，这一时期著名的《抱朴子》也说："玉亦仙药，但难得耳，服金者寿如金，服玉者寿如玉"，于是很多古玉不是用来收藏欣赏，而是被碾成粉末吞下肚去，甚至很多已成的玉器就如此被毁坏殆尽。

魏晋南北朝是我国一个十分特殊的历史时期，尽管此时玉器的衰落是不争的事实，但玉器的制作仍不致完全断绝且仍有打着时代印记的风格变化。商周

① 《决疑要注》注《三国志·魏书·王粲传》。
② 《魏书·释老志》。

两汉以来以礼仪丧葬为主体的玉器在这一时期由于社会政治、风俗文化、思想观念的变迁形成了一个过渡，自此以后玉器逐渐转变为以装饰、观赏功能为主，在其后的唐宋进入了一个新的时代。

2. 唐代玉石雕刻艺术

隋唐两代是我国封建社会的发展高峰，经济文化和对外交往的发达，使社会各阶层的生活发生了很大的变化，刺激了手工业的繁荣来满足大众从实用到精神上的需求，玉器制作此时开始复苏，虽然与绘画、雕塑、建筑等艺术形式相比较属于较小的门类，但终于在经历了魏晋南北朝数百年的低落后焕发出新的光彩。

隋朝的玉器出土的不多，目前只有陕西隋李静训墓出土的能够表明其制作风格、技艺。李静训是一位年仅9岁的贵族少女，长期生活在皇宫之中，这一批出土的精美玉器是其平时生活中接触使用的，其中一件金扣白玉盏，玉色白润质地晶莹，圆口深腹，腹又微敛，矮足平底，口沿稍外折并依形严密包镶着金片，外壁素面无纹，琢磨光滑，造型既大方稳重又精致工整，实用又具有很好的欣赏性。另一件带有穿孔的圆雕白玉兔，可能是墓主经常佩带之物，其高仅2厘米，玉质通透，洁白无瑕，概括地琢出兔子的尖嘴大耳、短尾，四肢弯曲卧伏状，造型虽粗略但准确生动，神气祥和，通体琢磨得非常丰满光滑。从隋李静训墓出土的玉器所显示的信息可以看出，隋代其已经首先在上层贵族间得到重视，并且注重实用性与审美性的结合，造型上有偏向写实的倾向。

从考古发掘情况看，唐代的玉器整体数量、规模上不及商周、春秋战国乃至两汉，主要的玉器出土有陕西礼泉越王李贞墓出土的玉佩饰，广东韶关张九龄墓出土的一批玉器和陕西西安何家村的玉器窖藏。其中何家村的玉器窖藏是唐代玉器发现的重大收获，不仅数量大造型精美，而且实用、装饰类别形式多样，著名的就有白玉八瓣花形杯，水晶八瓣花形杯，玛瑙羚羊首杯，白玉镶金镯，白玉伎乐人纹带铐等，具有鲜明的时代风格，代表着唐代玉雕高超的艺术水平。

唐代的玉器种类是丰富多样的，整体集中在实用装饰之上，与两汉之前礼玉、葬玉、佩玉占绝大部分形成了反差。魏晋南北朝之后，人们的祈望与现实的残酷产生激烈的碰撞，传统的严重束缚人们思想的礼制与儒家学说逐渐被更为注重现实生活的思想观念所代替，遥远的理想回归到面前的现实，美好的现世生活成为上上下下各阶层所追求的目标。因此，礼性十足的礼玉和神味太重的葬玉都在唐代退出了玉器的舞台。

璧、圭、琮、璜等这些在汉之前社会生活中举足轻重的礼玉种类，自魏晋之后就已很少流行，至唐代更是难寻踪迹，但出于封建统治阶级的阶级本性，唐代的皇帝不仅祭天还要祭地，以宣示自己的统治地位。自汉代就有的封禅在唐代仍在继续，如唐玄宗就多次千里迢迢到泰山封禅，以向天地宣告自己的文治武功。在这一活动中，书写祭文的"玉策"就是唐代重要的为数不多的礼仪玉之一。20世纪20年代山东泰山曾出土"唐玄宗禅地册"，由15根白玉质简片组成，每简上9字或12字一行，字填金，五简连成一排，成三排叠放在所谓的"金匮"之中，祭礼完成后加以掩埋，唐以后封禅时用玉策成为传统，是一种礼玉的新形式。

唐及以后的五代，皇帝下葬时的最后一篇祭文也往往琢刻在玉简上，称哀册，如偏安江南的五代南唐李昇、李璟二帝的玉哀册，呈扁平状较宽大，表面磨平，正面刻楷书文字，字内填金，背后有顺序编号，内容多是歌功颂德之词，也可看做是曾昌盛数千年的葬玉种类的残阳余韵。

唐代的玉器种类绝大多数为实用与装饰玉，主要有玉带銙，实用的钗、步摇、簪、手镯和各种器皿如碗、杯、盏、盆等。

隋唐及其后的五代、宋等朝代，朝廷官员多带銙，"銙"即官袍腰带上所嵌用的玉饰，又称玉带板。据《新唐书·车服志》记载："隋初唐帝后、显官带銙，以金为主，至显庆元年始以紫为三品之服，金玉带銙十三"，说明官服上"銙"的多寡是官位等级高低的标志。"銙"一般呈长方形或方形，玉面上大多浮雕人物、花鸟、动物纹样，尤以伎乐人形象为多。唐代玉銙出土和传世较多，故宫博物院就珍藏着多件玉銙珍品，1970年陕西西安南郊何家村出土两瓮唐代宝器窖藏，其中就有玉带銙七副，有15片的两副，16片的五副，玉銙上有雕饰的有两副，其余均为光素，一副雕琢有伎乐人纹饰的双铊尾带銙，一副雕琢有狮纹单铊尾带銙，琢工均细腻刚劲，玉质精良，所琢形象生动传神，反映了唐代高超的琢玉装饰水平，堪称唐代玉雕艺术的精品之作。

唐代社会生活富足，妇女的地位得到提高，她们能骑马狩猎，能着男装上街观灯，参与很多社会活动。唐代绘画、陶俑中的妇女形象是盛装丰腴、美发高髻、轻纱薄罗、裸臂露肩，宫廷贵族女性更是穿金戴银，服饰之豪华也可想而知，唐代玉器中很多就是妇女装饰打扮用品，玉钗、玉簪、玉梳、玉步摇为头饰，从实物看均以优质玉料制作，有的镂雕花叶，有的半月形雕琢花鸟图案，制作非常精致，剖片极薄，如故宫博物院收藏的白玉梳，用来插在发髻上作装饰，富贵华丽。

西安何家村窖藏曾出土一件白玉镶金镯手饰，一副两只，每个由三节等长的弧形白玉组成，各节之间两端都镶有金质虎头铰链，可以自由活动便于开合佩戴，白玉温润如凝脂，装饰性和实用性均达到很高的水平。

用玉料琢制生活实用器皿可以看出唐代宫廷贵族生活的奢华，表明唐代玉器向实用装饰性转化的倾向。唐代玉杯在实用器皿造型上很典型，一种为羽觞形，器身窄长两端较尖，圆饼足，一种为瓜棱形，杯口似花瓣，实物中具有代表性的当属西安何家村唐代窖藏出土的玉八瓣花形杯，水晶八瓣花形杯，两杯都呈椭圆形琢为花形八瓣，白玉杯还琢饰有缠枝卷草纹，富丽而典雅，从器壁的轻薄和造型的大小看显然是用来实用的。同处所见还有一件玛瑙羚羊首杯，外形作羚羊仰首状，颈中空可盛酒水，双角细长可作手柄，口镶金套可看出唐代实用器皿造型的独具匠心与丰富多样性。

佛教经过数百年的传播与中国文化相融合，在唐代已经大为兴盛且宗派林立，成为人们精神生活中的一项重要内容，由此佛教用玉也成为唐代玉器种类的一个重要组成部分。唐代佛教用玉首推玉菩萨，1992 年西安曾出土三尊，高均为 70 厘米左右，手持柳枝、净瓶，赤足立姿，身形修长线条流畅，并贴以金箔，造型为典型的唐味，唯材质的原因体型并不大，但制作相当精美。此外，唐代佛教用玉中常见的还有与其教义有关的玉法轮、玉飞天等等，其中玉飞天也是唐代典型的玉石雕刻艺术品，故宫博物院收藏有多件唐代玉飞天，其中一件青玉质，飞天侧身转头凌空驾云飞舞，上身裸袒双臂舒展，手持莲花，下着长裙，双腿前后相错，身后有飘飞的绫带，身下有翻卷的流云，整个造型美轮美奂，充满了浪漫主义的色彩，其优异的制作技巧和优美的艺术造型令观者叹为观止。（图 5 - 2）

图5-2
故宫博物院藏 唐 玉飞天

唐代文化发达，绘画、书法、雕塑等都形成了独具特色的成熟的艺术形式，同样，玉器的纹饰与造型也打上了浓厚的时代烙印。春秋战国、两汉乃至商周、新石器时代动物以及由动物演变而来的神兽纹一直在玉器纹饰上占据着绝对的统治地位，植物花草纹饰极为稀少，及至隋唐这一状况出现了变化，汉代之前盛行的螭纹、雷纹、勾连纹消失，唐代纹饰开始大量采用牡丹、石榴、莲花花草等来进行琢饰，植物纹样成为玉器的主要雕饰内容。唐代玉器雕饰的花卉蔓草等植物纹样，既忠实现实又进行了装饰性美化改造，使之成为具有优异装饰美感的图样，如故宫博物院收藏的一件玉梳，雕饰着三朵盛开的花卉纹，其花叶、花朵、花茎一应俱全，图案随着造型充满空间，且非常完整，呈现出欣欣向荣的气貌。

动物、禽鸟纹在唐代玉器装饰上也经常出现，常见的有龙、狮、象、凤鸟、鹦鹉，还有成对的鸳鸯、龙凤起舞等，这些纹样有的单独成型，有的杂与植物纹穿插运用，从而形成了唐代特有的装饰风格，这与唐代流行于壁画、碑刻之上的纹样是一脉相承的，只略作装饰变化，较少夸张的色彩，与自然界中的实物相接近。

唐代与花卉纹饰同时流行的还有如意云纹、水波纹、连珠纹等，如玉飞天雕饰的飞卷云纹，玉杯雕饰的云纹形杯柄，常配合人物、花鸟起到装饰美化作用，都具有鲜明的唐代特色。

唐代玉器的类别主要有实用器皿和装饰两种。唐代玉制实用器皿其造型与用途趋于统一，实用的功能明显，加之受到其时发达的金银器手工业的影响，因此此类玉制品造型多与同时代的金银器皿相仿，如前述的玉杯、玉盒等等，但也根据材料的特性进行了独有的创造。

唐代装饰玉的造型追求大气稳重，以轮廓为连弧形最为突出。如西安大明宫遗址出土的白玉嵌金佩，整体呈三角形，两腰分别为三连弧，面上镶有金质勾连云纹，造型显得特别富丽堂皇。陕西礼泉李贞墓出土的一组玉佩饰，一件上部凸起五连弧，一件上端凸起三连弧，两侧向下勾卷，玉饰虽光素无纹饰但仅从外形看已具醒目的装饰美感。

唐代玉器的雕饰技术相当发达，在继承前代技艺的基础上也有自身特有的创造。唐代玉雕的一个重要特点是在琢制技法上广泛吸收当时的雕塑、绘画手法，使用减底浮雕表现人物、花草等题材内容，玉铐即是这一手法的具体表现，这些玉铐浮雕自边缘向中心缓缓呈坡状凹下，人物等内容在中部凸起又与边缘同高，很好地突出了造型又与整体互为呼应。

唐代玉雕的纹饰、细节琢刻上仍然是以阴刻线为主，但运用了一种全新的有别于商周双钩线、一面坡，战国秦汉游丝纹的细密、网状细阴刻线，别具一格，其特点为无论衣纹、发丝、翎羽、花蕾均以细密短促的平行或网状阴刻线刻出，刻线落脚深，中间粗直收笔尖细，弦纹走向一气呵成非常明显，很有力度和概括力，这种阴刻线虽然粗看简单，但与浮雕等造型的整体相互融合，两者相得益彰，是很有韵味和表现力的一种独特玉雕手法。

唐代玉雕技法的另一个特点是金玉结合，以取得特殊美的玉雕效果。金玉组合自两汉就已出现，但彼时金与玉虽同时出现仍为各自独立的两个组件，而自隋唐起金、银等贵重金属与玉已组成一个统一的整体。唐代的金银手工艺水平之高超从法门寺地宫出土的一批文物中已有全面的展示，金银器皿由于受到当时统治者及大众的广泛喜爱，因此，玉、金银手工业随着时代风气的转变走到一起。这一技艺典型的运用当属西安何家村窖藏出土的一件镶金白玉手镯，此手镯内侧用两颗金钉作铆，兽面间有穿孔，再加金条扣合，启动灵活，玉镯造型精美，工艺制作难度很大，整个玉镯金玉辉映，色彩对比鲜明，非常光彩夺目，体现了唐代制玉工艺绚丽多彩的时代风貌。

唐代玉雕的种类繁多，纹饰丰富多彩，其技艺高超且有独到的创新，以此而形成的唐代玉雕艺术风格在中国古代玉石雕刻艺术上也同样独树一帜。

唐代美术是在追求写实与艺术表现的基础上发展壮大成熟起来的，力求忠实地表现现实生活中的对象，其内容多取自现实世界的人物、动物、花草植物等。但唐代美术在具体描绘时又加入了更多的时代审美观念和诸多的艺术表现手法技巧，使之上升为完美的艺术形象。这一时期绘画、雕塑、书法等无不体现着这一显著特点，这就为玉器的制作使用与发展创造了一个特定的艺术大环境。因此，唐代玉雕整体上符合富足生活所欣赏的富丽、华美、丰满的艺术风格。白玉八瓣花形杯、白玉刻花玉觞等为代表的实用器皿，它的基本功能无疑是实用的，但却极具巧思地模拟盛开的花瓣，不仅富生活情趣同时还给人带来富丽华美的艺术享受。纹饰上，唐代玉雕的植物纹样多来自自然，着重表现其花繁叶茂、华丽昌盛的景象，也是大众所喜闻乐见，如故宫博物院收藏的一件玉梳上图案正中镂雕三朵小花，花两侧雕两只水鸟隔花对望，花心、花叶和鸟身上都有精心琢制的纹样，既温馨可爱又富有情趣。

动物造型在唐之前的两汉、商周时期多充满严肃神秘感，尤其是神兽，往往造型动态都游离于生活之外，而在唐之后动物造型无论是圆雕还是装饰纹样都逐渐变为可以欣赏玩抚与人有亲近感，缩短了与现实的距离，显得生动活泼富丽堂皇。龙头长双角，颈后长鬃飞舞，龙身满饰方格形鳞纹，背生火焰四肢飞腾，鸟多双翅展开，头部扬起羽毛华丽，丰满婀娜，生活气息浓郁，是雕刻艺术与现实内容交织在一起的世俗美，更有独具特色的东方神韵。

唐代政治上采取开放的政策，丝绸之路的畅通，海外贸易的增多，使其对外各方面的交流极其频繁，长安更是一个国际化的大都会，因此，唐代玉器风格中较多地融入了异域、其他民族艺术的风格，也成为唐代玉器的一个显著特点，如西安大明宫出土的白玉镶金牌饰便具有些许阿拉伯民族纹饰的特点，吸收了欧洲、波斯以动物形象做酒器的传统而制作的玛瑙羚羊首杯，同样显示出西方艺术的影响。

大唐文化辉煌灿烂，其影响力一直延续到五代时期，使五代玉器仍保留着唐文化遗风。这一时期的玉器出土主要有蜀王王建墓和南唐二陵，王建墓的玉带板，琢制倒海团龙，造型丰满线条圆润，南唐二陵出土的玉飞天等衣裙飘动，造型富丽婉转，与唐代同类器物造型手法相似，其风韵神采富有浓厚的大唐遗韵。

总之，隋唐乃至五代玉器与其时的绘画、雕塑、工艺美术艺术形式的创新，突出艺术精神气韵生动的发展是同步的，使我国古代玉雕于魏晋南北朝之后形成了第一个发展的高潮期，玉器逐渐走入现世与现实生活紧密相关的特点为之后的宋、元、明、清各时代玉器所继承发展，从这个方面说隋唐玉器所表现的前所未有的崭新艺术面貌对中国玉石雕刻艺术的贡献不可忽视。

3. 世俗审美与宋元明时期玉石雕刻艺术（一）

宋代是我国封建社会经济、文化发展的又一个重要时期。

北宋手工业商业的发达是前所未有的，显著的表现为城市的繁荣和市镇的兴起。隋唐时全国十万户以上的城市包括大唐的首都长安只有十多个，而北宋前期60年间，十多万户以上的城市已达40多个。在都城开封及成都、兴元（陕西汉中）、长沙、京兆（陕西西安）、杭州、福州、泉州等这些大城市中商业活动十分活跃。北宋画家张择端《清明上河图》描绘的汴河两岸市容景象，正是以开封为代表的北宋城市经济、社会活动繁盛的真实写照。

南宋时期的经济水平仍发展很快，临安作为首都和繁华的工商业中心，更是"每日清晨，两街巷门，浮铺上行，百市买卖，热闹至饭前，市罢而收"，甚至"杭城大街，买卖昼夜不绝，夜交三四鼓，游人始稀，五鼓钟鸣，卖早市者又开店矣"，① 意大利旅行家马可波罗称其"堪为世界都市之冠"。②

　　两宋经济的高度发达使得这时期的民风民俗发生了很大的变化，与之前的唐代相比，人们的社会交往渐多，更关注现实生活中衣食住行的状况，享受社会物质产品给日常生活带来的便利，使整个社会从日常活动到民俗节令，从穿衣打扮到社交活动都充满了活跃富足的世俗气息。丰富多彩的城市生活造就了一大批市民阶层，他们是商品的消费者也是社会世俗趣味的引领者，周人所崇尚的礼玉，汉人喜爱的佩玉，唐人制作的赏玉，在宋代市民生活的需求下都交织于世俗社会的各个方面，不可避免地成为世俗生活和买卖交易的一种特殊商品。《东京梦华录》记载了大量宋代社会各阶层物质文化生活的信息，关于玉器的商业买卖就有汴梁东街潘家酒店"每日自五更市合，买卖衣物、书画、珍玩、犀玉"，杭州"七宝社"出售玉带、玉碗、玉花瓶、玉束带以及玻璃、水晶、宝石等珍宝玉器古董的记载。《西湖老人繁胜录》也说七宝社有"珊瑚树数十株，内有三尺者，玉带、玉梳、玉花瓶、玉束带、玉鹳盘、玉轸芝、玉绦环、琉璃盘、玻璃盘、菜玉、水晶、猫眼、马价珠，奇宝甚多。"大众风俗中也经常用到玉器，如婚姻嫁娶时"富家女氏，既受聘礼，亦以礼物答回，以……彩色缎定，金玉文房玩具，珠翠须掠女工等，如前礼物"，生儿育女的习俗"至满月则生色及绷绣钱，富贵家金银犀玉为之"。普通百姓和殷实人家如此作为，宋代皇室宫廷用玉更多更豪华奢侈。史载宋代皇帝车驾诸景灵宫孟飨，从车驾、仪仗、服饰皆装饰以玉，驾前有持金香座、玉斧、玉拂及水晶珠杖，皇帝服绛袍、玉佩，持玉元圭，正坐玉辂上，其玉辂则"顶耀叶三层，凡八十一叶，皆镂金间真玉龙，……四柱栏槛，镂玉盘花龙凤"，用玉之多极其豪华。宫廷的日常生活用玉也很多，如公主出嫁，皇帝召见时赐玉带、靴、笏、鞍马等，公主的嫁妆中则包括精美的珍珠玉佩、玉龙冠、绶玉环等等。皇帝还曾"后苑办造春盘供进，及分赐贵邸宰臣巨珰……，金鸡玉燕，备极精巧，每盘值万钱"，各地方也竞相向朝廷供奉玉制品，如福州所进之灯"则纯用白玉，晃耀夺目，如清冰玉壶，爽彻心目"。

　　宋代世俗生活推动了玉石雕刻市场的应运而生，使其时的玉雕行业具有了可观的规模。当时技艺高超的治玉手工业者和精美的玉器多集中来自杭州、平江、金陵、福州等地。很多玉石原料产地更是民间玉作兴旺，如产独山玉的河南南阳，独山的"玉街"就非常有名，向市场供应了大量的玉器制品。由于

---

　　① 吴自牧：《梦粱录卷十三》。

　　② 《马可波罗游记》。

用玉器数量多和质量要求高，皇宫从西域诸国进贡、贸易以及和田等地输入大量的优质玉料，并建立了诸如宗正寺玉牒所、文思院上届和修内司玉作所这样的宫廷玉作场所。朝廷还经常选一些民间一流水准的琢玉工厂作为皇家玉院，由宫廷指定做一些玉器。总之宋代玉器的制作顺应了世俗日常生活的需求和消费水平，使这一时期玉器制作不论数量和规模都远远超过了之前的隋唐时期，出现了一个新的高峰。

宋代玉器不仅主要为上层统治者、贵族士大夫所占有，而且随着其商品化也为普通市民大众所喜爱，可谓在社会各层面全面开花，因此其数量相当可观。宋代的儒家在继承和发扬了唐代壮大起来的士庶文人阶层文化传统的基础上，更加积极参政，使得学术、哲学思想异常活跃，推动兴起了一门史学学科——金石学。金石学使文物的史料学术价值得到了承认，这一时期不仅有欧阳修的《集古录》，吕大临的《考古图》，赵明诚的《金石录》这些研究性著作，而且皇室、王公大臣和民间都将玉器等在内的文物加以收藏赏玩，如史载南宋绍兴二十一年（公元1151年）高宗幸清河郡王府，张俊进奉宝物中仅玉器即有玉池面带，玉狮蛮乐仙带，玉璧环，玉素钟子，玉花高足钟子，玉枝梗瓜杯，玉香鼎，玉盆儿，玉柄三靶刀子，玉犀牛盆替儿等新旧玉器42件之多，可见私人收藏玉器之大观。宋代存世流传玉器占有很大的分量，如故宫博物院珍藏的青玉兽耳玉龙纹炉，青玉镂空松下仙女图，白玉镂空竹枝蟠龙佩，白玉镂空云龙带环等都是皇室收藏的宋玉。近年我国考古工作者也于墓葬中发现了一批有价值的宋玉珍品，主要有江西上饶南宋墓出土的人物玉带板，安徽休宁朱晞颜墓出土的玉器皿，北京房山金代石椁墓出土的北宋玉佩和浙江衢州南宋史绳祖墓出土的一批玉器，这些墓葬出土不仅丰富了对宋玉的认识而且提供了更加详实的宋玉制作使用资料，为鉴定传世玉器，研究宋玉提供了科学依据。

宋代玉器具有鲜明的时代特色。首先宋人喜佩，题材内容着眼于现实生活中的植物、动物、人物，植物中的各色花卉像牡丹、秋葵、百合、莲花乃至瓜果菜蔬、松柏竹枝等，动物中除了传统的神龙、祥凤，突出的还有鱼、鹤、雁、龟、孔雀、鸳鸯，马兔猴羊狮等等不一而足，以这些题材琢制的玉器无一例外地都给人以亲近、自然、生动活泼的感觉，如青玉镂空折枝花佩，镂空竹枝佩，还有实用器皿白玉荷叶杯，白玉瓜坠，白玉牵牛花佩、樱桃佩，白玉镂空孔雀佩，圆雕玉龟、玉鹿等等。宋代玉器在采用此类生活题材时还将它们与当时人们的审美爱好，对美好生活的希望紧密联系起来，以满足大众希冀吉祥、平安、长寿、辟邪的世俗心理需求。在宋代有一种玉器俗称"小玉龟荷叶"很流行，即带有吉祥、长寿的含义。传世的如青白玉双鹤衔芝佩，展翅的双鹤相对于卷云之上，口衔芝草比翼双飞，造型典雅优美，仙鹤、芝草也寓意着长寿和吉祥。（图5－3）西安南郊曲江出土的一件白玉镂空飞鸟衔花佩，一鸟展翅高飞，鸟口中所衔盛开的花朵翻卷于鸟头之上，构思精巧，这样的造型还有鱼衔异草、鹿衔灵芝，同样从造型到内容具有浓厚的生活气息，象征着美满和睦、团圆幸福。

图5-3

故宫博物院藏　宋　青白玉双鹤衔芝佩

宋人喜爱吉祥寓意，其中尤以玉童子最受欢迎。玉童子是广为人知的宋代玉器代表，其造型多为身着短褐，头梳丫髻，双腿前后交叉似在漫步，面部带着嬉笑，神态活泼，孩童的手中常持有莲花，也有持禽鸟、握圆球的，有时还于脚底踏鹅或花叶，动作有行走童子、攀枝童子和舞蹈童子等等，既表现了孩童的童稚童趣与天真烂漫，同时也体现了大众百姓佩戴它们祈求早生贵子、子孙多福的美好愿望。

以玉制作生活中的实用品在唐代已经出现，宋代玉器中的实用器皿不仅比唐代增多，装饰美化也达到了相当高的水平。宋代实用类的器皿从文献记载和传世品中就有玉钟子、玉花高足钟子、玉枝梗瓜杯、玉香鼎、玉东西杯和青玉双耳鹿纹八角杯、玛瑙葵花式托杯、白玉云钮圆盒等等多种。近代出土的也有金扣玛瑙盒、青玉素盒、玛瑙环耳杯、白玉荷叶杯、白玉双鸟纹盒等，这些器皿仅从名称上已经足以使人感叹宋代此类玉器的丰富和华美，事实上它们每一件都堪称实用与装饰玉雕相结合美轮美奂的艺术品。如故宫博物院收藏的传世白玉夔龙柄葵花式盒，整体似碗而琢成六瓣花形口，器口沿有弦纹，器腹壁上精琢浅浮雕的夔龙纹和底部的环绕莲瓣纹样，手柄生动地琢有一只弓背探首的龙，虽然高只有不到8厘米，而造型比例和谐，琢制精致入微，抛开其实用的特性，其形式独特美观，具有优异的造型艺术欣赏性。台北故宫博物院传世宋代玉器中有一件青白玉荷杯也在实用与装饰完美结合上表现得十分突出，此玉杯长 15.2 厘米，高 9 厘米，造型为荷茎叶组合，上宽下敛，叶为杯柄，叶缘为仿生写实的弯曲状，叶茎在杯底自然盘旋后顺势上扬至杯侧，如此雕琢增添了造型变化的丰富性，还形成了器足与手柄，既是实用品又是艺术欣赏品，其巧思与造型之美都令人耳目一新。

体现宋代实用与装饰特色的玉器中文房用品也特别值得一提。宋代的文人阶层较唐代有所壮大，以绘画为主的艺术活动频繁活跃，文房成为文人阶层的重要活动场所之一。作为辅助书写绘画必不可少的文房用具宋代已见的有笔山、镇纸、砚滴、笔洗等等。这些作为工具的文具用品在工艺美术高度发达、宫廷权贵崇尚奢华的宋代也开始多用玉料琢制并文玩化。浙江衢州史绳祖墓出土的一套包括有青玉笔山、水晶笔山、白玉荷叶杯、青玉莲苞瓶、白玉兔镇纸、白玉兽纽印的一套较为完整玉制文房用具是为典型代表，其中可作为砚滴用的白玉荷叶杯制作的最为精彩，这件玉杯主体由一大一小两片荷叶组成，独特之处是将大片的荷叶幻化为杯体，叶茎卷曲而成手柄，小荷叶又自然地覆于手柄上，局部琢有盛开的荷花点缀气氛，叶茎的阴刻茎脉和荷叶、荷花的质感也处理得极其自然生动，整个器皿将实用功能巧妙地融合在装饰艺术处理之中，有优异的艺术欣赏性，是不可多得的玉雕艺术珍品，完美地体现了宋代此类玉器的制作与艺术特色。同墓出的一件玉兔形镇纸，利用一块玉料的原始状貌施以巧琢，仅琢出凸显特征的眼、耳、腿，一只伏耳背上伏地可爱的玉兔便活脱而出，与其说是一件实用器物不如说是一件生动自然琢制手法技巧高超的动物圆雕艺术品更为确切。

宋代是我国古代传统绘画取得巨大成就的时代之一，中央有专门的罗致全国擅画师而成立的绘画机构——翰林图画院，宋代皇帝大都关注与提倡绘画艺术，特别是宋徽宗，不但大力兴办画院、延聘画家，他本人也精于书法、绘画，推动了宫廷绘画艺术的繁荣，其时，从宫廷画院到民间画家人才辈出。在这一潮流涌动下，皇室贵族、文人士大夫及商人市民都对绘画产生了多方面的需求，画师们的创作大量涌入城市并为商业市场服务，使宋代绘画与社会各阶层都保持着非常密切关系，并对其他艺术形式施加了极大地强有力的影响，在这样的氛围中玉雕手工业也不可避免地产生了一些独特的艺术表现形式。以玉雕技法表现山水景物人物的玉图画便是顺应时代风尚的产物。故宫博物院收藏的青玉镂空松下仙女图玉雕可视为这种玉图画特点突出、内容表达充分、技巧高超的传世杰作。这件作品在扁平呈椭圆形的和田玉材上镂雕了一位仙女立于松荫下，两侍女持托盘、灯笼侍立于旁，背景琢刻了仙鹤云朵、山石灵芝，人物造型比例和谐，与环境之间的关系形成一个完整的画面，加入了环境与一定的故事情节，具有绘画性意味。这样的玉图画在宋代传世玉器中比较著名的还有白玉镂空五禽图，故宫博物院所藏的青玉人物山子，西安出土的白玉镂空福禄寿图等，这种新的形式均以多层次的镂空技法在构图、形象上借鉴了绘画艺术的特色并加以发挥，拓展了玉雕艺术的表现力，并为元明清时期的玉石雕刻加以继承吸收。

宋代的玉石雕刻艺术生长成熟在一个社会经济繁荣，生活环境相对稳定，文化艺术高速发展的时代，玉石雕刻作为重要的手工业门类和特殊的商品与社会生活建立的广泛联系是前所未及的，高速发展的城市经济给当时的玉器制作灌输了强烈的世俗化倾向和浓厚的生活气息，日常生活中常见的题材成为主流。其着眼于世俗的审美趣味从现实生活中吸收营养，扩大了视野。玉雕师们既注意观察生活形象及忠实地而不是只凭想象表现生活，又能注意选择那些富于诗情画意的造型满足社会普通大众的审美需要，使之形成了世俗的、大众化的艺术风格，这在中国玉雕史上体现了全新的风貌，达到了雅俗共赏的艺术高度。

宋代玉石雕刻不仅在题材内容、风格上形成了时代独具的特色，由于科学技术水平的提高和对传统艺术的重视与研究，其琢制技术也日臻完善。宋代玉石雕刻技术上承秦汉隋唐，在传统的阴刻线技法上又有很大进步，不仅用来刻画造型细节，而且继承秦汉玉玺、隋唐玉简册等刻制字铭，传世的一件玉八角勒子所刻佛经"每字比芝麻粒还小，笔道比发丝还细，非用放大镜而不得识，刻工纯熟，书法遒劲"，① 达到了很高的技艺境界。镂空是宋代玉器广泛运用的玉雕技法，其已不再是简单的钻孔透雕，而是要塑造形神兼备、清新雅致、极富绘画情趣的艺术形象，因此前述造型复杂的玉佩和玉图画，构图精致层次重叠，制工又不露迹，其难度可想而知，玉工之经验丰富，技术之精湛使得明代的高濂在其《燕闲清赏笺》一书中发出了"宋玉制玉，发古之巧，形后之拙，无奈宋人焉"的赞叹。

大量仿制前代玉器造型严格来说始于宋代。宋代由于金石学的兴起社会上出现了一股拟古的风尚，好古、玩古、藏古成为当时社会文化生活的一部分。在这种风气之下，仿古玉开始大量出现，逐渐成为古玩市场上的重要商品。这些玉器造型上仿战国、西汉甚至商周，主要有玉尊、玉匜、兽面双耳杯等，但在结构、纹样和琢制上并不是照搬照抄，似古而非古又有时代特征。其结构往

---

① 《中国玉器全集·隋唐——明代玉器略叙》。

往更复杂，雕琢也更圆润精美。宋代仿古玉器的出现不能仅仅看作简单的模仿，实际上它是对古玉器的一个回望和总结，有利于玉石雕刻的继承与发展，因此从这一方面来看宋代玉器的贡献是很大的。

总体来看宋代玉石雕刻艺术通过近三百年的发展逐渐向社会生活深入，形成了世俗化的艺术风格，表现题材为大众所喜闻乐见，手法则更加细腻，生动写实，注重实用与艺术性的融合统一，以这几个特点为主而形成的宋代主流玉石雕刻艺术对周边的少数民族政权玉石手工业产生的影响是深刻而广泛的。

辽、金、元是北方少数民族建立的国家政权，其中辽、金占据着内蒙、东北、河北、山西、陕西的大片地区，长期与两宋对峙，双方不断发生战争，但辽金两国上层少数民族贵族特别注意吸收汉族地主参加政权管理，在典章制度上也在发展过程中不断接受汉族先进的文化，加速了民族文化之间的交流，故辽金在文化及用玉制度上均受到了宋文化艺术的影响。如辽代玉铐、玉带等礼仪用玉均沿袭五代时的晋制，规定皇帝服饰用玉束带，而五品以上朝官吏服用金玉带。女真族建立的金代据《金史》载，礼仪用玉"大抵模仿宋制，错综增损而用之"，甚至还根据等级地位规定了详尽的用玉标准，如皇太子冠服瑜玉双佩，间施玉环三，太子朝服，紫袍玉带。皇太子玉带，佩玉双鱼袋，亲王玉带，佩玉鱼，一品玉带，佩金鱼，而庶人禁用玉等等。

近年考古发现的这一时期玉器如内蒙古昭乌达盟巴林右旗窖藏，解放营子辽墓葬，哲里木盟辽代陈国公主墓和黑龙江绥滨县奥里米古城金墓，北京房山县金代石椁墓，丰台米粮屯乌古伦福伦墓出土的辽金玉器都具显著的受到汉文化影响的特点。但是辽金两个少数民族长期生活在东北的白山黑水之间，惯于畜牧游猎，因此，玉器中也深深地融入了他们的生活印记，产生了独具民族特色的玉器风格和一些独特的玉器种类。

辽代玉器具有代表性的是服饰用玉带、佛教用玉和玉制器皿。辽代玉带有两种，较多的一种比较简朴光素无纹饰，如内蒙古翁牛特旗解放营子发现的一件，共12块，均无雕饰，大小也不甚规整。一种琢有纹饰，如内蒙古昭乌达盟宁城辽墓出土的一件，共计16块，其中有琢24瓣菊花花朵的，虽然规格似还未定型，但造型琢制也较精彩生动。佛教用玉最典型的是玉飞天，玉飞天是唐代玉器中很典型的玉器，在辽墓中发现多件，可见当时颇为流行。其造型与唐飞天很相似，即飞天凌空飞翔于云朵之上，衣带飘荡，但辽飞天多作片状，细节以阴线表现，轮廓鲜明突出，很有地域民族特色。辽代佛教用玉器还有摩羯、金翅鸟，都来源于佛教典籍或故事，寓意得到佛的恩惠与保佑，陈国公主墓曾出土一件玉摩羯，制作得相当精巧别致。

辽代实用器皿玉器的制作也很突出，造型样式都有自身的特点。如辽宁阜新辽塔地宫出土的白玉莲花纹杯，白玉云龙纹杯，白玉竹节盒，义县清河门辽墓出土的玛瑙花式盒，青玉双鹅玉盒，故宫收藏的传世辽青玉双耳鹿纹八角杯等等，其中白玉竹节盒，白玉琢制的竹节式筒形盒穿以金链，盖与盒体相接处隐于竹节之中，金链下端各镶以包金片的蓝玻璃坠，综合应用了玉、金、玻璃等多种材料，其优异的镶嵌工艺运用纯熟，不仅对中原唐、宋代艺术的典雅华贵有所借鉴，而且充满了契丹民族的风俗文化意味，其体现的辽代玉器总体艺术水平不可小视。

金代攻灭了辽和北宋政权，继承了辽的全部土地、人口财富，占据了南宋经济文化发达的黄河流域北方大部分地区，其玉器制作因而取得了很大的发展空间。金代服饰用玉、玉佩、玉饰件都有优异的制作，玉佩以花鸟题材为主，多做绶带鸟衔花卉，造型上取圆形，琢成向下凹的球面，花叶中部常下凹折合，叶脉以细长的阴刻线表示。金人佩玉有长寿、吉祥的寓意，龟巢荷叶因此也是金代重要的一种玉佩。1980 年北京丰台乌古伦墓出土的两件，均作椭圆形琢两个相并的荷叶，两龟伏于荷叶上，荷叶边有水草，龟背上刻六方形纹，其阴刻线叶茎脉，折合式花叶，球面下凹的花瓣等都是有金代特色的表现手法，其造型生动镂刻细致，在金代玉佩中极具艺术品位。

金代动物、人物玉器的制作同样很有少数民族地区风味，如奥里米古城出土的水晶兔，轮廓概括不拘细节，琢制质朴生动活泼。中兴古城出土的玉马，作卧伏状，体态丰满肥壮，长鬃披颈形象写实逼真，透露出些许野性之美。

金代也喜爱制作玉童子题材，黑龙江绥滨中兴古城出土的一件头戴短翅乌纱帽，着短褐、长裤，手持蕉叶与宋代大致相同，但在形象上接近少数民族孩童特征。故宫收藏的另一件行走姿态，衣着上、琢制特点上都几乎与宋玉童子无异，但以手持海青鹘即可与宋代玉童子加以明显区别了。

在众多金代玉器中，最具民族特色的当推"春水玉"、"秋山玉"。作为北方游牧、渔猎民族的契丹、女真族，一年之中依牧草生长及水源供给的情况不断迁居，所迁之地设立行营谓之"捺钵"，女真族建立政权后，将渔猎于春秋两季的这一重要活动改称为"春水"、"秋山"。随着"春水"、"秋山"活动的普及与发展，这一题材逐渐成为金代绘画等艺术品所经常表现的题材内容。从目前存世状况看，春水玉主要为传世留存，而秋山玉则有少量考古出土。传世的春水玉通常表现为一种称为海东青的小型鹰类凌空抓取天鹅的画面，构图上海东青在上天鹅在下，小鹰的勇猛跳跃和天鹅的硕大挣扎场面表现得很是激烈，形式上有片形、长方瓦形、圆形，还有玉炉顶、玉手柄表现这一内容的，无论形式如何通常都配以水草、荷叶，模拟出自然环境，造型内容丰富，形式感自然活泼。秋山玉表现的是女真族秋季狩猎情景，与春水玉稍显残忍激烈的场面不同，通常琢制虎、鹿等徜徉于山林之间，有子母虎伏地而卧，有虎石相衬，有虎鹿做奔跑状，也有虎卧而鹿奔的，周围都点缀有茂密的丛林，总体展现出恬淡、宁静、天然而质朴的意境。从春水、秋山玉可以看到金代玉雕往往不是单纯地表现一个事物与动物等，而是花树、荷叶水草与鸟、龟、鱼、鹿等相互衬托掩映，在动静之间表现出自然环境的特点，富有生活气息。这在前述的玉佩等玉器上已有充分的体现，而春水、秋山玉则将这一特点发挥得淋漓尽致。金代春水、秋山玉通过艺术手法表现了丰富多彩的自然环境和其民族生活风貌，造型之不拘一格，写实性之强，特点之鲜明，艺术气氛之浓郁堪称中国玉石雕刻艺术别开生面的艺术创造。

元也是我国少数民族建立的封建政权，所不同的是这只发祥于漠北呼伦贝尔草原过着"黑车白帐，逐水草放牧"迁徙不定生活的蒙古族，在12世纪初先后消灭了金和南宋政权，甚至挥师欧洲大陆建立的是一个北越阴山，西至大漠尽头，东至辽东，南至南海远超汉唐盛世的地域辽阔的统一大帝国。

蒙古族政权入主中原，虽然实行了民族等级歧视政策，掠夺性的战争和统治曾使这一地区社会经济与人民生活受到严重摧残，但汉族数千年先进发达的文化对其影响也是巨大而深刻的。为了维护和巩固封建统治，蒙古贵族从各方面也不得不吸收汉族文化典章制度，任用汉族士大夫推行汉法，玉石雕刻艺术上同样莫不如此。

蒙古族兴起初期玉器制作还处于很低的水平，统一全国建都大都后，在礼制上近取宋、金，远则效法汉唐，逐渐接受了汉族传统的琢玉用玉风尚，在冠服、车舆等制度上广泛的使用玉器，其数量之多，发展之快，在短短的几十年时间里就形成了完整的用玉制度和很大的制玉规模。据《元史》记载元代皇帝冕服用玉甚多，玉辂、镇圭、国玺皆以玉制，明代萧洵《元故宫遗录》中也记载了北京元皇宫玉德殿不仅装饰着白玉龙云花片楹拱、白玉金花山字屏台，还使用玉床等玉石制品的史实。蒙古贵族统治者为了控制玉器的制作，满足对玉制品的需求，还集中了北地和南宋技艺高超的玉工在大都和杭州等地设立了"诸路金玉人匠总管府玉局提举司"、"杭州路金玉总管府"等这样的制玉专门机构，使之成为官办的玉器手工业部门，可见这一时期玉器发展的实际状况。

元代特点突出的玉器主要有实用玉制器皿，陈设玉制器皿，动物、禽类玉雕和春水、秋山玉等。

元代实用玉制器皿对唐宋采取的是兼收并蓄的态度，既注重造型又优于装饰，实用和美观结合的完美和谐。包括琢制精美的带钩，小巧实用的玉押，各色杯、盘、盒等。这其中尤其是杯的造型花样繁多，琢饰水平最高。造型上有单柄杯，龙耳杯，花形杯，雕饰题材上既有花果、鸟禽，也有人物、动物、神兽。如故宫博物院收藏的传世青玉雁柄杯、白玉山茶花杯、青玉十字双耳杯等，其中白玉山茶花杯整体犹如一枝盛开的山茶花，花为杯体，弯曲镂空的茎叶作杯柄，花心中的花蕊独具匠心地琢为凸起于底的梅花，整杯精工磨制线条流畅。在中国玉石雕刻史上体量最大者莫过元代渎山大玉海，据记载元世祖曾将之置于广寒宫中，用以盛酒大宴群臣，这件由整块黑质白章玉石琢制的巨器仅高即有 70 厘米，重约数吨，其上随形施艺琢制了蛟龙、海马、飞鱼、海犀等等十几种神态各异神兽畅游翻卷于波涛之中，气势之雄伟，制作难度之大足以代表元代实用玉制器皿的最高水平。

元代的陈设玉器承自宋代的仿古玉器之风，虽然存世不多但都工玉俱佳，是元代玉器水平不断提高的最佳写照。故宫博物院收藏的两件是为精品，一为白玉贯耳盖瓶，一为青玉龙纹双耳活环尊，白玉贯耳盖瓶造型有商周青铜器特点，唯琢饰蟠螭纹和花形钮具有时代特色，后者则仿商周青铜器尊形，形体扁方直颈阔腹、圈足，精琢有工字纹、云龙纹、弦纹、十字纹、云雷纹和王字纹等繁复的纹饰，两件不仅纹饰精巧，玉材打磨也很深入，其风格既摹古又不复古，透露出大气爽利的元代玉器制作特色。

元代人物、动物形玉器的特色也很鲜明，江苏无锡钱裕墓出土的各种人物、兽类，西安六村堡出土的玉婴戏坠，西安何家村出土的一组白玉雁都具有注重物象神态的特点，并且采取了大刀阔斧、简洁概括的琢制手法，因此所琢对象造型生动可爱，风格质朴平和，与两宋时期的繁缛华丽大为不同。

元代入主中原后，继承和发展了金、辽春水、秋山玉的优良传统，并且融入了蒙汉民族的新的时代风尚，最显著之处即将春水玉演变为鹰击天鹅、芦雁荷藕图，将秋山玉演化为带有吉祥幸福寓意的福禄图案，创造了元代风格的春水、秋山玉玉雕形式。从存世的元代春水、秋山玉玉雕上看其造型仍然注重描绘自然的形态，人物、动物、禽鸟动态生动活泼，植物花草、背景环境疏密层次除理得恰如其分，唯琢制技术不及金代深入细致，但瑕不掩瑜其整体的艺术水平还是相当高的。

元代玉器所采用的各种花卉草树内容之多之丰富堪比两宋，在表现上除了将唐宋已成熟的植物花卉图案纹样继续发扬光大外，其具体艺术手法更加贴近自然，细节的处理天然成趣，活泼清新，例如在两代都常用的荷叶上，元代就表现为既有两侧自然内卷的圆形叶，又有叶四角向中内凹卷的椭圆形叶，还有使前后空间的叶子相重叠，叶缘有自然起伏，浮雕压缩手法运用得非常独到纯熟的侧面形叶，对花草纹饰的运用采取的是极其写实仿真的态度，正是由于这一特点，元代春水、秋山玉与宋金相比，图案纹饰虽显杂乱不够简洁，琢工也有常常只重表面而侧背处不求甚精不拘小节的毛病，但却在作风质朴，灵动豪放，以形神气韵取胜方面给人留下深刻的印象。

元代另一种经常采用并融入时代审美造型特色的是蟠螭纹。蟠螭在汉代最为兴盛，汉以后唐宋玉器雕饰用之大为减少。宋元玉器对前代玉器的研究收集所形成的复古风尚以及大量仿制前代玉器，则是促成元代蟠螭纹再次复兴的原因。元代的蟠螭纹虽在形式上取自汉蟠螭，但具体表现上则神秘严肃的意味已大为减弱，取而代之的是偏重于翻转圆润的装饰形式美感，典型的如故宫博物院收藏的青白玉螭纹连环带环，西安小寨出土的白玉螭龙教子带钩等，前者两块相扣的玉板上分别高浮雕一螭龙，其中一螭口中还衔有灵芝，后者所琢之螭龙则形式装饰极为优美，螭纹运用非常成功，不仅螭龙动态灵动，而且其四周及肢体、双肩处都雕饰有云朵，烘托出造型姿态的美观矫健，同时又有苍龙教子的美好寓意。元代的蟠螭不仅身形修长、头部方阔，人字形肩肩饰火焰纹，而且常作元代所独有的螭衔仙草状以及云朵作陪衬，表现出大众所乐见的吉祥如意等内容，因而透露出可爱活泼的世俗化风格。

概括而言，元代玉雕的发展历程虽然只有短短的一百多年，但其玉雕艺术仍沿着宋、辽、金的世俗化道路前进，并完全接受了汉族古老的玉文化传统，同时也以特有的蒙古民族风俗审美观融入其中，为中国玉石雕刻艺术输入了清新、质朴的新鲜血液，使中国传统的玉雕艺术更加日臻完善，也为后来的明、清玉雕再一次形成高潮打下了坚实的基础和提供了丰富的养料。

4. 世俗审美与宋元明时期玉石雕刻艺术（二）

元亡明兴，明代汉族贵族地主重新掌握了国家政权，中国封建统治进入了一个重要的发展时期。

明代初期就开始倾向于对传统的延续与继承，着手恢复多种汉族传统的典章文化，具代表性的就是对玉器使用与制作的高度重视，促成了玉石雕刻艺术在这一时期的兴盛与高速发展。

明皇室宫廷、封建大地主用玉量占很大的部分。据明史记载，皇帝的冕服，冕前十二旒，旒五彩玉十二珠，玉簪导、玉革带、玉佩。皇帝以下诸亲王等用玉丝毫不减，例如亲王妃则佩有玉谷圭一枝，玉绶花一对，玉革带一条，玉佩玎珰一副，玉禁步一副，玉革带事件一副，玉佩玎珰钩两个等等，朝臣用玉也规定一品革带与佩则全用玉。

其时玉器制作不仅得到皇室贵族的重视，民间大众在汉族知识分子所倡导带动的绘画等文化美术的影响下，玉器使用的风俗也再次振兴起来。为满足社会需求在各主要商业大城市形成了玉器制作产业，最为著名的是北京和苏州。北京以官办的制玉机构为主，而苏州则以民间的玉制作享誉全国，苏州的专诸巷集中了许多身怀绝技的手工艺人，其以工艺精湛在当时非常出名，民间所需求的玉器很多都出自这里。

玉器种类在明代发生了一些重要的变化。首先，源于对汉文化传统的追溯和封建专制统治对文化思想的禁锢，使得文化阶层的一大批文人转而致力于对上古文明与文化现象进行考据、考证，产生了一股强烈的复古思潮，因而自魏晋以来沉寂衰落的礼玉重新得到了梳理，在明代逐渐回归而成为玉器中的一个重要种类。

玉礼器在魏晋之前各代担负着宗法、祭祀、宗教礼仪的功能，被赋予了浓厚的神秘文化和神权思想，明代统治阶级将其重新纳入到政治生活，并在稍加增损的基础上形成了明代的礼玉系统和制度。明代礼玉有璧、琮、圭、璋、琥、璜等，基本恢复了上古礼玉的大部分种类和名称，并规定以苍璧祀天，以黄琮礼地，以赤璋祭日，以白琥祭月等等礼玉规范。

明代玉圭、璧出土传世的较多，故宫博物院收藏有大量明代的璧、圭，山东邹县朱檀墓、江西南城县朱佑槟墓、北京明万历帝朱翊钧定陵也都出土有玉圭。明代玉圭大都为尖首圭，但纹饰不一，有山纹圭、弦纹圭、三星纹圭、谷纹圭。出土于定陵的山纹圭表面以阴刻线琢出四座山形，阴线中填以金，可与史书中明代的镇圭相印证，有安定四方之意。同出土于定陵的弦纹圭，圭的表面有两道自上而下的凸起弦纹，边角方直厚薄均匀，两件制作质量上乘，是典型的皇室礼玉。故宫收藏的一件三星纹玉圭，上部琢三星，下部为海水波涛，均为浅浮雕，制作也很精致。明代的谷纹圭很有时代特点，主要在于其谷纹形体变大，也不再精心琢为颗颗清晰的仿生谷芽，如朱佑槟墓出土的青玉圭，谷纹排列整齐，将谷芽琢为凸起的乳钉头状，整体上虽显粗糙，但也颇有新意。

明代的玉璧与上古商周的玉璧有很大的差别，吸收了汉以后动物纹饰与造型相结合的特点，主要有云纹璧、螭纹璧、乳钉纹璧等。乳钉纹璧是谷纹璧的仿作，只是谷纹粗大而圆似乳钉，排列较密制作稍显大略。常见的螭纹璧形式较多，有的璧面上琢相互对望盘绕的双螭，有的则把螭置于璧边缘，头在一侧而身在另一侧，其造型形式与汉代的风格不同，螭纹形体粗大动态也较迟钝，反映出明代社会的独特审美观。

明代特别是中后期由于社会经济生活的持续繁荣，商业活动活跃，各种民俗活动如元宵节、清明节、端午节等丰富多彩，城市中的富家大户争相奢侈，甚至"奴隶争尚华服"，在商品经济和市民文化的影响下实用器皿、装饰玉器大为增多。

明代实用玉制器皿主要有杯、碗、盘、壶、香炉、茶具和文房中的各种书画用具等。杯是明代最为典型的实用器皿，有唐宋时期即已出现明代继续大为流行的花果式镂雕杯，还有乳钉杯，八方杯，菱花杯，斗式杯等等。花果式镂雕杯、乳钉杯造型上均为直口矮杯，前者双耳、单耳均有，杯身为花式、果式，或在杯上雕镂大面积的花枝纹饰，雕镂的造型大于或突出杯身，单双耳也多雕为美观的花枝纹饰。如故宫收藏的青玉乳钉纹双耳杯，双夔耳，圆直口圈足，杯身琢出密集凸起的圆乳钉，这种造型和纹饰的玉杯故宫藏有多件，为明代典型的器物。八方杯、菱形杯则杯身取几何造型的方直，夔式双耳，前者杯体八方形，后者杯口近似菱形，杯面大小一致尺寸规矩准确。另一常见的斗形杯，琢为上宽下窄的斗形，无柄或一柄，杯体或光素或琢有山水、仿古图案，与八方杯、菱形杯一样具有既可实用也可欣赏的特点。

故宫博物院还珍藏一件造型特殊的青玉英雄合卺杯，其双筒相连，所琢上部的鹰与下部的熊夹于双筒之间，鹰翅展开贴于两侧杯壁，这是现存的明代唯一双筒式玉杯的实物，就其功能而言应是宫廷盛大婚礼所用之物，其造型精致美观，已经远远超越了实用功能，在明代玉器中弥足珍贵。（图5－4）

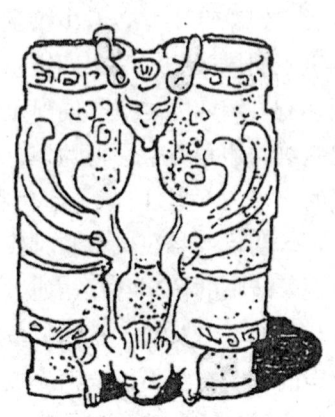

图5-4

故宫博物院藏　明　青玉英雄合卺杯

中国古代玉石雕刻艺术

玉壶也是明代特点突出的实用玉器之一，有柄称持壶，具饮茶饮酒的功用，造型有方圆高矮之分。高持壶多为细长颈，颈两侧有耳，下部壶体宽扁，北京定陵出土的金托玉持壶、故宫收藏的青玉八仙图持壶都具有这一特征，且浅浮雕有花卉人物图纹，设计精巧造型庄重，纹饰细腻。矮状的壶以首都博物馆藏的白玉云鹤纹小壶、故宫藏的青玉婴戏图持壶、青玉竹节式持壶最为精致，其中青玉婴戏图持壶整体取方形壶身，方形口盖，琢制纹饰繁缛，于华美中透出刚劲。白玉云鹤纹小壶则整体为圆形鼓腹，流、口盖、手柄比例和谐，肩部凸雕两螭虎头，之间又琢有水中觅食的仙鹤和生动传神的鲤鱼，柄也以龙形雕饰，造型纹饰美轮美奂。此外明代还流行一种在壶外琢一周半立体莲瓣的莲瓣壶，如故宫藏的青玉莲瓣壶，圆口圈足，壶体为圆鼓形，并在其上独具匠心地凸雕双层莲瓣，仿佛盛开的莲花一般光洁美丽，其造型之美，琢玉之工令人玩味无穷。

明代玉制文具的数量和种类相当可观，这与文人知识分子重视文化修养的提高，文人美术重新发达起来有着密切的关联。这一方面朱檀墓出土的一套较为完整的玉制文房文具具有代表性，包括有玉砚、玉花形砚滴、玉管笔、水晶鹿形砚滴、玉笔山、水晶鹿镇、玉押等等，其中一件作为砚滴用的白玉葵花杯，仿花瓣之形，手柄与足琢为叶枝，形式华美清新，令人观之赏心悦目，是不可多得的文房艺术珍品。

明代的玉砚滴还常有卧凤形、八卦形、卧兽形，尤其是卧兽形极具特点，一般琢为卧状，兽头近于扁方，五官有浮雕的特征，四肢较粗短，背部琢对称分布鬃毛长脊，兽腹中空可储水。明代玉砚薄而呈长方形的多，一端琢有下凹的墨池，形式简洁。玉笔管以青玉制作为主，直柱式较粗，有的浅琢有兽纹。笔架则以山形为主要造型，便于搁笔，少则三峰还有多峰起伏的，也有少数的为动物状，形态生动自然。这些文房玉制文具往往都是文人墨客的心爱之物，制作精美，即可实用又富有典雅的文人气息，死后作为陪葬的很多，朱檀墓就是其中一例。

装饰性玉饰在明代种类相当庞杂，最有特色的当属佩饰类的各种玉佩、玉牌，首饰类的玉发冠、玉簪、环和陈设类的动物玉器、玉花插等。

明代玉佩饰在皇室和民间都很流行，最典型的是上古时期风靡一时的玉组佩，如定陵出土的描金玉组佩，金钩之下分别有玉珠串按一定规律连接的玉珩、玉花、冲牙等等玉件，结构复杂。另一件白玉垂导宝石花佩更是一幅两串分十排，串系了不同玉质的玉叶、玉花、玉桃、水晶花、白玉鸳鸯、玉鱼、碧玉牌、玉蟾蜍和蓝钻石、绿松石饰件数十件，其工艺之复杂，穿系之美观，玉件之精美，也只有皇室才能如此奢侈。此外贵族诸王墓如江西南城明益宣王墓和山东邹县朱檀墓中都出土有玉组佩，明益宣王墓的玉组佩有可挂于腰部两侧的一幅两件，分别有银钩二，玉珩二，琚二，瑀二，璜四，冲牙二，玉坠滴八，玉珠604颗。明代如此之玉组佩，既是统治者身份地位的象征，同时也是明代在玉饰上有复古倾向的表现。

明代城镇市民阶层佩戴玉饰也成为一种普遍的习俗。玉佩趋向多变而不拘一格，各人都可根据自己的喜好选取不同的造型，因此明代玉佩的形式非常复杂而不统一。总的来说，明代玉佩能根据所采用的花卉瓜果、吉祥文字、人物龙凤纹样设计造型，如上海陆琛墓出土的白玉镂空佩，似窗棂状上圆下方，上部琢翻卷丝带状，下部方框内以四股曲折重叠纹组成"十"字状镂空纹，边框的直和曲线的柔相辅相成，造型独到特别新颖。同墓出土的两件白玉鱼佩也与宋元时期的不同，不着力突出鱼而表现鱼穿行于莲草间的造型穿插关系，鱼与荷花枝叶相互遮挡相连，似一幅写生的鱼荷画幅。西安市文物局收藏的白玉镂空福寿方形牌，竹节形方框中心琢一"寿"字，其间的空当处镂雕散点式而不是对称的蝙蝠、梅花、卷云朵，整个造型既有规整的文字又有众多的花草植物装饰纹样多而不乱，呈现出色彩缤纷的美。而另一件白玉镂空圆形梅花牌，中间一朵大花，四周围有五朵小花，中间以相同造型的变形装饰性枝叶相连，整个外形使人联想到一朵大梅花，极尽对称均衡装饰艺术手法之能事，构思巧夺天工，雕饰文雅精巧华丽。（图5-5）

图5-5
西安市文物局藏 明
白玉镂空圆形梅花牌

明代玉佩中最为令人所熟知的无过玉牌。玉牌是自明代开始出现的玉器新品种，其形为长方形牌子，一般其上部雕饰有对称的双夔龙和供佩带的钻孔，下部为方板，板面琢有山水景致、故事轶事、吉祥花卉、诗词文赋等等不一而足，造型端正敦厚，以深浅浮雕纹样装饰而不施镂刻。玉牌一经问世就成为当时为大众所喜爱的玉佩种类，苏州人陆子冈琢制的玉牌，更是被争相抢购供不应求，以至于世人称之为"子冈牌"。

明代首饰类的玉饰与玉佩相比由于功能的限制，造型比较固定少有变化，但明代的能工巧匠却也能发挥高超的艺术才能进行卓越的构思和精巧的设计，使之成为具有实用功能的生活艺术品。表现突出的是玉簪，簪作为首饰有各种材料所制，以玉这种贵重的材质作玉簪，汉代就已出现，《西京杂记》记载："武帝过李夫人，就取玉簪搔头，自此后，宫人搔头皆用玉，玉价倍贵焉"。江苏无锡龚勉墓出土的一件玉簪，长杆形，一端顶部琢为圆簪头，玉质光洁，通体光素，制工规整，是为普通玉簪的基本造型。玉簪作为重要的首饰在明代特别是皇家与富贵之家不仅仅满足于一般造型而将之进行艺术化的琢饰，使之具有了优异的欣赏性。皇家所用玉簪以定陵所出土的白玉镂空寿字镶宝石金簪、白玉金丝镶宝石鎏金银簪具代表性，前者簪头以玉雕做装饰字体与玉花形，其上镶有红、蓝、绿宝石和猫眼石，后者以盘绕繁缛的金银花纹饰为底托，中间镶有白玉立佛像一尊，同时还镶有红、蓝宝石等，两者簪头的雕饰都占到整体的2/3，占据着突出的地位，使造型异常华美光彩夺目。以玉为主体配以金银宝石不仅反映了统治者之奢侈豪华，同时表明这一时期金玉结合使用的玉器新特征。

生活优越的富贵之家使用的玉簪其造型琢饰也很有特点，如上海陆探墓出土的玉簪，簪头琢镂空兽头，簪身除浅琢螭龙纹，还琢有阴刻吉语文字"寿比南山"、"福如东海"，虽然总体上不如皇家的金银交相辉映那样耀眼，但其从琢饰内容手法到造型形式显然是经过精心设计的，因此也特别精巧文雅。

明代墓葬中还经常出土玉发冠，如上海陆探墓白玉束发冠，江西南城明益宣王墓玛瑙七梁冠，这些发冠玉质均佳，虽大都无精心的雕饰，但造型古朴庄重，具有鲜明的明代玉器大气敦厚的特点。因其一般出土于王公贵族墓，可以明确明代官员使用玉冠的历史记载。

明代还有相当部分的玉器实用完全被艺术性所掩盖，其造型更偏重于陈设，可作为艺术欣赏品装点美化家居环境，具有此特点的玉器，有玉觚、玉尊、玉香薰等仿古玉器，花插以及造型丰富的各种动物形玉器。

明代仿古玉器之风很盛，商周时代的鼎、尊、簋、爵、觚，两汉的璧、玉佩等都常被仿制，其虽然在名称纹饰和大的造型上模拟古制，但融入了时代特殊的审美意味，体现出一些新意。如故宫藏的白玉兽面纹兽耳炉和青玉兽面纹冲耳炉，前者以圆形炉身矮圈足，炉侧两兽纹耳组成，饰有简约化了的兽面纹，极似商周簋的造型，纹饰大气简约布局也很疏朗；后者圆形器直口，将鼎的三足和鬲的袋足相混合，器体及足上分别雕饰兽面、变形蝉纹，既仿古又不完全拟古。明代玉瓿以方形居多，分上中下三部分，上部瓿颈常饰焦叶或蝉纹，中腹部四面外凸并琢有兽面，下部与上部相对应也常饰焦叶或变形蝉纹，此外，四角及中部还喜琢自上而下的凸棱。如故宫博物院收藏的一件青玉兽面纹八出戟方瓿，在仿古的基础上颇具明代风貌。在仿古玉器上进行了大胆改进的还有玉匜、玉爵，像天津艺术博物馆藏的青玉云纹螭耳匜，故宫博物馆藏的青玉龙把匜和定陵出土的一件金托玉爵，整体都有或花叶或龙凤兽螭复杂多变的雕饰，雕镂的部分远远超过了器形本身的造型，甚至如金托玉爵，爵口已变为蜿蜒起伏的曲线，与古器相去甚远，与其说是实用器不如说是陈设欣赏艺术品更为准确。

与大量的仿古陈设玉器相比，明代花插在居室中即使不插花束，单独放置仍可称独具欣赏性的陈设艺术品。故宫博物院收藏有一件明代青玉镂雕灵芝式花插，外形近圆筒状，上部琢为灵芝形花口，下部浮雕着四枝灵芝、水仙、竹节及花朵，似藤蔓枝的造型穿插相连，造型极其复杂繁满，雕镂得丰富华丽。故宫珍藏的一件子冈款茶晶梅花花插也是此类玉器的精品，其整体中空呈自然的树桩状，上有天然的白色质地，就其势而雕琢出层层的梅花、花叶、枝干，再加上"疏影横斜，暗香浮动"的阳文草书题跋，整个造型精美异常，作为陈设呈现出高雅清新之美。

明代人物动物类陈设玉器体积均较小，内容有单独的鹿、狮、驼、龟、马等，也有人与兽相组合的，如故宫博物院藏的青玉狗、青玉卧马、青玉驼、青玉麒麟、青玉童子卧马等等，造型上动物的神态结构普遍较唐宋更为写实，说明摹写自然之风更加进一步深化，制作上大刀阔斧，体型追求浑圆饱满，总体给人质朴、可爱、形神兼备的艺术感受，这些陈设玉器由于小巧玲珑，既可把玩有的还可作文房镇纸用，由此，可窥探出当时文化阶层审美情趣之端倪。

明初期社会经济等诸方面正在逐渐恢复之中，玉器的制作也在长期战乱后处于复苏阶段，因此，规模数量并不大，从属于这一时期的南京汪兴祖墓、山东邹县朱檀墓出土的和故宫等博物馆收藏的传世玉器来看，其仍有宋之遗风，形制也大都未予以确定。西安市文物局所藏的白玉飞雁穿花椭圆牌是一件佩玉，在椭圆边框内镂空雕有大雁穿于花叶之中，生机勃勃的荷叶和曲颈而飞形象生动的大雁构成了一幅自然图景，琢制造型简练准确，有明显的金、元山水玉造型风格特色。汪兴祖墓出土的服饰礼仪用白玉镂空云龙纹玉带，其中扁圆形葵瓣状带铐上雕镂着蟠龙翻腾于祥云之中，祥云、蟠龙的雕制十分精致细微，镂空技术也运用得相当高超，显得富丽堂皇，华丽庄重。朱檀墓出土的白玉葵花杯，器形被琢成葵花盛开状，杯柄则为折枝花叶雕饰，杯内还凸雕有五瓣精小的花蕊，玉质优良白润，琢制圆滑精美，这两件玉器无论从造型、纹饰内容和雕工都极有可能是明初网罗的前朝制玉高手所琢制。

　　明代成化、弘治、嘉靖以后，以北京、苏杭南北两地为中心的玉器制作行业开始琢制大量的玉制品，并在技术水平不断革新的基础上形成了明代玉雕艺术风格。

　　明代经济持续高速发展，商品经济、手工业发达，对外贸易兴盛，城镇市民生活水平和文化水平都有很大提高，加之文人美术的推波助澜，使得玉器进一步延续深化着世俗化的特点，不仅是艺术品更成为特殊商品，比前代更加面向现实，向大众生活靠拢，因此，总括来看明代玉雕的艺术风格笼罩着浓厚的世俗化、生活化气息，并出现了文玩化倾向。

　　明代玉器的世俗化风格在两个方面体现得最为显著。第一，明代玉器在雕饰内容上除了传统的动物、人物、神兽之外，继续增加植物、花果、仙草、吉语文字、吉祥图形等内容，以富有美好、幸福、和平、长寿、财富等寓意的图案纹饰来满足与体现城镇市民对美好生活的祈望。明代被用来赋予吉祥美好含义的动植物种类很多，如植物中的灵芝、荷花、梅花、菊花、桐叶、松竹、海棠，动物中的鹿、马、羊、猴、蝙蝠、鱼、象、蟠龙、麒麟、仙鹤、鸳鸯、蟾蜍等等不一而足，神仙、人物童子也很多，还有寿、福等文字及诸如"福如东海，寿比南山"之类的诗词短语，可谓题材非常广博。受这种凡事讲吉祥重寓意民俗风气的影响，明代中后期之后，凡玉器装饰图文即讲寓意，达到了滥觞的程度，甚至明代宪宗皇帝朱见深还亲自绘制《一团和气图》供玉工琢制成玉佩，使明代玉器的世俗化程度更加深入。

　　这些内容纹样所包含的美好寓意如著名的传世青玉英雄和卺杯，玉杯上雕有鹰与熊，杯又为双杯，取谐音"英雄"。青玉镂雕灵芝式花插，器身雕有灵芝、水仙、竹节，暗喻"灵仙祝寿"。定陵出土的万历帝孝靖皇后所使用的白玉兔金镶宝石耳坠，玉兔雕琢为持杵捣药状，并以祥云烘托生动可爱，间接地表现了广为人们喜爱的嫦娥奔月的美丽神话故事。此外在民间这种世俗吉祥含义的玉饰内容更多更复杂，如以戟、磬为图案则意为"吉庆"，卍字为"万"、"万寿无疆"，桃为"寿"，鹿为"禄"，羊为"吉祥"蝠、鹿相合为"福禄"，玉莲蓬为"连生贵子"、"多子多孙"，猴、马组合为"马上封侯"等等。

第二，明代玉器虽然已经走入了大众生活，但仍然属于较为贵重的物品，在世俗观念中代表着财富和地位，所以其常常不惜成本，造型偏大而厚重以迎合显富炫富的世俗心理，继而形成的纹饰雕琢也以粗大、壮硕的外观为特征，与唐宋玉器纹饰的细致委婉流畅形成了明显的对比，因此，后世在论及明代玉器时有"粗大明"之说，粗、大有几个方面的含义，一是指玉器造型的体量宽大、饱满，玉牌可视为这一世俗风格的体现，一般的玉牌造型都很宽厚，材料又很优质，加之多以浅浮雕而为纹饰，因此显得大气，剖制如此方体厚重的造型在前代是很少见的。明代的动物形玉器也往往因为写实的需要不惜材料，不似前代多利用材料的原型稍加琢制即成动物、人物，而是模拟写实该减去的毫不吝惜，在整个造型上下足功夫，自由地塑造形体结构，因而明代的此类玉雕动态变化丰富，较前代更接近现实，结构也更加准确圆浑而饱满。二是明代琢玉无论是阴刻线还是镂空琢制都显粗糙，往往可见到明显的砣、钻痕，甚至线条有很多歧出现像，而且纹饰掏底不清也不平整，底子和暗背面等次要部位与正面纹饰相比不事精心打磨，感觉较粗率，如明代朱佑宾墓和益藩端王妃彭氏墓出土的玉圭，前者琢有似汉代蒲纹的凸起，凸起大而不事修饰，能看到左右纵横琢制的粗棱面，后者用管钻琢制的乳钉，周边还可以看出明显的管钻套打的深圆凹痕。陆探墓出土的白玉鱼佩，玉质尚精，琢制上以示意率性地阴刻线表示叶茎、鳞纹，刻线简括，不事精巧，甚至还有错刻现象，其粗率可见一斑。三是明代玉器琢制技法的大刀阔斧，简洁爽直。明代玉器不深究细节线条的流利细腻，而注重造型的形神生动，具有淳厚、大气的艺术特点，像花草纹饰的玉佩，其装饰线条虽然粗细均匀，但长短断续有很大的差别对比，并且主要在造型的穿插层次中寻求美感。玉质器皿重视整体造型的比例和谐，轮廓的饱满厚实，而在细节的琢饰上不拘小节。又如动物玉器外形、四肢结构起伏转折雕琢得非常完整饱满，而五官毛发细节则往往寥寥数笔以粗阴线刻就，只传情达意即可，意到笔停。以这种技法琢制的造型虽然局部看简约、概括，细节也不深入，但总体上和外形的整体饱满是相辅相成的，其大气率真朴实的气息，形神兼备的特点符合世俗大众的欣赏品味。

明代玉器并非无细致精巧之作，例如这一时期皇室贵族所佩戴的玉带琢镂技术达到一流水平，在平面片状的玉版上发挥镂空技艺的特长，能琢出两层甚至三层以上的纹饰，其造型及故事情节、纹饰内容之复杂均超过前代。积数千年古老玉石雕刻经验技巧创新的花下压花技艺为世人所称道。另外，明代还出现了很多玉与金银镶嵌的玉器，像定陵出土的金盖玉碗、金银镶玉、宝石耳坠等，金玉交辉华美富丽，可看出明代玉器作为我国古代又一次发展高峰其形式之丰富多彩。

这里需要特别指出的是，明代玉器的复古思潮仿古之风以及对古代玉器价值的认识进一步加深，使得当时文人士大夫及富有的地主商人开始大量收藏搜罗上古玉器，促使很多玉石雕刻手工业作坊和个人开始大量伪造古玉以获取利润。明人高濂在《燕闲清赏笺》中就记载"近日吴中工巧摹拟汉宋螭玦、钩环，用苍黄杂色边皮葱玉或带淡墨色玉，如是琢成，伪乱古制，每得高值"，揭露了一些明代古玩投机商作假玉，染假色，制假沁的手段，这些以假充真的所谓古玉器有的在造型纹饰上相当逼真，在当时已经达到了真假难辨的程度，经过了数百年后和真的古玉相混杂，其辨别起来难度很大，这是当今鉴别明代玉器和古玉雕刻要特别加以注意的一点。

5. 清代玉石雕刻的艺术与技术

清是我国古代历史最后一个封建制度的王朝。其历史大致可分为三个时期，自皇太极至清圣祖康熙为初期，封建统治逐渐得到巩固，农业、手工业、商业经济都得到了恢复。中期自世祖雍正开始，经乾隆、嘉庆至，这一时期随着康熙平定三藩、噶尔丹等叛乱和统一台湾，经济持续繁荣，纺织业、制造业、冶矿业等等手工业都较前期取得了较快的发展。清代在后期，即道光至宣统时期，尤其是1840年鸦片战争后，独立的大清王朝成为半殖民地半封建的国家，国力日趋衰弱，社会经济的发展受到了严重的阻碍。

但是，这一历史背景下，在中国有着优秀传统的用玉制度，清自初期以来，特别是康乾盛世到清代中期，其玉器的使用和制作迎来了中国历史上的一个兴旺发达的时代。

历史上中国各个时代的玉材主要有两个来源。一为分布于各地的地产玉材，如南阳玉、蓝田玉等；一为来自距中原腹地千里之遥的新疆昆仑山和田地区。在清代初期，控制新疆和田地区的少数民族势力虽然名义上朝贡于清政府，但由于其内部的一部分人奉行分裂国家的政策，因此由这些地区输入内地的玉材数量与质量都远远不能满足制玉的需求，到康熙、雍正、乾隆三朝分别平定了噶尔丹、策妄阿拉布坦、准格尔各部的叛乱，特别是乾隆二十年（公元1755年）至二十四年（公元1759年）两次平定了准格尔和回部大、小和卓叛乱之后，中国的西北部得以安定，此时的和田玉材才源源不断地输送到中原地区。

清乾隆以后新疆地区开采玉石的规模和输往内地的数量都相当大，清代王先谦《东华续录》记载，当时和田山玉的采取有时两三千人同时上山作业，所采玉石材料有达万斤者，至于输入皇宫的据清宫造办处档案所记就有："乾隆四十一年……现送到大玉六块，内五千斤一块"，清宫档案还记载嘉庆十七年之前，和田、叶尔羌两处每年贡玉四千余斤，有时甚至达到两三万斤之巨，正是这些常年不绝的大规模采玉，加上不遗余力的长途运输，使得清代中期以后玉器的制作有了充足的材料。

清代上层统治者对玉器推崇有加，大力提倡和关注玉器的制作，如清高宗乾隆对玉的喜爱和崇尚在封建帝王中是非常少见的，他统治时期对玉材的采集、运输，对玉器的制作设计所花费的人力、物力都在历史上绝无仅有。他个人也在收集古玉、鉴定古玉上投入了很大的精力，目前故宫的上万件清代玉器大都为其所收藏。作为帝王乾隆还亲自鉴别定级各地供奉和搜罗来的玉器，对精美之作仔细考证、研究后，写下了近 800 多首的关于玉的"御制诗"，并与当时姚崇仁这样的琢玉高手经常切磋仿古玉器制作的技艺。清皇室尤其是乾隆皇帝对玉的爱好与极力倡导，加之清的统一国力强盛，有力地推动了这一时期玉器的发展，使得清代整个社会掀起了一股玉器制作的热潮，清代玉器的兴旺发达也就不足为奇了。

清代全国各地玉器制作手工业遍地开花，形成了一派繁荣昌盛的景象，其中最重要也是最为著名的城市地区当属北京、扬州和苏州，此三地在历史上均是手工业传统深厚的地区。北京作为首都云集了清政府从各地征召来的身怀绝技的琢玉技师，皇室的支持使之具有雄厚的财力。扬州则作为两淮盐运中心据有南北大运河之交通便利，同时也是清代以绘画而闻名的"扬州八怪"的根据地，具有得天独厚的发展文化艺术的条件。而苏州早在明代宋应星《天工开物》中就云"良匠虽集京师，工巧则推苏郡"，手工业基础相当雄厚，其琢玉行业作坊常彼街而邻，其规模之大分工之细冠于全国。

北京、苏州、扬州作为清代琢玉手工业的中心，不仅分别拥有地理、技术优势，其琢制的玉器也具有各自的特点。北京的玉器制作主要由清廷"造办处"管理，称"玉作"，是设立有众多各类御用作坊的"造办处"下重要的手工业制作作坊之一，专门生产宫廷皇室所用的玉器，这里有时甚至是秉承皇帝的旨意进行设计制作，因此非常精巧细致。但因为皇室极其严格的规定和限制，而只能遵照一定的模式，玉器制作的技巧虽高但创意甚少。根据《造办处务作活计清档》的记载，北京的"玉作"以制作小件玉器为主，并根据宫中的要求对已有的玉器做些修改、补琢的工作，而需要复杂制作系统配套和密切协作的大件玉器制作能力很有限。

苏州是中国传统琢玉工艺发达地区，这里的专诸巷作坊密集，抛光、钻孔等专业分工明确，明代时就曾出了著名的琢玉大师陆子冈，其后又涌现出技艺高超的姚崇仁、郭志通等，技术力量非常雄厚。苏州玉器以制作精美构思设计奇巧，玉质柔和光润造型轻薄而著称，所制作的玉器注重造型的完美无缺，线条轮廓流畅，纹饰华丽细腻，特别是玲珑剔透的多层镂雕，厚度均匀，轻薄如纸的玉制器皿琢玉技艺掌握运用的相当娴熟，因此显出玉器的美轮美奂光彩夺目，在全国各地流行甚广。

扬州的商业氛围、繁荣的经济使之成为我国古代琢玉手工业的后起之秀。扬州的玉器善于将绘画的技巧引入到琢制玉器之上，使两者紧密地结合起来，注重玉器题材内容的丰富表达，讲究构图，能利用浮雕和圆雕技法表现形象的透视效果。在表现层次丰富的景物和规模宏大的场面上，扬州的能工巧匠发挥了聪明才智，解决了琢制巨型玉器的技术，一些今人尚不清楚的特殊工具和设备运用得非常自如，像《会昌九老图》、《关山行旅图》等玉山子都是扬州玉器制作的杰作，现存故宫的《大禹治水图》玉山子，更是高 2.24 米，宽 0.96 米，重约数千斤，其上琢有众多的人物，层次复杂的景物，有圆雕，有浮雕，层峦叠嶂山石突兀，制作之精巧，难度之大可见扬州巨型玉器的高超琢制技艺水平。

清代玉雕现存数量较多，仅故宫博物院就保存有数万件，民间流传的清代玉器数目也很可观，其品种较我国其他各个时期庞大而繁杂，渗透涉及到了社会政治、宗教以及生活的衣食住行各个层面，根据用途主要可分为四大类，即礼仪用玉，实用玉器，装饰玉器，陈设玉器。

清代的礼玉种类仍沿用璧、圭、璋、璜、琮等传统形式，造型规格纹饰完全以古玉为本，如玉璧多琢为谷纹、蒲纹和变形夔龙纹，圭、琮、璜等也沿用宋、元、明以来定制的造型，但总的来说，随着封建制度的腐朽没落，生产力经济水平的提高使得社会文化思想认识的进步，清代的礼玉在数量上和质量上都无法和商周甚至宋明时期相比，更多地显露出简略的概念化和形式化，表明礼玉在清代已现日暮西山的颓势。

清代的实用玉器数量多，制作精美，是玉器种类中的佼佼者。主要包括有玉制饮食用品，日常生活用品和文房用品。

以昂贵的玉材制作日常生活使用的餐、茶、酒饮用具是只有皇室贵族才能享有的奢侈品，在清代尤甚。其中主要的有玉碗、玉杯、玉盘、玉盏、玉壶等等。这些玉制器皿的最大特点是在兼顾实用功能的同时又以变化多端、花样百出的华美外观造型最大限度地体现玉材的美质，实用与欣赏完美地相结合。清代的玉杯在器皿中造型最为丰富，有雕镂复杂的花耳式杯、婴耳杯，自然清新的荷叶杯，庄重典雅的龙耳杯，造型规整精巧的单耳杯、斗杯等等，既是精巧实用品同时也是可供欣赏的艺术品。其玉碗选料极精，多为上等纯净的和田玉料，碗、盘体琢制的非常轻薄，造型以葵瓣形、菊瓣形和莲瓣形最常见，琢纹既有艳丽的牡丹纹、卷草纹，也有古色古香的仿古云雷纹、夔龙纹等。清宫珍藏的许多玉碗、玉盘上还常刻有乾隆的御题诗，也可称为一种独特的装饰，显得繁丽而文雅。

清宫的玉制生活用品重要的有盛物品的玉盒、玉罐，照明用的玉烛台，熏香用的玉熏炉，其他还有玉烟壶、玉烟嘴、玉香囊等小类物品不一而足，其中玉熏是最能体现清代琢玉技术的日常用品。玉熏琢为镂空体，玉工们在此发挥了聪明巧思，善于将花草禽鸟等纹饰与器皿造型相结合，充分利用了镂空的技巧，将琢纹与技术的特点体现得淋漓尽致。如故宫博物馆收藏的一件白玉镂空牡丹花熏，顶盖镂雕有四朵盛开的牡丹花，器腹同样以六朵牡丹花及枝叶雕出，雕镂的空隙和繁复的纹样疏密相间而不杂乱，虚实相互映衬，花叶边缘造型流畅自然，再配以镂雕的牡丹花双耳，牡丹花朵的雍容华贵和造型的精巧优美相得益彰，通体雕镂和多层次的琢纹除理令人叹为观止。

文房玉制文具自宋代兴盛以来至清代达到了一个新的高峰，其数量之多，质量之精，种类之齐备均超过前代。除玉笔筒、玉笔架、玉洗、玉砚、玉印、玉镇之外，还有玉制象棋、围棋等。这一时期的玉制文具在实用的基础上更注重造型的欣赏性，因此，在笔筒、笔架上多以浮雕形式琢有山水景致、人物故事、植物花草等丰富的内容，雕镂的层次多而技法精湛。而玉笔洗更是在传统规整造型的基础上将宋元仿生花式造型推向了极致，不仅造型千姿百态而且内容更加宽泛。故宫收藏的此类玉洗中，就既有玛瑙梅花灵芝洗，玉葫芦洗，玉花瓣洗，又有玉海棠羊首洗，玉凤首洗和玉鱼螺荷叶洗等，由此可以看出清代的文房玉器已不单单作为实用器具使用，而是逐渐向文房清玩欣赏玉器转化，这一点是与前代同类玉器有很大区别的。

陈设玉器是清代非常重要的也是最富特色的玉器种类，其最为著名的当属玉山子和仿古陈设玉器。

玉山子的雏形无疑源自山水玉和玉图画，清代不仅将两者之长加以融合，而且体量上也日趋大型化。由于对绘画艺术的借鉴，在题材内容上也十分丰富，举凡山水景物、人物、典故都能浓缩在一个场景中加以表现。乾隆皇帝就曾亲自绘制审定画样并指示将多幅绘画作品琢制成玉山子，清宫中巨型的《大禹治水图》玉山子就是以皇宫所藏的同名绘画作品为蓝本而琢制成的。清代此类的玉山子著名的作品还有小型的《携琴访友图》、《观瀑图》、《鹤鹿同春图》，大型的《秋山行旅图》、《会昌九老图》、《南山积翠图》等。这些玉山子琢工技巧高超，材质多样，内容寓意涵盖面广，场面宏大，创造了一种新的玉器表现形式。

清代陈设玉器有玉瓶、花插、插屏、香炉，有辟邪、麒麟、人物、动物，还有各色悬钟、悬璧、斧、钺等等。其中重要的类型是各种仿古器皿造型。清代一朝尤其是雍正、乾隆时期，玉器仿古风靡一时，庄重而又古朴淳厚的商周、秦汉造型艺术颇受到宫廷与文人阶层的喜爱与欣赏。这一时期在居室中陈设仿古的玉器既能体现出居室环境的古色古香，高雅古朴，也成为文化修养地位的象征。清代仿古陈设玉制器皿以两种形式为主，一是较为严格地以商周青铜器为蓝本进行仿制，造型有尊、簋、鼎、觚、觥、壶等等，纹饰也仿琢兽面纹、云雷纹、卷云纹等古意浓厚的纹饰，以取其古雅之美。如故宫博物院收藏的玉兽面纹斜方式觚，玉仿古召夫鼎，玉兽面纹提梁卣，玉兽耳方壶等。二是在仿制古之造型的基础上融入新的时代审美喜好，或增加造型变化，或改琢纹饰。此种手法所琢制的陈设玉器皿在清代数量最多，常见的玉壶、玉瓶、玉花插等陈设器皿中都会或多或少地反映出仿古造型纹饰的影响，逐渐成为仿古玉器的主流。如故宫博物院收藏的借鉴古觚的造型所琢制的玉蟠龙出戟花插，借鉴古壶造型所琢制的玉镂雕梅花瓶，玉缠莲纹双耳瓶和玉象首足壶、玉鱼鸟纹壶等等。

装饰玉器是中国古代延续时间最长的玉器种类，清代传承了这一传统，虽然其影响力和地位在清代已不及实用器皿玉器、陈设玉器，但仍在皇室贵族尤其是广大民众的生活中占有一席之地。玉佩饰和首饰向来以其小巧美观佩戴方便为各阶层人们所喜爱，清代常见的佩饰有鸡心佩，子辰佩，月令花组佩，十二生肖佩，香囊，牌饰，人物、兽形坠，花果坠等等，首饰则以玉簪、手镯、戒指、手串、扳指最多，这些服饰、首饰装饰品既有传统的瑞兽动物，也有贴近人们现实生活的花叶草木、瓜果菜蔬，富有浓郁的生活气息。清代玉佩纹饰题材还喜附会一些吉祥含义，如白菜寓意"百财"，蝙蝠寓意"福"，竹子寓意"节节高升"，更有三把小戟象征"平升三级"，柿子和如意组合寓意"事事如意"，公鸡和牡丹组合寓意"功名富贵"等等，这些寓意虽多显牵强，却充分寄托了人们生活中的诸多美好愿望，体现了清代玉雕艺术的世俗化趣味。

清代各种佩饰、首饰小则小亦，但同样制作精巧细致，体现了高超的琢玉工艺水平。故宫博物院收藏的一对和田玉镯，白玉选料细润白洁，环形非常工整，内侧光滑，在外壁上分别琢一周云雷纹和花枝牡丹纹，用线平直转折规矩，一丝不苟，六组花枝牡丹纹则以细致入微的浅浮雕琢制，浮雕极薄而层次分明，盛开的牡丹造型起伏圆润，轮廓流畅，细腻不凡的琢制技艺呈现出雍容华贵的美感。另一件白玉镂雕双龙佩，采用大面积的镂空表现双龙穿插缠绕，细长流畅的龙身被琢制打磨得非常光滑，还琢有细密的斜绳纹，整件玉佩将高难度的镂空与细致的局部表现得完美无缺，加以琢制技艺精湛，独特的艺术造型异常精美。

装饰玉发展到清代已不仅局限于服饰、佩饰和首饰，还扩展到用玉材制品来装饰家居这一新领域。用玉材装饰家居主要是在木质家具的框架平板上以各色玉石拼接镶嵌出特定的题材内容，如山水景物图画、人物故事场景，增加家具的美感和贵重感。常见的是屏风、挂屏、插屏，如清故宫著名的雕漆嵌玉屏风宝座和沧浪亭图挂屏，均是根据题材内容的不同要求，分别把玉材琢成各色的花鸟、枝叶、山石纹样图案，然后加以拼接镶嵌在家具框架之中，组成一幅完整的精美画面。清代这些家具装饰用玉，通常借鉴绘画的构图及写生现实表现手法，场面大而色彩丰富，能够产生生动自然的艺术效果，正像沧浪亭图挂屏所显示的那样，不同层次的浮雕山石屹立错落，丛林层层叠叠，其间亭台楼阁掩映，意蕴深远设彩巧妙，山水江南景色尽收眼底，画面既清新典雅，又具有非常优异的装饰效果。

中国古代传统玉石雕刻艺术源远流长，经过无数代能工巧匠智慧的凝聚，技艺经验的传承总结，从一个时代跨越到另一个时代，在清代达到了一个新的顶峰。清康、乾至嘉庆时期，社会经济繁荣，国力强盛国家安定，因此玉石雕刻艺术无论是数量还是质量艺术水平都取得了巨大的成就。谈及清代玉石雕刻艺术我们主要是指这一时期前后近半个世纪的清代玉器，并以之为典型探究其具有的艺术特色与艺术风格。

第一、清代玉石雕刻善于继承吸收各时代传统玉石雕刻所积累的经验，并在此基础上不断创新，使传统玉石雕刻技术和玉器的精巧细致程度都达到前所未有的顶峰和极致。线刻和镂空是历史悠久的两种传统玉石雕刻方法，其中线刻在清代玉器中虽已不作为主要的艺术表现手法，但其运用之处很多，如仿古玉器的底纹和人物、花卉等纹饰的细部仍常用细致的阴刻线琢之，以达到突出丰富主体的作用。清代玉器上阴刻线的琢制极讲究精细，如器皿上常出现的云雷纹、勾连纹等，线如直尺细而工整，转折衔接紧密，绝看不到断刀、歧出的痕迹。镂雕技术更是在纯熟运用传统技法的基础上不断有所创新，不但手法多样，而且边缘琢磨精致，线条圆滑流畅，使纹样的立体感非常强烈，达到了新的境界。

清代有如此优异镂雕技法表现的优秀作品不胜枚举，如故宫博物院收藏的镂雕牡丹花熏，龙凤花插，镂雕梅花瓶，玛瑙活链瓶，镂雕山水人物香薰等等，其中的镂雕山水人物香薰，在中空的造型上一面镂雕人物、石岸、梅花、仙鹤，一面镂雕芦苇台榭，内容之间以细密的装饰性水波纹相连接，整体造型壁薄线细，玲珑剔透，比之明代的花上压花技术又胜一等，镂雕难度之大，设计之独具匠心，琢制之精巧细致堪称前所未有，对镂雕技艺的娴熟运用足以令人惊叹。

清代玉石雕刻的浮雕、圆雕技艺运用也非常圆熟，常常与线刻、镂雕等相结合来表现复杂的题材内容。其浮雕底子平整，圆弧起伏流利线条平滑，棱角分明。圆雕饱满造型写实自然，结构交代清楚。如故宫博物院收藏的一件和田玉桥形笔架，在一座横跨两岸的拱桥上及四周，不仅圆雕有桥上骑驴、推车的人物，桥下湍急的流水和渔船，还分别琢有桥墩、丛树，场景内容复杂而错落有致，人物五官立体感强，衣纹疏密适度粗细有变化，植物枝叶层次丰富生机勃勃，琢制镂空、圆雕、细部线刻都非常熟练精到，仿佛一幅生活气息浓郁的人物景物图画，无论是琢制技术和画面构图都是历代玉器之中不可多见，堪称一件玉雕杰作。（图5－6）

图5-6

清 和田玉桥形笔架

清代玉雕艺术在达到琢制细致完美程度的前提下，还逐渐向机巧方面发展，如一件玉连环镇纸，制作光洁，外周有变形兽纹并琢有诗文，开则为二，合则为一，其卯榫巧妙，组合平滑紧密，设计巧思实为少见。由此虽可从一个方面展现清代玉雕艺术的多姿多彩，但也同时表明，清代玉石雕刻艺术过多地浸淫于对琢制技术精巧细致，造型光洁顺滑的追求，或多或少地影响到其艺术性的提高，从清中期以后玉雕艺术水平的沉沦与下降即是与这一唯技术现象分不开的。

第二、清代玉石雕刻鼎盛时期，玉器琢制数量多，用材量大，宫廷玉器除了最常采用的和田白玉、碧玉、青玉、墨玉等，还引进了珊瑚、翡翠、水晶、绿松石、玛瑙等多种玉材，同样对这些五色斑斓的材质进行了深入细致的琢制，使得清代较中国历史上各个时代的玉器更加色彩纷呈丰美多姿。

珊瑚、水晶、玛瑙等都是中国传统的玉石品种，在清之前各代虽已有运用但数量较少，而至清代这一状况得到了较大的改观，不仅数量多，造型体积较大，且能够通过精心的琢制使不同材质的特殊美得以充分展露，如故宫博物院收藏的晶莹剔透的水晶活链花篮，水晶双鱼花插，水晶匜，水晶觥觥，碧玉松鼠葡萄佩，流光润泽的玛瑙三果花插，玛瑙龙凤瓶，玛瑙灵芝梅花洗，还有浓艳欲滴的红珊瑚，翠绿耀眼的绿松石制品等，第一次全面地体现了中国传统玉石材料的全貌和独特之美。

清代康乾时期，与周边国家和地区的外交、贸易通畅，不产于中国的玉材开始大量输入，最多的当属来自阿富汗的青金石和产于缅甸的翡翠。青金石材质深沉典雅，清之前以之制作的玉器极少，而清之后却频繁出现，且有大量的优异之作，如故宫博物院就收藏有青金石兽耳活环炉，青金石牧童骑牛，青金石观瀑图山子等等，这些青金石制作的玉器选料大而精，不仅琢制水平甚高而且极佳地体现出青金石特殊的材质美感。

翡翠虽不产于中国，却在清代兴盛起来。翡翠硬度大，色彩艳绿，华美而尊贵，自清代大量输入中国后得到了皇室贵族的喜爱，并成为清代玉器材料的流行时尚，特别是晚清慈禧，不仅生前对翡翠情有独钟，而且死后还将大量的精美翡翠玉器陪葬，其中既有硕大的翡翠西瓜，翡翠白菜，还有精巧的翡翠佛像等等，对翡翠的推崇可见一斑。清宫廷珍藏有大量的翡翠玉器，如翡翠丹凤花插，翡翠卧牛，翡翠兽面纹双耳炉，翡翠鹿鹤同寿和人物山水图山子等等，不仅造型大，而且选料考究，琢制美观，对翡翠材质的突出与表现达到了很高的水平。翡翠的地位在清代得到了极大的提高，不仅在当时已与和田玉等驾齐驱，而且其影响力还远远波及到当代，使之至今仍是大众最为喜爱的玉材种类之一。

第三、清代玉石雕刻艺术的兴盛与辉煌灿烂，还表现在由于经济生产力水平的大幅提高，玉材来源的充足，使这一时期玉雕向大型化发展，不仅大量琢制各种较大的实用器皿、装饰玉器，而且还可以琢制诸如《大禹治水图》玉山子这样体积特别巨大的陈设玉雕作品，开创了中国玉石雕刻艺术史上的新篇章。

清代玉雕技艺集各代之大成，玉石材料既丰富多样又可开采整块的山料，

技术与物质的雄厚储备使制作大型的玉器成
为可能。清代体量大的玉器首推玉山子，其
一般多是用整块的玉料因材施艺琢成，因为
丰富的题材场面内容需要，小的玉山子体量
也在 20~30 厘米见方，如清宫珍藏的著名
的《桐荫仕女图》山子，长 25 厘米，高十
五厘米，翡翠材质的《鹤鹿同春》山子，高
29 厘米，宽 57.8 厘米，这样体量的玉器便
于置于室内桌几、多宝格内以取得优异的装
饰效果。而大的则以《大禹治水图》山子，
《秋山行旅图》山子，《会昌九老图》山子
等这样的巨型玉山子为代表。《秋山行旅图》
和《大禹治水图》玉山子原均置于清宫乐寿
堂，前者高 130 厘米，宽 70 厘米，后者则
更是高达两米零 24 厘米，宽 96 厘米，约 1
吨多重。清代的琢玉能工巧匠利用原料的庞
大气势和玉材自然原始形态，琢制了复杂的

图5-7
清《大禹治水图》
玉山子

山水植被和动作造型各异的人物形象，其宏大的场面和琢制的精工冠于一世，
这些巨大的玉山子均是当时倾国家之力用最优秀的玉工进行制作的，据清宫史
料记载仅《大禹治水图》这件以产自叶尔羌的大型玉料所琢制的山子，从运
输玉料到琢制成功就用了近十年的时间，期间耗费的人力物力可想而知。这些
大型的玉山子无疑从一个侧面反映了清代琢玉技术状况。(图 5-7)

　　清代玉器材料的充沛使之可以更充分的表现各种设计造型，实用玉器、仿
古陈设玉器也普遍体量上较之前各代硕大。中国古代传统上由于玉材的稀缺和
珍贵，往往都有因材而异制作小件玉器的特点，而清代玉器尤其是清宫制作的
玉器往往可以选择整块珍贵的玉材来琢制各异的造型，因此清宫的玉壶、玉瓶
等等大都较高大而不惜材料，如其中一件和田玉鱼鸟纹壶高达近 50 厘米。清
代这些不惜工本制作的各种玉器，不仅是国力强盛的象征，也是我国玉石雕刻
达到顶峰的一个重要标志。

　　第四、清代的仿古玉器发达，形成了一个独具特色的玉器门类。明代兴起
的古籍古物考据学发展到清代更加兴盛，继之而起的追古、摹古、仿古也在玉
器制作中形成了滥觞。随着清代乾隆帝不遗余力的搜集古玉和对古玉仿制的关
注，以崇尚古玉的古雅为风尚的社会风气盛极一时。清代古玉的仿制对象极

多，举凡商周、秦汉、唐宋玉器都在其之列，但最有成就的是对商周青铜器造型的仿制，其特色是运用娴熟的技巧，仿中有变化，仿中有新的创意，仿中融合了时代审美趣味。如故宫博物院收藏的水晶觥和玉凤饰龙柄觥，基本造型都似觥形，但前者分两段拉长了造型，通体光素只在盖顶琢有简洁的翻卷云纹，整体显得挺秀光洁，而后者则在觥体下端琢圆雕凤鸟首，将觥体与展翅的凤鸟身躯融为一体，柄部又琢流云飞龙，虽是源自古彝器但风格却迥然而异，有清代造型的鲜明特征，堪称时代审美风尚与古代艺术造型完美结合的典范。

清代仿古不但造型变化丰富，其纹饰也多不拘泥于古纹，而有清新华丽的时代风貌。如故宫博物院收藏的玉仿古召夫鼎和玉古松纹如意耳活环瓶，两件器内均琢有"乾隆仿古"字样。仿古召夫鼎上四面琢有兽面纹、云雷纹，四足上琢有变形蝉纹，但纹饰简括，粗犷而不似商周纹样的细腻起伏变化丰富，降低了原纹的神秘庄重气息而更有轻松雅致的装饰趣味。后者的造型脱胎于青铜壶，但纹饰却采用了充满世俗风味的山石、灵芝、古松图案，古今结合典雅清新，代表了清代仿古玉器的另类风格。

清代的仿古玉器由于多为宫廷皇室所拥有，因此在制作上精益求精，造型方正规整，纹饰流畅光滑而无瑕疵，每一件都倾注了制作者的智慧与高超技艺，更为可贵的是以玉材制作较大型的实用、陈设玉器，扩展了玉器制作的范围，体现了玉材的丰富艺术美学价值，为我国传统玉石雕刻艺术的发展进行了可贵的探索与创新。

第五、清代玉石雕刻艺术还在发展过程中多方面吸收外来艺术和我国其他传统艺术的优点，并在借鉴中融会贯通，创作出了风格清新的玉器造型，丰富了玉雕的艺术表现力。

中国传统绘画、雕塑、工艺美术等等都在各个时期根据各自使用的材料、运用的艺术手法呈现出多姿多彩、琳琅满目的艺术特色，这些有益的艺术营养在清代被玉雕艺术广为吸收，开拓了玉器制作的视野。清代流派纷呈、技法成熟的中国传统山水画、人物画为清代玉雕提供了新题材内容，促成了玉山子、插屏、挂屏等新的玉雕艺术表现形式的出现。大型的《大禹治水图》、《会昌九老图》、《秋山行旅图》，小型的《桐荫仕女图》，还有各种挂屏、插屏描绘的山石水景、庭院建筑、人物花卉禽鸟，生动自然、意趣横生，无疑受到了绘画艺术的深刻影响。

中国各种工艺美术如瓷器、漆器、石木雕刻等都在各自的艺术范围内形成鲜明独特的技艺和风格。清代玉雕艺术对这些传统工艺美术技法、造型、纹饰的吸收借鉴也是显而易见的。如玉雕的文房用具笔筒，实用器皿中的透雕花

中国古代玉石雕刻艺术

熏，各种几何造型的八棱盒、寿春宝盒、壶、盘等，都可见到竹雕、木雕、雕漆的风格特点。

清代玉器不仅对民族传统艺术的各家之长加以推陈出新，还对外来的各种艺术形式取其精华，将之加以吸收运用到玉石雕刻艺术之上。

清代与周边国家的友好往来频繁，北京、扬州、苏州、杭州、泉州等城市不仅聚集了众多来自东南亚、西亚、蒙古、印度等地区的商人、手工业者，同时聚集了大量这些地区生产的各色商品，成为国外商品的著名集散地，其中就有充满异国风味的珠宝玉器，特别是多用纯色玉质琢制，追求纯净之美的伊斯兰风格的痕都斯坦玉器，深受宫廷的喜爱，乾隆皇帝赞其"工省而玉精，尤内地所不及也"，更作御制诗曰"痕都水磨工，精巧信难穷"、"细入毛发理，深无斧凿痕"。痕都斯坦为古地名，在今印度北部、巴基斯坦一代，18世纪下半叶统治此地区的莫卧儿王朝开始大量根据伊斯兰民俗喜好琢制玉制器皿，其器体薄几乎透明，一器一色，且器身多以金银丝镶嵌红绿宝石，耀眼夺目，华美富丽。清代皇帝对此种风格的玉器表示出的特别喜爱促使宫廷玉作和各地玉作坊开始大量加以模仿，当时称作"西番作"，如故宫博物院收藏的一件白玉错金嵌红宝石玉碗，玉质白洁如凝脂，毫无杂质，敞口花瓣足，琢有精巧的桃形双耳，器身上吸收外来的风格以金片镶嵌为花枝叶，同时点缀了一百零八粒色泽鲜艳的红宝石，风格纯净清新，堪称吸收外域文化中西艺术交流的代表之作。

源远流长历史久远的中国古代玉石雕刻艺术许多方面在清代都取得了突出的成就，艺术上仍然延续宋明以来的世俗化风格，并且随着封建社会经济的发展达到顶峰，一些世俗的吉祥寓意趣味对玉雕施加了强有力的影响，因此，不仅清代创造了类似玉山子这样鸿篇巨制的大型新型陈设玉器，还广泛吸收各时期、各种类传统艺术的优良传统，使玉雕技术融会贯通，技艺之高冠于各代。

清代运用多种丰富的传统玉材，制作的玉器无论琢制的造型，还是纹饰都最大限度地体现了玉材之美，精巧细致、工整流畅几乎完美，但却日益沉湎于精工细作，专注于技法的精熟，以迎合某些庸俗化了的审美思想，精细过分而失却古朴，流畅有加而厚重大气锐减，因而，显得匠气而有失艺术品位的提高。但是总体来看，玉石雕刻作为自我国远古时期就已出现的艺术形式，虽然在发展过程中经过起伏波折，但仍然具有旺盛的生命力，并与中华民族的兴衰息息相关，到清代更是集各代艺术之大成，谱写了辉煌灿烂、流光溢彩的一页，其对玉石雕刻艺术所做的贡献也是足可称道的，其众多的艺术作品在我国玉雕史上堪称无可比拟的杰作，为我们留下了一笔宝贵的艺术财富。

六、中国古代玉石雕刻艺术制作特色

1. 中国传统玉石雕刻独特的制作方法

玉是一种十分奇特的矿物质，质地温润，色彩美丽，纹理细腻，而且硬度高具有很强的韧性。现代科学测定显示，我们传统意义上的玉，包括玛瑙、水晶、绿松石、琥珀等，其硬度普遍达到了 4～6，而含有透闪石—阳起石成分的和田玉，硬度更是达到了 6～6.5 左右，硬度最大的翡翠甚至达到 7，这就意味着对这样硬度的材料进行再加工需要一定的技术和设备能力。笔者曾在美院教授石刻技法课程，带领学生进行石材雕刻的创作与制作。一次上课期间，一名学生从西安南郊终南山某峪口河滩中寻回一块色彩白绿相间篮球大小的石头，准备创作草图设计完成后即开始着手进行雕刻，但在接下来的制作过程中却出现了问题，用电动设备在这块石头上经过反复切割，费了很大的力气，虽然用去了三四片钢制的切割片，却只能在石块上划出几毫米深的浅槽，令学生手足无措，雕刻进度也受到影响。经过笔者仔细观察确认，原来这并不是一块普通的石头，而是一块表面被石皮包裹，内里却是白绿相间含蛇纹石、大理岩成分的玉石，这块不知何年何月山中矿脉崩落被山洪冲刷进河床的玉石，虽然给课堂带来了意外的惊喜，但最终由于教学上并不具备开剖制作玉石的机械，因此而不得不将之放弃了。据推测这块玉材可能与地处不远的蓝田玉同属一个矿脉，是在同样的地质条件下形成的，如果真如此，其硬度应与蓝田玉相似，硬度在 5 左右，在玉石品种中并不是硬度最大的，由此可见即使是这样的硬度在当今对其进行雕刻制作也是需要具备条件和有相当的难度。

然而，考古发掘出土和传世的大量我国古代玉石雕刻不断表明，我们的原始人类祖先不仅自新石器时代起就已熟练掌握了制作玉器的技术，而且经过数千年不断继承改进，其制作水平和艺术水平都达到了相当高的程度。距我们时代最近的清代康乾时期制作的《大禹治水图》玉山子，用一整块重达数吨的玉材雕刻了造型生动的上百人物和复杂的山石、林木、车马；薄胎实用玉器，玉壁薄而晶莹剔透，光彩照人；而宋明时期的多层镂空玉雕佩饰，以精巧卓越的花下压花技艺表现了繁复的纹样和复杂的造型，汉代以减地隐起雕制的浮雕造型流畅圆润，玉衣则动则用玉以数千计，每块玉衣片磨制光润规则轻薄，需要耗费大量的人力物力财力。两汉以前的玉雕同样不逊于任何一个时代，且时有令人惊叹不已的玉雕制作出现，考古工作者曾在浙江绍兴一座战国时期的墓葬中发现数枚玛瑙管，管长在 4 ~ 12 厘米，直径不足 1 厘米，中间均钻有长孔，其中一件直径仅有 0.3 厘米的玛瑙管却钻有孔径略大于 0.1 厘米的钻孔，在如此硬度的玛瑙材料上琢制微孔，其技术实在是令人匪夷所思。令人称奇的还不止这些，琢制于四五千年前新石器时代龙山文化、红山文化、良渚文化时期的玉斧、玉钺、玉饰造型平整规范，表面光滑，良渚文化玉饰有在很小面积的浅浮雕上细密的刻线，甚至需要用放大镜才能观察清楚，这些细致入微的线条当代也只能用合金钢工具才能刻画出来。而凌家滩文化遗址发现的一件玉坠，高 1.3 厘米，壁厚却只有 0.09 厘米，其壁之薄超过琢玉技术先进的明清时期制作的玉器，显示了原始人类在玉雕技术上所取得的成就。

所有这些精美的玉雕，都是在科技水平物质水平尚不发达的历史时期制作的，尤其是在新石器时期，那时既无铜器也无铁器，更没有电、气的机械设备可用，制作玉石雕刻其难度可想而知。那么在远古原始时期我们的祖先究竟是运用了什么样的特殊方法，借助什么样的力量，花费了什么样的毅力才琢动玉石，并制作出大量精彩奇异令世人震惊和赞叹的玉石雕刻的呢？

远古时代，原始人类面对的是十分险恶的生存环境，为了改变自身的不利处境，迫使他们寻找利用周围的一切来改变生活的状态已使自己生存下去，旧石器时期原始人类发现了岩石的坚硬，并已将岩石块打制成简单的工具，但此时也只是通过不同硬度的石块相互撞击而打出锋利的石刃，用来砍伐树木、剥取兽皮。随着人们对工具的要求进一步提高，不仅要提高使用的效率，而且也要合手美观，但是要达到这一要求，可以随心所欲地改变石块的形状，就要寻找比岩石硬度更大的物质才能奏效。经过数十万年的漫长岁月，经验的丰富和总结，使他们逐渐知道了石材有着各自不同的硬度，并可以通过不同硬度石材之间的碾磨制作出自己想要的更好的各种工具，甚至是多样的造型，并由此进入了以磨制石器为特征的新石器时代。可以说，在那个生产力水平极其低下的时期，磨制是原始古人最有效能够利用来克服石材硬度制作石器的方法。

磨制石器时代的到来，使人类社会的文明向前迈进了一大步，使原始人类对各种石材的硬度等特征有了更加全面的认识，玉石正是在这个反复磨制制作石器的过程中被人们所发现。这些比一般石材美丽细腻但具有更高硬度的玉石，制作起来难度大，需要花费更多的时间和具备更高的技术，但我们的远古祖先仍然以坚韧不拔的毅力，找到了制作玉石的技巧与方法，那就是利用高硬度的材料通过不停地磨制而最终制成一件玉石制品。可以说磨制促成了玉石的发现，反过来也使磨制成为玉石雕刻制作的最行之有效的方法。

当代科学的考古发掘资料也表明，原始人类制作的无数精美的玉石雕刻是通过人工磨制加工完成的。1996～1997年，浙江省考古所对良渚文化时期的塘山遗址进行了多次的发掘，在遗址中发现了一处良渚文化的制玉作坊，400多件玉石器，既有大小、形状不同的玉胚料、玉残料、带玉皮的原生玉料，还有大量的制玉石质工具，其中作为工具使用的有300多件，包括砺石、切磋用石和雕刻用石。砺石有大的粗沙岩制和小的细沙岩制之分，切磋用石则是凝灰岩质，大都扁薄细小，形状有箭头形、片形、条形等，在一些大而粗的砂石质砺石上可以十分清晰地观察到深深的磨痕凹槽。被制成棒状、球状、条状便于握在手中的细砂石质的砺石和凝灰岩质的切磋石也表面特别光滑，显然是经过反复的推磨而形成的。在遗址中发现的棱角分明的雕刻用石，则石质为硬度超过7度的黑石英石，比其玉料的硬度大，可以用来在玉石上进行精细的刻画。至于原始古人如何将大块的玉料进行分解开剖成片状、块状，在良渚遗址中也有所发现。如塘山遗址的玉料上有以柔性的细绳、竹片等来回拉磨而形成的弧形切割痕，而考古工作者在一些良渚古墓葬中也曾发现有玉璧上铺着细沙粒，这些沙粒后来被证实检验主要是由含有高硬度的石英所组成，完全可以被用来磨制玉石材料，① 除此之外，考古工作者还在良渚很多文化遗址中发现了与绳、竹片切割所形成的不同的切割痕，前者弧线不规整，往往两端弧度大，中间较直，线痕的作用力方向是指向圆心的，而后者则留下直径相同的圆弧痕，是明显的砣切割痕迹，说明至少在良渚文化时期古人已经开始用类似砣机的工具琢玉了。② 因此，我们可以由存留的实物和通过种种迹象推断出古人正是利用这些细绳、竹片，或是原始的砣具再结合坚硬的石英砂和水经过不停地来回反复摩擦来进行切割玉料的这一简单的事实。

坚硬的玉石，原来竟是被古人用硬石和解玉砂通过单纯的磨制手法琢制成玉石雕刻制品，这的确使人大为惊叹。通过考古发掘实物的进一步丰富并结合当代玉器制作的方法，我们可以合理地分析推想出原始人类磨制玉器完整的基

---

① 《中国古玉文化》。
② 牟永杭《良渚玉器三题》，《文物》1989 年 05 期。

本的过程：首先，根据造型的需要从大块玉料上切剖出大小合适的小块料或片料以备用。做法是使用原始的砣轮或者用韧性好的细麻绳、竹片、竹条置于切割的位置来回反复的拉磨、转磨，并同时在切割的地方添加水和硬度大于玉料的细沙，如石英砂、石榴石砂等，使砣轮、绳和竹片竹条不断地将这些细沙带入割槽，通过持续不断的拉磨，最终将玉石解剖下来。第二步，将解剖开来的小块玉料根据预想进行深入的造型琢制，方法同样是用硬石加解玉砂磨制。先用粗大的石块加解玉砂磨制大型，然后用小块、质细而坚的砺石反复修整使之更加完善，使造型平整转折圆润，直到造型达到要求为止。而后再进一步琢磨边角细部，最后用硬度更大的石材刻画精细的纹样。通过这几个步骤，一件玉器的整体造型已经基本得以制作完成了。第三步，将基本完成的玉器进行更进一步的打磨，用更细的磨石磨掉前边工序过程中所出现的打磨痕迹，最后用竹木、草茎或兽皮进行表面的抛光，其目的是使玉器的表面光亮无毛刺，以期更充分地展现出玉石材质的细腻质地和美丽光泽，最终完成一件精美玉器的全部制作过程。

磨制完全是借助于自然的沙石、竹木，凭着古人坚韧不拔的毅力和无限的聪明才智，靠人力加工的技艺。自新石器时代原始人类开始磨制玉器以来，这一特殊的玉石制作方法被传承延续了数千年之久，我们的祖先正是利用这一方法制作了无数的精美玉器，创造了辉煌灿烂的中国玉石文化和大量玉石雕刻艺术品。随着中华文明进入奴隶社会、封建社会，时代的进步与发展，生产力水平的提高，磨制琢玉的技术在原始初级的基础上得到了不断的改进与完善，但关于其专门的记载却寥寥无几，只有人们口口相传的古语如"玉不琢，不成器"，"玉虽有美质，在于石间，不值良工琢磨，与瓦砾不别"，或在一些史籍文献中被模糊侧面地提到，如"他山之石，可以为错"、"他山之石，可以攻玉"，① "有非君子，如切如磋，如琢如磨"。② 直到距今四百多年前的明代宋应星《天工开物》中才有了较为明确的阐述。此书对砣具、解玉砂，玉石的采取、品种、产地来源等作了一些介绍，并配有制玉图，尽管仍显得较为粗略，但却为我们探知玉器的特殊制作方法提供了有益的资料。

首先使我们了解了琢玉的重要工具设备——砣轮与砣机。砣轮在前述中讲到，新石器时代的良渚文化时期已经出现，是磨制玉石的主要工具。经过了原始石制砣轮，商周青铜制砣轮，一直到春秋晚期以后铁制砣轮出现。根据

---

① 《诗经·小雅·鹤鸣》。
② 《诗经·卫风·淇奥》。

《天工开物》记载，铁制砣轮在明代已经开始普遍得到使用。砣机则是将砣轮加以固定，用外力使之转动，加速磨制工作效率的琢玉设备。据零星的史料，汉魏时期曾出现了一人掌玉琢玉，一人转动砣机的二人合作砣机模式。南北朝以后则出现了以木结构固定铁砣而成的砣机，只需一人操作即可完成一般玉器的制作，即所谓"水凳"。《天工开物》载："凡玉初剖时，冶铁为圆盘，以盆水盛沙，足踏圆盘使转，添沙剖玉，逐忽划断"正是这种操作十分方便的琢玉砣机。砣机的出现不仅解放了生产力，提高了琢玉的效率，而且大大改善了琢制玉器的质量，是琢玉技术的巨大进步。

其次，使我们了解了琢玉时使用的重要材料—解玉砂。《天工开物》记载："中国解玉砂，出顺天玉田与真定邢台两邑"，又说："其砂非出河中，有泉流出，精粹如面，籍以攻玉，永无耗折"，说明解玉砂的出处和独具的特性。《天工开物》没有进一步详细描述解玉砂的情况，实际上，解玉砂的出产地还有很多，如河北的灵寿、平山，山西的祁县等地，其材质和硬度也有所区别，如石英砂、石榴石砂、金刚砂等，其中后两种硬度分别达到 7.9，可以根据琢玉的具体进度情况分别加以使用。解玉砂虽然在自然界中分布广，但也需要丰富的经验进行寻找，并加工处理成极细的面糊状才便于使用。但无论如何，没有解玉砂琢玉工作是不能完成的，其是琢玉过程中不可或缺的材料。

参看《天工开物》的记载和关于琢玉的配图，我们还可知利用砣机制做玉器时的工作状况：人坐在木凳上，双脚上下不断踩动以皮带连接木轴的踏

图6-1

《天工开物》琢玉图

板，轴头安装铁制的砣机，随着踏板的上下运动带动了砣轮不停来回快速旋

转，玉工左手持玉器，将所要切磨的部位对准旋转着的砣轮边缘，同时右手将配合好的解玉砂添加在砣轮上，从而使砣轮带着解玉砂通过玉料，便可进行琢磨了。需要指出的是，由于解玉砂配合水而成砂浆，并且硬度大，可以反复使用，所以传统的砣机还配有防止砂浆飞溅的罩子和脚下接取解玉砂的水槽。（图6－1）

这一套琢玉设备和制作工序可以说是无数代的琢玉工匠经验智慧的结晶，也由此，我国传统上玉石雕刻称琢玉或称冶玉、碾玉。以磨制为特征的中国古代玉石雕刻技艺直到半个世纪前仍被广泛的使用，无论是清代玉山子这样大的玉件，还是铜铁金属出现以后完备的琢玉砣机，都只不过是在磨制的基础上进行大量的人力投入和设备改良而已。时至当代，我们虽然已经使用了机械化程度很高的电机设备，使用了合金钢制作的砣具，解玉砂也有了人工合成的硬度更大的碳化硅、碳化硼和钻石粉，但使用的基本方法还是以磨制为主。可以说，通过磨制技术的不断提高，不仅使我们发现了玉的细润美质，使玉焕发出美丽的光彩，解决了以坚硬的玉石为材料的雕刻问题，也为中国传统雕刻艺术增加了新的雕刻方法。尤为重要的是磨制这一特殊制作手段也促成了中国玉石雕刻艺术风格的形成与发展。

2. 中国古代玉石雕刻的传统技法种类与运用

磨制是玉石雕刻的最基本手段，一般的磨制只能制作出较为简单的形体，正如新石器早期，原始人类最初掌握磨制技术，仅仅是将毛糙的石块磨出一个面或几个面，至多也只能磨出简单造型的石器。但随着时代的发展，石器的磨制技术越来越娴熟，对磨制石器制品的质量要求也越来越高，尤其是随着玉石之美逐渐受到古人的喜爱，他们开始不断尝试探索变换各种不同的磨制方法，以使最大限度地以雕刻的形式表现出玉的美质。

如果要制作单纯的造型，就像原始人类制作的石斧、石锛、石球等，用一般普通的磨制方法就可完成，但要用石材，尤其是玉材制作具有美的形式的复杂造型，却必须掌握特殊的技法才能完成，正如雕塑艺术有雕塑技法，绘画艺术有绘画技法，玉石雕刻也有其特殊的制作技法方式。

玉石琢制技法的形成是伴随着不断磨制石器而逐渐完备提高的，古人首先由磨制平面、直线、几何形发展到制作曲线、圆弧面的造型，而后又通过刻线、钻孔，丰富造型的空间与美感，逐渐由简单到复杂，总结出一套行之有效的玉石琢制技法。

综合玉石雕刻的制作过程和玉雕作品，中国古代玉石雕刻的基本技法主要有以下几种，即：钻孔，刻线，镂空，减底隐起，掏膛及抛光。

钻孔 早在距今一万七千年前的新石器时代初期，山顶洞人制作的一些磨制石器，如石球、小砾石、兽牙等，已经零星出现了钻孔。而在距今六千年前的仰韶文化半坡等遗址，石器钻孔已相当普遍。原始人类最初在石器上钻孔其目的其实非常简单，只是为了便于将磨制好的石器固定于木柄之上。随着古人大量以玉材制作精美的装饰品用于美化生活，无论是玉斧、玉锛，还是玉珠、玉牌饰等其上基本都钻有孔，玉器上钻孔成为这一时期最常用的玉石雕刻技术。

新石器时期古人在石器上所钻的孔是以磨制的方法来完成的，他们使用木、竹等作为钻杆在固定的一点上来回研磨，同时在钻头处填入水和坚硬的细砂，通过长时间的旋转，即可在石器上钻出孔来。从红山文化、良渚文化、龙山文化玉器上的痕迹来看，钻孔同样是以磨制的方法制作，出土的红山文化、良渚文化等精美的玉器表明，新石器晚期原始人类不仅已经完全熟练地掌握了在玉石上钻孔的方法，而且在打孔方式、工具技术上不断加以丰富完善，取得了巨大的进步。首先，解决了钻孔的技术问题。在生产力水平低下

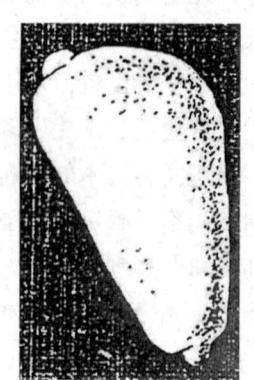

图6-2
石钻 安徽巢湖凌家
滩文化遗址出土

的远古时期，钻孔这项看似简单的制作，实则需要具备一定的技术知识才能完成，最重要的就是要使所钻出的孔上下端直就必须保证钻具的垂直与稳定，否则就会在钻孔过程中出现偏钻而影响钻孔的美观和质量。考古工作者在距今五千多年前的安徽巢湖凌家滩文化遗址中发现的一枚新石器时代的石钻使我们了解了古人钻孔的一些技术情况。这件石钻整体为梯形偏心体，上下两端为螺纹状钻头，以这种特殊形状的钻具进行钻孔就可以利用偏心原理使钻头保持旋转时的稳定而不偏离中心，从而制作出端直顺畅的钻孔。偏心原理的运用体现了原始人类在玉石制作上的聪明和智慧。（图6-2）其次，随着钻孔技术的提高，原始人类的钻孔工具也得到了改进。显著之处就是使用了空心钻和实心钻。实心钻即以竹木石等为钻具，将所钻孔洞部位的玉料完全磨掉，这是古人最早使用的钻孔钻具，其特点是钻具钻孔的同时自身也被不断的磨损，所以形成的钻孔往往呈喇叭口状。早期文化遗址出土的玉器钻孔多有这种特点。实心钻的优点是简单易行，但如果钻取如玉璧、玉琮上的钻孔，不仅钻孔不均匀也

会浪费大量的玉料，因此，新石器晚期的良渚、龙山文化玉器开始大量使用空心钻来完成钻孔，即以呈筒状的钻具配合解玉砂钻孔，其钻出的孔平直，钻取的玉料仍可作为制作其他玉器的材料。其三，原始人类解决了钻孔的工具及技术问题，钻孔的方式也变得丰富多彩，形式多样。仅从这一时期红山、良渚、龙山等文化玉器上就可以观察到多种钻孔形式，如常见的单孔，还有蜂腰孔、象鼻孔等。单孔即上下垂直贯通的孔，是钻孔的基本形式。在玉器制作大量出现的良渚、红山等文化时期，已不仅能在片状的玉璧上打孔，而且能熟练的钻出象玉琮、玉管那样又直又细的单孔，其钻孔技术是非常令人惊叹的。蜂腰孔即两端大中间细的钻孔，这是两端对钻的结果，形似蜂腰，而象鼻孔则是在平面上两端斜向对钻在中间贯通，孔多在玉器的背面，不影响正面的雕饰，形似象鼻，或有称牛鼻孔的。汉代还在玉翁仲等小型玉饰上出现一种"人"字形穿孔，一孔垂直，两孔从两边对钻，三孔中间贯通，可见钻孔形式的丰富。

　　钻孔经历了由粗糙到精致，由简陋到美观的一个改进过程。在铜铁等金属材料还未使用的原始时期，古人主要用石木竹等作钻孔工具，因此所钻之孔往往较为粗糙不甚规整，如红山、良渚等文化玉器上的钻孔，有的呈喇叭状，这是钻孔时钻具与玉器同时被解玉砂磨损的结果，有的钻孔不直口径不圆，或孔中间有错台，这是从双面对钻孔时由于对位不准而出现的现象，有的由于一次钻孔不成功而多次重复钻孔也会形成钻孔的不规范。商周以后青铜工具开始大量使用，从这时期起玉器的钻孔技术，有了很大的提高，孔径误差小而壁直，形状工整美观，特别是战国、两汉，比铜硬度大而耐磨的铁制工具的出现，使玉器钻孔越来越方便，钻的孔越来越孔圆而直，即使钻又长又直的孔也美观标准。

　　春秋战国以后，在我国各时代玉石雕刻发展中，玉器上钻孔可说是无处不在。原始人类早期在玉器（石器）上钻孔，其最初的目的虽然说是以穿系、悬挂为主，但是由于各种技术工艺水平的限制，却是原始时期玉器主要的重要的雕刻技法，无论是琮、璧，还是玦、管，诸多玉器造型形式都是以钻孔为依托发展形成的。后代蓬勃发展的玉雕工艺很多也是以钻孔为基础而进行制作，如掏膛、镂空等，尤其是玉雕艺术中不可或缺大量使用的镂空雕刻技法，更是以钻孔为雏形转化而来，因此，简单的钻孔技法从一定角度上说对中国玉雕艺术的形成产生了深远的影响作用，其意义非常重大。

　　刻线　早在我国新石器时代母系氏族社会繁荣发展的仰韶、马家窑文化时期，原始人类就开始大量描绘各种具有装饰意味的纹样来美化烧制的陶器，通过纹样装饰使造型更加美观。同样，随着玉器磨制技术的熟练和制作数量的增多，为了丰富和美化造型或为了表达某种特定的含义，在玉器上刻线的技法逐渐成为玉雕的重要艺术化表现形式。

刻线与钻孔均可称为最古老的玉雕技法。在距今五千多年前的新石器晚期，刻线的技法大量运用。红山、良渚、龙山等文化玉器上都有或多或少，或繁或简的刻线纹饰。但是，由材质硬度所决定，在玉石上刻画预先设计好的装饰纹样，其难度要远远大于钻孔和大面积的磨制造型，然而，以具有代表性的良渚文化玉琮、玉三叉型器、玉冠状器等等玉器为例，其上往往都以刻线的方法刻画了细致丰富的兽面纹装饰纹样，甚至在只有一厘米见方的面积上其刻线也工整流畅，清晰可辨，刻线技法的运用达到了很高的水平。

原始时期玉器上刻线精细完美，有些即使以当代机械设备制作也属高难度，其制作方法有人推测是用高硬度的鲨鱼牙来刻画的。但浙江良渚文化塘山遗址出土的大量制玉工具表明，在新石器中期以前，玉石上的刻线主要是用比玉更坚硬的原始石制工具来完成，如硬度达到7以上的黑石英等就常被用来进行玉器纹饰刻画。由于使用原始石制工具人工在坚硬的玉石上刻画，因此，这一时期的刻画线由多个断续的线条连接而成，可以看到很清晰的接续痕迹，虽刻画小面积的纹饰能取得很好的效果，但却不易完成面积较大的纹样，在一定程度上限制了刻线技法的进一步发展。

随着生产力水平的提高，进入奴隶社会的商周时期，用砣机刻线取代了手工刻线，使刻线技法的运用取得了飞跃。这一时期出现了特点鲜明的"勾撤法"和"双勾阴线"两种雕刻技法，实际上都是在刻线技法基础上发展而来。"勾撤法"即将刻线的一侧进行斜磨，通过扩展线条的宽度达到纹样造型的目

图6-3

的，这种方法在西周时期玉器上更发展为俗称"一面坡"的玉雕技法，可以

更好地表现纹样的转折和体积感。"双勾阴线"技法在商早期已大量使用，即以砣具在玉器上刻画出两条相平行的阴线，中间的部分又形成突起的阳线，阴阳线形成对比，使线的表现力更加丰富。这两种由早期刻线演化而来的玉雕技法是商周时期玉器上主要的艺术表现手法，可以毫不夸张地说，刻线技法的运用构成了商周玉器雕饰艺术的基本风貌和独特的艺术风格。(图6-3)

　　春秋战国以后，刻线虽然不再作为主要的玉雕艺术表现手法，但由于铁制琢玉工具的使用，在技法上仍取得了重大的突破。首先，春秋时期出现了细如发丝，刻线婉转流动，疏密均匀的游丝阴刻线，以这种刻线刻制的勾连纹、云雷纹、夔龙纹既细若秋毫，又纹样准确，刚劲有力，表现出了线条的艺术魅力，为玉器的雕饰增添了多姿的色彩。其次，汉代著名的"汉八刀"技法的出现也对刻线技法的发展做出了突出的贡献。"汉八刀"是比商周"一面坡"更为犀利的刻线琢法，其一面直立如壁，一面斜如刀削，线条简洁刚健，看似大刀阔斧，实则精准到位，将刻线技法引入一个新的艺术境界，为刻线技法的运用发展展现了新的天地，对刻线的运用可谓生动独到。(图6-4)

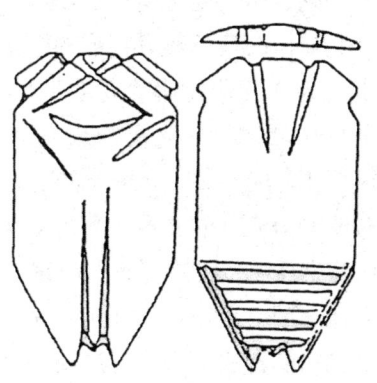

图6-4

"汉八刀"琢制的玉蝉

　　唐宋以后各历史时期，刻线技法的运用同样时有出新，典型的如唐代以粗阴刻线勾勒图案边廓，而以细刻线装饰细节的刻线技法运用，以小型圆砣勾出的短直细密、整齐的阴线很好地表现了雕饰的阴阳主次，衣纹的转折疏密，具有强烈的立体感和整体效果，刻线运用直白自然，体现了刻线的活泼生动性。

　　自唐宋以降，随着治玉技术的提高和砣机工具的完备，刻线向更细致，更流畅的方面发展。明清时期数千年经验的积累，治玉设备已经非常便利完备，完全可以自如的以砣机磨制出连续不断的刻线线条，刻线不仅可以做到纤细而长，转折弧线顺畅自然，而且毫无断续琢痕，刻线运用非常娴熟，将刻线玉雕技法发挥到了极致，达到了其艺术表现的顶峰。

刻线技法的形成和发展，大大丰富了玉雕的艺术表现力，如果说钻孔在某方面还具有很强的实用色彩，那么刻线却是真正的玉雕艺术表现的开端，它在我国各个时代玉器雕饰上发挥了重要的作用。

镂空 镂空即利用工具磨透玉材从而以形成不同变化的空间、边缘轮廓进行造型的玉雕技法。镂空的技法历史也很悠久，原始时期的红山文化勾云形器，良渚文化的玉璜、玉冠状饰等都已运用到了镂空的技法，虽然由于当时工具的制约，这些技法表现得稍显简单，但已具备了镂空技法造型的初步形态。

商周以后伴随着琢玉工具的进步，镂空开始成为玉雕艺术的主要雕刻技法。

商周时代的镂空主要体现运用在板片状的玉饰上，通过镂空无论是侧面还是正面的龙凤、人物形象都能准确清晰地显示出来，而且造型轮廓转折自如。自春秋战国到两汉，这一时期各种玉佩及璧、璜等，多是以镂空的技法制作，代表性的龙凤纹玉佩、鸡心佩、出廓璧等，所展现出的镂空雕刻造型复杂而多变，轮廓边缘生动流畅，对多样的造型具有很强的塑造能力。

镂空在两汉以后有了巨大的变化，唐宋时期出现了多层次的镂空技法运用，镂空不再局限于平面的单层次，而是向深层次空间展开，表现造型的前后、主次关系。宋代的凤穿花、龙穿云、飞天穿花、绶带鸟穿花、螭龙穿竹玉佩饰、玉炉顶，辽金元时期广为流行的春水、秋山玉雕都是这一变化的典型玉器。明代玉器令人称道的花上压花，即在平面片状的玉料上雕出上、下不同层次图案的技艺更是将镂空技法推向了新的水平，扩展了玉石雕刻的空间观念，为玉石雕刻从装饰到写生自然的转变提供了技法支持。明清时期镂空在各种玉雕技法中占据了主要的地位，在玉雕造型生活化表现上发挥了重要的作用。这一点在明清两代玉山子、玉制器皿如玉薰等之上表现得淋漓尽致，多种镂空技法综合运用，展现了镂空技法独特的艺术表现力。

浙江余姚良渚文化瑶山遗址出土的一件半璧型玉璜，是一件研究原始时期玉雕艺术十分难得的标本。这件未完成玉器展现的是最基础的镂空方式。我们可以了解到古人镂空造型的过程和手法。即先将纹样用刻线的方式刻划在玉器上以标出需要镂空的部位，镂空时在预先定好的部位钻大小不同的钻孔，而后利用细绳或竹条穿过钻孔，顺着纹饰两边拉动，同时添加解玉砂，最终去掉不需要的部分，从而完成一个镂空部分的工作。较为复杂的镂空，这一过程会重复多次。原始时期的镂空技法是从钻孔得到启示演变而来的，但镂空却与钻孔有着本质的区别，钻孔拓展了空间，而镂空则是以空间观念雕刻造型，其造型的复杂程度和艺术表现力都高于钻孔，可以说从原始时期起镂空即已成为玉雕造型艺术的开端。

原始的镂空技法费工费力，要雕刻非常复杂的造型纹饰则需要利用一定的工具进行辅助才能完成。两汉之后镂空的水平突飞猛进，尤其是多层次的纹样雕刻，能取得优异的效果，正是工具改进的结果。砣机的完善使得钻孔和镂空都大为方便，特别是镂空时复杂变化的造型边缘，已经使用大小、样式不同的磨具进行磨制，使镂空的变化得以更加丰富。

镂空玉雕技法的形成、发展和成熟，使玉石雕刻艺术具有了真正意义上的适合玉石材质的特殊雕刻方法，是实践与智慧相结合的结果。镂空不仅合理地利用了玉石材料，而且最大限度地展现了玉石的质地、色彩美感，因此直至当代，镂空仍是玉石雕刻中最主要使用的雕刻技法之一。

减底隐起　减底隐起顾名思义即通过减低纹饰周边玉料的高度而突出中心体积结构的雕刻手法。在中国古代玉石雕刻艺术发展历史上红山、良渚等文化很多著名的玉器都明显熟练地运用了这一特殊技法，如红山玉猪龙的兽首部细节，齐家文化、石家河文化的玉人面饰，特别是良渚文化玉钺、玉璧、玉琮、玉三叉形器、玉冠状饰上以减底隐起手法雕饰的神人面像，造型凸出于底面，刻划完整清晰，体现了这一技法的显著特征。

减底隐起玉雕技法是磨制水平不断提高的产物。从出土的原始时期玉器可知古人是将纹饰刻划在玉器上，而后利用工具加水、解玉砂慢慢沿着纹饰轮廓磨掉周边的底子，使纹饰逐渐凸现出来。这一制作过程并不复杂，但在中国各时期玉石雕刻中运用得非常广泛。商周时期，减底隐起技法是与线刻相紧密联系的，特点是在磨刻时加大一面坡阴线坡度或加宽阳线的宽度，以突出纹饰的整体外轮廓。

春秋战国两汉，除了继承基本的减底隐起技法，具代表性的谷纹堪称是对这一技法的最有时代特点的发展变化。典型的谷纹通过减磨底面而在平面上形成一个个既独立又排列十分规范整齐的凸起，其创新使减底隐起体现出十分优异的雕饰效果。战国两汉时期的蒲纹和乳钉纹虽然在制作上比之谷纹稍显简略，同样也是减底隐起技法的运用形式，尤其是乳钉纹由于其独特的装饰风格，一直延续到明清时期仍时有出现，可见其影响之深远。

减底隐起技法突出而有特色的运用，值得一提的还有唐、宋、明时期的玉带板饰和明代的玉牌雕饰。唐代玉带板的胡人伎乐纹饰、明代玉带板上的禽鸟植物纹饰均分别将主体人物、禽鸟、植物枝干花叶及边框之外的底子剔除，保持了玉器平面的完整性，使造型轮廓在光线下显得更加突出而不琐碎，完美的体现出了减底隐起雕饰技法的特色。明代典型的玉牌纹饰以及其上的文字，都主要是以减底隐起技法制作的，其变化转折极其复杂的轮廓边缘，被雕饰得顺畅圆滑，纹样文字清晰明了，毫无涩滞之感，底子也处理得平整光滑，使减底隐起技法的运用达到了出神入化的水平。

减底隐起技法虽然在我国各个时代的玉石雕刻上都有非常出色的艺术表现，但由于其制作手法单一，表现力有很大的限制，更多是以雕饰辅助形式出现。尽管如此，减底隐起技法在中国古代玉石雕刻艺术上所占的地位十分重要，其意义不可忽视。

减底隐起技法从一出现就显现了雕刻中浮雕艺术的典型特征，是我国玉石雕刻艺术中广泛运用、丰富多彩的浮雕艺术形式的雏形。以减底隐起手法雕刻的造型，有空间体积感，与光线有着极其密切的关系。其塑造的造型形象是通过体积与光影的结合相辅相成体现出来的。体积空间及光影效果这几个重要的艺术表现元素的发现对我国古代玉石雕刻艺术中浮雕的运用，具有深刻的影响。

掏膛 掏膛是玉石雕刻制作的行话，即利用工具将玉材上不需要的部分磨挖去除，从而形成"凹"形的技法。其制作方法与钻孔相似，都是利用实心钻或空心套钻加水和解玉砂通过磨钻来完成的。掏膛如果用实心钻具，不钻透即可，而如用空心套钻，则是根据需要将钻到一定程度的玉芯打断取出然后打磨成型。

新石器时期安徽凌家滩遗址墓葬出土的玉器上已经使用了以实心钻掏膛的方式。从殷墟妇好墓出土的玉簋、玉尊、玉杯等玉器上看，到商周时期也已经熟练掌握了掏膛的工艺。

掏膛的技法在中国古代玉石雕刻上多用于制作器皿，并在实用玉器发达的宋元、明清时期使用的最为普遍，这几个时期制作的生活实用器皿、仿古陈设器皿，无论是掏膛的制作难度，还是质量都达到了很高的水平。

掏膛作为艺术表现的技法，在我国各时期的玉雕上偶有出现，如在宋明玉佩，辽金山水玉，清代玉山子等玉雕中为了突出主体纹饰而将图案的周边底子深掏，以形成的阴影使造型清晰凸现，或通过掏底造成特殊的雕刻肌理效果，丰富纹样的层次，总的来看此类掏膛技法的运用并不涉及纹饰造型的雕刻，只是起到衬托点缀的作用，因此，是作为简单的辅助雕饰技法出现的，在玉雕艺术上并无多少实际作用，但是制作器皿离不开掏膛，在玉石雕刻中各种玉制器皿的制作上是十分重要不可或缺的技法，其地位不容忽视。

抛光　抛光是指将玉石雕刻造型表面残留的刀痕、磨痕磨平去除，以使光线照射后不发生散射现象，从而使雕刻造型看起来光滑明亮的雕刻修饰方法。雕塑艺术中石材材料的雕刻作品通常不需进行抛光，以期保持其稳定、坚实的材质特点，而玉石材料则不同，如果不打磨抛光其多样丰富的色彩，细腻温润的质地，美丽晶莹的光泽都无法最大限度的显现出来，因此，抛光成为玉石雕刻艺术中重要的独具特色的技法之一。

新石器时期的红山、良渚文化，古人已经熟练掌握了抛光的技巧，红山文化的玉钩云佩、玉鹰、玉钺等整体打磨抛光得光亮平整，甚至凹槽、钻孔孔壁也少见琢制痕迹，而良渚文化的绝大部分玉器造型平面光滑，线条流畅，其抛光打磨得非常深入，表面常常呈现出玻璃般的光泽，甚至这种玻璃光泽即使玉器深埋地下经过数千年的水浸土蚀至今仍熠熠生辉。明清时期对玉器后期打磨抛光更加以重视，并把抛光作为表现玉质美的重要手段，将抛光技法提到了很高的地位。由于要求的严格规范，使得这一时期的玉器不仅表面光亮平滑，光彩照人，而且极大地体现了玉质的细腻温润美感，可见抛光技法已被运用得淋漓尽致。

直至上世纪初期我国的玉器制作仍主要沿用传统的方法进行打磨抛光，即第一步用不同粗细质地的沙石进行磋磨，以除去玉器上的琢玉加工痕迹。第二步将推磨平整的玉器再行进一步的抛光，以使玉器在光线下显得细腻光亮。远古时期古人所用的抛光材料非常简单，即莎草植物、竹木或皮革等，所达到的优异的抛光效果完全是人工坚持不懈、长时间打磨的结果。当今的玉器抛光虽然在技术过程上与传统方法相似，但已完全实现了机械化，减轻了劳动量，提高了效率，并且大量使用了氧化锡、氧化镝等硬度既高于玉石，微粒细腻直径又不到一微米的抛光粉，因此抛光的质量大大提高，使抛光这一古老而单纯的技法，特点得到了极大的发挥，至今仍显示出其在玉器制作过程中不可替代的作用。

技法的运用是进行玉石雕刻的基础和必要技术准备，但一件真正意义上的玉石雕刻艺术品却无不是多种雕刻技法相完美结合的结果。从良渚时期的减底隐起加阴刻线到春秋战国两汉时期的镂空加浮雕、刻线，尤其是随着生产力水平的提高，明清时期的玉图画、大型玉山子，雕刻家充分发挥他们的聪明才智，展现了他们的艺术修养，更是将各种玉雕技艺集于一处，达到了炉火纯青的新境界。玉雕技法的完善、丰富与改进，对玉雕艺术的发展进程影响力是如此之大，因此，了解中国古代玉石雕刻艺术的技法特征，不仅有助于理解各个时期玉石雕刻的风格特点，同时有助于对玉雕艺术的欣赏与评析，对提高关于中国古代玉石雕刻艺术的研究水平也起到至关重要的作用。

七、中国古代玉石雕刻的艺术手法

1. 中国古代玉石雕刻中的圆雕艺术

圆雕是指完全或比较完全立体的雕塑造型形态，其占有高宽深三维空间，可以从多方位进行欣赏，通过不同视觉角度呈现出不断变化的丰富的艺术造型形象。圆雕在雕塑艺术中占有极其重要的地位，最能体现雕塑艺术特征。中国古老的玉石雕刻中圆雕也同样是其重要的艺术表现形式之一。

用圆雕形式表现造型主题在我国玉雕艺术发展早期的新石器时代红山、良渚等文化就已出现。红山文化胡头沟遗址出土的玉猪首佩和玉鹰、玉鳖，良渚文化反山遗址出土的玉鱼、玉小龟、玉鸟，张陵山遗址出土的玉蝉，龙山文化陕西神木石峁遗址出土的圆雕蝗虫、螳螂以及安徽含山凌家滩新石器时代墓地发现的玉龟、玉人等都初具圆雕形态。

商周时期，圆雕得到了进一步的发展完善，大都制作优异，其代表即安阳殷墟妇好墓出土的一大批圆雕动物、人物。在这批圆雕作品中，不仅有玉象、玉燕、玉熊、玉虎，还有几件制作精美的玉人特别引人瞩目，这些玉人动态呈跪姿，着不同的服饰，人物结构、比例合理匀称，形象特点突出，其通过圆雕手法表现的立体形象生动准确，十分清晰地展现了商周时期的生活画面。这些圆雕的人物和动物，雕刻技法也非常纯熟精炼，从整体造型到细节局部均形成了独具的特色。

春秋战国、秦汉时期，圆雕逐渐增多且越来越突出，特别是汉代的圆雕艺术达到了很高的水平，不仅有陕西咸阳汉陵出土的玉马、玉熊、玉羽人骑马这样手法细腻，制作优异的写实风格圆雕，还有玉握猪、玉翁仲这样简练概括传神的抽象写意形态的作品，形象内容、雕刻手法丰富多彩，使圆雕这一雕刻形式焕发出独有的魅力。

魏晋南北朝是我国玉石雕刻发展的低谷期，在其为数不多的玉雕作品中圆雕却有较为突出的表现。大量制作的玉辟邪、人物、神兽，继承了汉代此类圆雕的优良传统，在内容及艺术除理上体现出神秘、怪诞的特色，在中国古代玉石雕刻艺术中独具一格。唐宋以后，圆雕这一艺术表现形式向多方面发展，首先，延续继承了动物、人物、神兽等题材，诸如唐代的玉龙、蟠螭、玉马，宋代的各类动物、玉童子、玉神兽、玉禽鸟，明清的玉驼、玉马、玉羊、玉山子等等。随着佛教的深入社会生活，玉菩萨、佛像等也大量出现。其次，唐宋以后，圆雕进一步也表现植物、花卉，这是秦汉之前圆雕中极少涉及的，典型的如唐宋各种玉佩饰，文房用具中常见的玉牡丹、玉荷花、玉灵芝、梅花等，金元时期的春水、秋山玉也常用圆雕的手法表现。清代闻名于世的玉山子，更是将圆雕的艺术手法表现得淋漓尽致。

中国古代玉雕艺术由于各个时期社会生活、审美观念、生产力发展水平的不同，在艺术风格、题材内容上形成了多姿多彩的特点。首先，在艺术风格上中国古代玉石雕刻中的圆雕主要具有装饰风格、写意风格、写实风格三种类型。

装饰风格 装饰风格的圆雕作品大多出现在秦汉之前，其在立体的整体造型基础上，对局部及细节施以装饰性的线刻和镂刻，以达到丰富造型表达内容的目的。有的在外形上也不拘泥于现实，而是将造型特征以简练的轮廓线条和概括化的体积起伏加以艺术除理，具有很强的装饰性。

以装饰的风格进行圆雕制作是原始时期、商周时期重要的艺术表现手法。如红山文化的玉鹰，整体外轮廓突出了鹰展开双翅的造型特征，而以几条平行线表现鹰的翅羽。良渚文化的玉鱼，则以规整流畅的弧形线刻画概括鱼身、鱼尾，鳃及鱼眼分别以装饰线和线圈来突出，形象简练，特征一目了然。装饰风格体现得最为突出典型的当属殷商妇好墓出土的玉人、各类玉雕动物，这些玉雕中人物琢出了动态和头、手足、鼻口的体积，而眼、耳、手脚指包括衣着服饰均以商代特有的阴刻线表示，有的还在胸背部琢有兽面纹，增加了装饰的效

图7-1
商 妇好墓出土 玉蹲熊 玉象

果。动物也同样以圆雕琢出象、熊、虎的四肢、长鼻，而表面的眼、关节细节特征则以云雷纹、兽面纹来概括，使此类风格特别鲜明别致。（图7-1）装饰风格的圆雕虽然别有情趣，但同时也是玉石雕刻初期阶段简陋雕刻技术影响下的结果，因此，圆雕多采用对称、均衡的造型和线刻这样富装饰性的艺术手法，商周之后随着玉雕工艺技术的进步，此类风格的圆雕逐渐减少，被日趋写实的圆雕风格所取代。

写意风格 春秋战国后期我国古代的玉雕艺术在技术上得到了很大的提高，具备了运用琢刻、镂空技法雕刻复杂多变造型的能力，这为利用圆雕的手法表现雕刻主题提供了十分有利的条件，同时也使圆雕的形式感丰富起来，圆雕的艺术风格发生了重大的改变。

汉代除了儒家礼玉观念，神仙黄老、谶纬之学盛行，葬玉、辟邪玉雕大量出现，其题材表现内容多围于此，这为玉雕艺术表现拓展了发挥想象力的空间，这一时期以想象力丰富、造型奇特为特征的写意风格圆雕作品占有了主导地位。写意风格的圆雕不拘泥于对现实的忠实表现，以造型手法的大胆夸张处理塑造审美形象，如葬玉中的玉蝉、玉握，辟邪类玉雕的玉翁仲、玉辟邪，均通过概括的阴刻线、有意识拉长强烈的动态和附加的神兽羽翼、卷云雕饰，力求在造型上最大限度地体现特定思想内涵。

汉代最具写意风格代表性的圆雕作品当属著名的《羽人骑马》圆雕。这件圆雕雕琢一肩生双翼的羽人，双手抚马头，昂首骑于马上。骏马四蹄奔张，尾部翘起，人物和马匹都不拘现实的比例结构，而是通过镂空使马与人的肢体相互交联，尽力夸张两者的舒展动态，整体造型立于琢满云纹的托板上，体现出既神秘又大气磅礴的气势，写意、浪漫的艺术表现手法跃然而出。

由于神秘文化和玄学思想的影响，魏晋南北朝也是玉石圆雕写意风格表现比较典型的一个时期。汉代始兴的辟邪圆雕得以延续，以神怪为题材内容的圆雕作品大量出现。这些作品结合了幻想与诙谐，将生活中并不存在的辟邪、怪兽、神人通过过分主观的手法表现出来，造型上扭曲变形，注重线条的自由发挥，极其充分体现了写意夸张的风格。

写实风格 隋唐时期开始，国家又一次走向统一，经济文化、社会生活重新安定下来，人们不再一味向往虚无的世界，转而关注现实，由此，对玉器也不再持神秘观念，而变成王公贵戚、富豪地主乃至普通百姓的收藏观赏对象，更接近生活本身而易于沟通欣赏的写实风格渐渐成为圆雕的主要特点。

首先题材内容上，现实中的人物、动物、花鸟鱼虫、花卉植物占据了主要的地位，与之有关的场景情节成为大量表现的主题。如辽金著名的春水玉将小鹰凌空雕啄天鹅，而天鹅身体扭动挣扎的场面表现得真实而血腥，其艺术表现无不体现着对现实的忠实描绘。（图7-2）其次，具体的琢制手法上，对圆雕造型的结构、比例、体积乃至服装、道具，花草植物的根茎花叶也接近真实的琢制出来，对圆雕的形体交代的十分清楚确定。

图7-2

故宫博物院藏　金白玉镂雕小鹰攫天鹅饰

　　写实的风格自唐宋以后随着世俗化生活的丰富，琢玉技术水平的提高，渐成中国古代玉石雕刻的主流，尤其是在圆雕上，到明清时期达到了高峰。这一时期的人物、动物，还有植物花卉圆雕，都无一例外地将写实作为其主要的表现手法，不仅在结构、体积造型上进行写实化处理，而且举凡人物的装束、发冠，动物禽鸟的鬃发、鳞壳，植物的枝干、肌理以及生活中的工具、车辆等都在技艺能够达到的情况下进行详尽的刻画，如明代的圆雕动物，清代的玉山子上都体现得十分鲜明。

　　由于玉石材料的特质，玉石圆雕作品除了在风格上的突出特点外，还在诸如体量把握、制作方法、细节刻画、审美表现上具有其独有的特色。

　　玉石雕刻给人最直观的第一感觉就是虽然造型多样，内容丰富，但体量不大，往往在方寸之间来表现造型与思想内涵。这是因为玉石圆雕作品主要是用来随身佩挂、葬玉及文房等案头、居室陈设，必须考虑到使用功能的方便。但玉石圆雕小型化的主要原因还在于其材质特性。首先，玉石相比较而言产地范围小，产量少，特别是在不具备开采大型矿床的上古时代，主要是依靠对自然原因散落在河床等地点玉料的采集来获得，而在采取过程中甄别、运输等又有很大的困难，特别是优质的和田玉料，不仅在崇山峻岭之间，而且有采集时间的限制，需要丰富的经验和付出艰苦的劳动，因此每一块材质优良的玉料都包含着一个艰辛的获取过程。即使是当今探矿开采，运输技术都已很方便，但由于玉料的稀少及特殊的美丽材质特性，玉石仍属于较为贵重的材料。其次，圆雕要充分体现体积、空间，与材质的关系也十分紧密，雕刻通常所使用的材料包括石、木、金属等，都具备质密、坚实、低光线反射的特点，能够充分通过材料的自然肌理和阴影光线效果展现出体积感和空间感。玉石材料较为特殊，虽然致密而硬度高、韧性强，但同时也具有通透和色彩丰富的特点，这就造成了以之塑造的立体造型结构模糊，特别是在抛光后，在光线的照射下会出现明显的高光线反射率，光线阴影层次减弱，加之其色彩对视觉的吸引作用比较突出，无形中对体积感、空间感形成冲淡，造型体量越大，这种材质的特性则越明显，对体积空间的效果削弱力则更强。因此，玉石圆雕体积的小型化，正是圆雕作品针对玉石材质的特点进行的符合实际，扬材料特点之长，避其材料特点之短的结果。

基于以上的原因，玉石圆雕采取了与之相适应的雕刻方法。首先，是"循石造型"手法的纯熟运用。"循石造型"是雕塑艺术中独特的造型方法，指利用石材天然形状，稍施人为的细节特征艺术加工，拟作现实生活中的人物、动物等形象，即能达到点石成金，天然成趣的艺术效果。中国

图7-3
西汉 玉熊

古代玉石雕刻在以玉材籽料进行圆雕创作时，循石造型运用最为普遍。籽料是原始矿床崩落后其碎块由水、沙长期滚磨而形成的，外形千姿百态，本身的自然形状为琢制圆雕提供了想象的空间。如殷墟曾出土一件青玉制的玉兔圆雕，这件玉兔便是以一块两端微尖的天然籽料雕琢，玉工利用中间凸起的弧形琢出了耳廓，将下部琢出简单的凹槽表示四肢，细部象征性琢出了圆形眼，稍加雕刻一件双耳贴背，俯身欲动的小兔形象便跃然而出。陕西咸阳汉陵出土的一件玉熊则将循石造型的方法运用得更加纯熟，这块略带黄色的籽料，玉工利用其外轮廓的起伏和体积的浑圆饱满，琢出了熊的头、背，只是在细节上作了较为深入的刻画，如口鼻眼琢制精细，还特意刻画了熊的部分鬃毛和四肢利爪，在不破坏原始籽料外形的基础上即塑造了一只既憨态可掬，又刚勇强健的熊的形象。（图7-3）

我国古代玉石圆雕循石造型的手法特色，既最大限度充分利用保持了原始材料的状貌，减少了对玉石这种珍贵材料的消减，又使自然形式与人工雕琢完美结合，两者浑然一体，是适合玉石材料琢制造型的重要方法。

其次，中国古代玉石雕刻中的圆雕注重造型外轮廓的鲜明突出，通过强调

体面结构突出体积感。通常雕
塑艺术所运用的塑造手法，由
于玉石材料的色彩、质感等因
素的干扰，并不能有效地表现
圆雕体积，同时受到雕刻工具
和方法的约束限制，要在玉石
上雕琢细小的块面起伏，也是
很难达到的，因此，中国古代

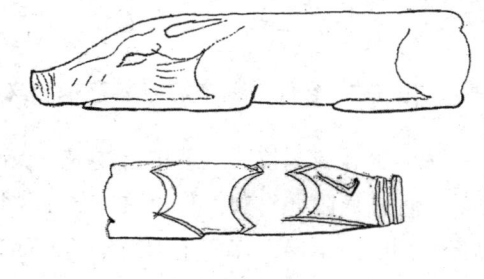

图7-4
汉代 玉握猪

玉石圆雕认识到玉石这一特点，转而通过精心设计，使圆雕的造型外轮廓线鲜
明明晰，通过外轮廓的准确、丰富来带动整体造型形象的塑造。早期的圆雕采
用这一手法特点突出，红山文化的玉鹰，外形上抓住了雄鹰的外部结构特征，
只琢出了展开的双翅和尾翼，细节上的羽翅只以数条简练的瓦楞沟槽概括出
来，其呈"T"形的外轮廓简洁明快突出，十分醒目。以商代妇好墓出土的一
批玉雕动物为代表的商周玉石圆雕，外轮廓上也大都注意刻画动物起伏的动态
轮廓和特征，而细节则以装饰性的纹样来体现。汉代的玉握猪、玉翁仲更是外
轮廓简洁明了，局部辅以大刀阔斧的线刻，结构感强，首先外部形象就可给人
留下很深的印象。（图7-4）即使像汉代著名的羽人骑马圆雕，虽然细节刻画
远胜前代，但仍然在人与马的外轮廓刻画上极其讲究，其交错的肢体结构关
系，外部观感来龙去脉清楚，结构饱满，对形象的突出丰富起到了很好的
作用。

　　商代和汉代玉石圆雕还可以看到利用体块结合表现造型体积的特点。如妇
好墓出土的玉象、玉虎、玉人，汉代的玉握猪、玉翁仲，均是先将玉材打磨成
近似立方体的粗胚，而后再进行局部特征的琢制，体块转折非常明确，棱角分
明，保持利用了立方体所特有的坚实饱满的体积感，又凸显了外部轮廓，是玉
石材料表现体积感、造型感突出的例子。

　　唐宋以后，随着玉石雕刻技术的提高，特别是玉石雕刻的世俗化，玉石圆
雕开始趋向写实。对造型的要求也不断向丰富、多变发展，尽管如此，这一时
期之后的玉石圆雕在琢刻方法上仍然继承了注重外轮廓与体积造型的传统，例
如，宋代的玉童子，虽然手持荷叶、莲蓬，身着的衣冠鞋帽多种多样，但其人
物生动的动态造型通过外轮廓线的概括仍清晰可辨。玉雕动物虽然局部细节五
官、四肢，甚至鬃毛等都极力写实，但在整体造型上仍大多采取团块的结构，
将局部统一到整体之中，所形成的整体形象同样达到了很高的艺术水平。

2. 中国古代玉石雕刻中的浮雕艺术形式与特色

在关于玉石雕刻技法一节中已经提及，减底隐起技法是浮雕艺术形式的发展基础，但减底隐起直观上仅仅是减低了纹样图案轮廓周围的底子高度，以形成高低不同的两个层面，产生出简单的凸凹光影效果，正如良渚文化玉钺、玉璧、玉琮上以减底隐起手法琢制的图案，只是图案与底板的高低有别，局部以装饰化的线刻来丰富内容，还不能称作真正意义上的浮雕。

雕塑艺术的浮雕概念，是指通过对自然体积结构的压缩除理，在平面的底板上形成形体的高低起伏，从而在特定的光线照射下具有立体视觉效果的雕塑艺术表现形式。其具有以下特点：一、浮雕具有很强的实用性，经常和建筑、实用的家具、器皿相结合起到装饰的作用，其以正面欣赏为主，不类圆雕可以三百六十度全方位的欣赏。二、浮雕具有雕塑和绘画的双重特点，既吸收了平面绘画的二维性，又通过造型结构的起伏除理表现出雕塑艺术的性质，因此，既可以表现复杂场景，又可以体现出雕塑般的体积空间感。三、光线照射是表现出浮雕特色的必不可少的条件，通过画面构图、雕塑压缩除理的造型只有在特殊光线下形成的光与影的变化才能显示出立体体积的效果。四、浮雕主要是通过对体积结构的压缩除理，将造型压缩在近乎一个平面的范围内，此种压缩不是平均的压缩，是根据画面、造型、光线的需要进行的不等压缩，因此，多采用散点透视、破时空透视取得画面多种体积多层次统一的效果。五、最具浮雕艺术特征的雕塑除理手法是起物线的运用。它既是造型凸起于底板高度的标准，也体现出饱满的体积在经过压缩后仍表现出轮廓转折的丰富，没有起物线的刻画只能是简单的高低层次区别，有了起物线才能有体积、结构、造型的艺术化体现。

浮雕这些特点是相辅相成的，缺一不可，只有相互结合才能称之为真正意义上的浮雕艺术。如果以这个标准对照中国古代玉石雕刻中的浮雕，原始、商周时期的大部分则属于浮雕的萌芽，到汉代玉石雕刻中的浮雕才具备上述诸多特点，而且一经完善即成为中国古代玉石雕刻中的主要雕刻艺术表现形式之一。

汉代多种玉器如玉璧、玉佩、玉具剑、玉玺等都大量地运用了浮雕的雕刻手法，形式上根据所附的玉器不同，既有玉璧上的浅浮雕，玉玺上的高浮雕，也有玉具剑上高浮雕、浅浮雕相结合的形式，由于汉代的浮雕内容题材多选取夔龙、蟠螭、辟邪等所谓神兽，着力表现出神秘感和气势，所以风格上无一例外地也体现出既富装饰意味，又雕刻精细大气丰富的特点。

唐宋时期浮雕的运用也很广泛，不仅在人物、动物题材内容的基础上出现了花草植物，更突出的是出现了新的浮雕雕刻形式，如唐代玉带板上多见的胡人伎乐浮雕，鉴于玉器使用的特殊性和对远视效果的重视，在除理上特别注重造型整体外轮廓的生动性、准确性，而局部细节以细碎写意的阴刻线来表现，疏与密、整与零结合得恰到好处，堪称使用玉石材料表现浮雕艺术的独创。而这一时期对花草植物的浮雕艺术处理，则注重了装饰性与写实性的结合，对变化丰富的枝干、花叶的压缩除理使浮雕形式感、层次感加强，开辟了别开生面清新自然的浮雕艺术表现天地。

随着宋明以后审美世俗观念的深化，写实自然占据了玉石雕刻表现的主导地位，浮雕也同样受到影响。写实对浮雕技法形式的运用提出了更高的要求，主要是涉及到了更复杂的浮雕压缩除理、轮廓刻画、光线变化、起物线的运用等技术与艺术表现问题。

玉图画、玉插屏、挂屏这些在明清时期出现的玉石雕刻新种类，可称为以浮雕艺术形式表现的代表之作。其浮雕既包括了人物、动物、植物花草的压缩除理，也有山石景物、亭台楼阁的压缩除理，但在这些画面上远近景观、主次人物等的层次透视和起物线的运用娴熟流畅，画面统一而丰富，从各方面都极好地解决了浮雕艺术的诸多问题，并体现了浮雕艺术的鲜明特点。

工具设备的改进也为明清浮雕的发展提供了有利的条件，这一时期不仅能在玉佩、玉器皿上看到雕刻很浅的浅浮雕、薄浮雕，还能在玉山子、玉佛像上看到起凸明显的高浮雕，大都浮雕底板打磨光洁，起物线转折自然圆滑，浮雕层次变化微妙，浮雕的艺术表现手法运用的尽善尽美。

中国古代玉石雕刻浮雕，主要包括浅浮雕、高浮雕和薄浮雕。

浅浮雕 浅浮雕是浮雕艺术表现形式的最主要部分。它的特点是利用大力压缩形体厚度的方法，把饱满的体积，复杂的结构艺术化地压缩到底板上，这种压缩的程度很低，以形体的透视原理和体面层次形成的光影明暗关系，显示出拟真实的体积感，艺术效果平稳缓和，明暗丰富而戏剧化，具有很强的绘画特点，适合于表现复杂的场景。

浅浮雕是中国古代玉石雕刻大量运用的雕刻手法，其数量之多，范围之广贯穿于整个中国古代玉石雕刻艺术之中，其特点是：

第一，充分体现浮雕艺术的特征，将浮雕的各种造型元素加以运用，压缩层次丰富，起物线转折合理，凸显了透视、光线原理的特性，形成了体积感、结构感很强的艺术形象。如山西寿阳库狄回洛墓出土的一件属于北齐时期的玛瑙狮纹雕饰和西安南郊何家村出土的白玉狮纹带𫔶，两者的狮子形象均是琢制在长不过五厘米，宽只有二厘米左右的材料上，浮雕起物线凸起底板后呈缓缓的转折，与体积结构的压缩自然衔接，同时照顾到整体轮廓与丰富结构的结合，如四肢的前后关系，头部与躯体的层次关系等，压缩合理，层次清晰。特别是玛瑙狮纹雕饰上的狮子，不仅将各部分的结构层次除理的简洁明了，而且对体积的起伏过渡进行深入的刻画，在光线的照射下，体积感特别饱满而富有弹性，利用浅浮雕的手法把一只腾跃的狮子形象表现得活龙活现。

第二，熟练运用起物线压缩原理，使起物线与造型紧密结合，以完整的浮雕轮廓线突出造型的体积结构。由于材料的特性与琢制工具方法的原因，要在硬度很大的玉石上如惯常一样琢制丰富多变的压缩体面过渡，其难度很大，因此，玉石浅浮雕将重点放在对起物线轮廓的深入刻画上，以突出浅浮雕的起物线特征，弥补了玉石雕刻的不足，使轮廓与造型取得了统一。如广州南越王墓出土的玉剑首，成都王建墓出土的白玉云龙纹带，故宫收藏的宋代白玉鹿纹洗，和田玉鱼鸟纹壶、仿古豆，北京北海的渎山大玉海等等都是这一除理手法的典型体现。以白玉云龙纹带和渎山大玉海为例，两者将浅浮雕的层次加以概括简化，使体积结构几乎统一在一个大的平面中，只在除理四肢、头、躯体时用起物线区分，造型的重点放在起伏均匀的起物线上，光线阴影虽变化不大，但却由于形象轮廓突出、简明扼要及线条的婉转讲究，加之底板打磨除理的很平整光滑，使得即使在渎山大玉海这样具有较暗色彩的材质上琢制的多达十几种的浮雕形象也十分清晰、生动。

第三，浅浮雕整体造型的轮廓和结构体积关系需要细节来丰富充实，但由于玉石材料在琢制时尽量避免反复修改，因此，玉石浅浮雕形成独特的以浮雕压缩表现形体，以线刻表现细节的特色。唐代著名的伎乐人纹带就是这一手法的突出代表。在其或方或半圆的玉板上，人物的各种动态以清晰的压缩起物线刻画而成，压缩体积和结构十分准确，有很强的空间透视效果，但人物的衣褶、飘带，甚至是五官、手指等细节在除理时却主要采用了刻线的方法，这些粗细深浅不同的阴刻线，或疏或密或平行排列，虚实对比，按照自然结构安排，具有强烈的写意性质，不仅很好地表现结构，还具有一定的装饰性，起到了丰富浮雕内容的作用。这种针对材料的特点另辟蹊径的琢制方法，充分展现了玉石材质的美感，艺术效果独特。（图7-5）

图7-5
唐 玉带板 伎乐人纹

第四，浅浮雕适宜于表现大的环境场景，这在中国古代玉石浅浮雕中体现得非常突出。现实中的山石树木、花草亭榭造型复杂、形态各异，由其组成的环境景物，空间层次、透视大小十分丰富而多样，玉石材料的浅浮雕采用的是压缩设层，强调每组层次起物线的方法。如著名的青玉沧浪亭图挂屏，既有树木山石，也有亭台楼榭，在浅浮雕的除理上有意将不同的画面内容进行分组压缩成多个层次，使复杂的植物、建筑层次各成一组清晰明了，再结合近大远小透视的合理运用以及不同材质玉料色彩的搭配，将场景表现得既丰富多彩又一目了然。而故宫收藏的清代和田玉松鹤图砚屏、青玉梅花、山水人物笔筒、玉山子等等，则更明确体现了分组压缩、重视起物线塑造造型的特点，其上琢制的山水花卉，为了突出层次，人为地在保持自然状态的基础上，将枝干、花叶进行了重新的整合，使造型更加集中，人物、禽鸟的压缩层面与背景的厚度基本一致，所不同的是在起物线轮廓的除理上有所区别，人物禽鸟完整流畅圆滑，而植物花草在起物线的刻画上特别注意强调自然的曲折变化，保持了其生动性，使两者形成对比，从而凸显出人物禽鸟主体。

薄浮雕 薄浮雕顾名思义是凸起层面很薄的浮雕艺术表现形式，相比较高浮雕和浅浮雕而言，薄浮雕的造型体积结构被大力压缩到很薄的程度，起物线和体积的起伏非常微妙，也正是由于此种特点，其表现题材的范围更广，使得薄浮雕能够与其他玉器造型紧密结合，富有优异的装饰性效果，具有轻盈、灵动的风格特征。

中国古代玉石雕刻中的薄浮雕，主要有以下几个特点：第一，依附于其他的玉石雕刻造型，起到装饰美化的作用。浮雕本身就具有丰富、装饰建筑、器皿的作用，这一方面薄浮雕的特点非常突出，代表性的如故宫收藏的明代青玉八仙图持壶，画面不仅有山石人物，还琢有诗词文字，这些内容均随着壶体的造型起伏，被压缩成很薄的层面，为了不破坏壶体的整体形式，起物线很细微而转折平缓，内容虽然繁杂但却极好地统一在一个层面之内。再如故宫收藏的清代和田玉八宝纹盘和和田玉光素碗，两件器皿在内底分别以薄浮雕的手法琢制了花草和竹枝，针对器物的实用性和底部的圆滑弧面，浮雕琢制得既薄而细，起伏轻微和缓，整体上保持了器皿的完整顺畅，既不妨碍使用同时又有美观的装饰，两者相得益彰，结合的非常完美。

明清时期，薄浮雕装饰器皿造型的方法大为流行，故宫收藏的大量器皿如和田玉梅花纹兽耳活环瓶，茶花山雀宝月瓶，葫芦式持壶，凤柄持壶等等均堪称这方面的杰出之作。

第二，薄浮雕在浮雕技法的基础上，又针对不同的造型、内容运用了独特的琢制方法。首先是发挥线的作用，将阴刻线与体面压缩相结合。压缩层面低薄是薄浮雕的最大特点，所以对光线有很强的依赖性，而就玉材材质而言，其本身又很细腻纯净，反光度好，因此单纯地按照薄浮雕的一般手法进行琢制，往往不容易利用光线的阴影变化来显现出层次的起伏，而将阴刻线融合到体积层面的压缩之中，利用其深浅的光线变化则能起到较突出的效果。如故宫收藏的一件明代青玉羲之爱鹅图版饰，从表面上看其体面的压缩是极薄的，几乎与底面同高，玉质也很纯净光洁，为了将底板与人物形象相区别开来，不仅沿起物线施加了阴刻线，而且人物的五官也直接以阴刻线表现，使得造型的轮廓在阴刻线阴影的衬托下与底板分离出来，虽然细节的起伏变化并没有着力表现得更加丰富，但总体形象集中而凸显。其次，中国古代玉石雕刻的薄浮雕还运用了下压式的浮雕琢制手法，通过不改变玉材的整体平面，而降低轮廓线来达到压缩层面的浮雕效果。这种独特的琢制方法在汉代的玉璧上体现得最为突出，具体的做法是，沿着刻画好的线以向内的方向磨出斜面，而整体造型与璧面的高点相等，形成的浮雕是下陷入璧面的，在光线的照射下同样显现出浮雕的体积与结构效果。这种薄浮雕琢制方法特别适合玉质材料的特性，不仅是对商周一面坡阴刻技法的继承发挥和延伸，而且照顾到所依附玉器的使用功能，同时节约了珍贵的玉料。在中国古代其他材质雕刻中这种下压式的浮雕十分少见，但却在世界古代雕刻史上是特色鲜明的浮雕雕刻手法，古代埃及众多著名的石刻建筑浮雕，经常采用这种方式雕刻，以之与中国古代玉石雕刻相比可以说具有异曲同工之妙。

高浮雕　高浮雕是指从底板到浮雕面的层次厚度比较大，体积只进行较小的压缩而接近圆雕的浮雕艺术形式。它的突出特点是结构体积层次明确，有较明显的参差错落感，起物线不仅高厚，有时还可以在接近底板回收，强化立体的效果，比较适合于表现体积饱满、雄壮的形体气势。与浅浮雕和薄浮雕相比，高浮雕在中国古代玉石雕刻中所占的比例不大，主要源于其低凹处难以打磨，以及使用功能两个方面的原因。尽管如此，中国古代的能工巧匠仍然创作了众多优秀的玉石高浮雕艺术作品。

中国古代玉石雕刻的高浮雕题材内容广泛，不仅有人物、动物，还涉及到植物、花卉等题材。一般情况下高浮雕主要以人物、动物为刻画对象，这是由于人物、动物体积饱满，结构具有很强的规律性，通过高浮雕手段的压缩艺术除理，既可以以层次和起物线的变化造成的假象形成接近于实体的体积造型形态，也可以体现出浮雕的技巧性，而在自然状态下的植物花卉，其造型不易根据统一的规律加以确定，体积感与人物、动物相比也并不十分突出。加之石、木、金属等材料材质肌理的色彩质感较重，表现模拟植物的轻薄透的特点有其缺点，如果以高浮雕表现更会加重沉重的感觉。玉石材料则不同，其自身的美感和细腻，反而可以突出植物花卉的轻灵舒展之美，并将人的视线引到对材质的关注，冲淡造型上的人为除理因素，因此，在玉石上高浮雕植物能取得优异的艺术效果。明清两代玉制器皿如玉笔洗、笔筒、花插和玉山子，高浮雕的植物花卉不仅感觉轻盈生动自然，而且光线阴影与材质的对比强烈，达到了丰富器皿的观赏性和突出造型的目的。

中国古代玉石雕刻的高浮雕，针对玉石材料的特点进行的起物线内收，夸张主体层次的手法同样具有鲜明的特色。起物线内收是指高浮雕在接近底板处将造型结构沿着底板平面内收转折，使起物线形成转折面而非通常的垂直面，既保持了浮雕的压缩特点又有圆雕的一部分除理手法。汉代常见的玉剑饰上的螭虎和明清时期器皿上的植物花卉高浮雕体现得极为典型，两者均常常采用起物线回收的方法，强化体积和空间感，光影效果对比更加强烈，具有近乎圆雕的观感，形体特别突出，体现了动物形象的雄健之气，表现出了植物枝干的虬劲。

高浮雕为了突出造型的重点，如动物人物的头部，植物的丛叶等，还运用了夸张局部主体层次的手法。汉代玉玺琢制的高浮雕螭虎即是一例，这些螭虎通常呈盘曲昂首状，身体的体积结构运用浮雕的手法压缩的非常到位，而兽头则往往单独夸张塑造得近乎圆雕，但主次分明，互为衬托，体积的起伏、结构的准确达到了突出局部的效果，颇具新意。

中国古代玉石雕刻的浮雕艺术手法运用广泛，浅浮雕、高浮雕、薄浮雕具有各自的技法、艺术除理特点，但往往具体到一件作品，又体现出各种浮雕形式相互结合，互为补充运用的特色。作为清代玉山子的代表，《大禹治水图》、

《溪山行旅图》、《会昌九老图》等玉山子，在同一个浮雕面上，既有以山石为主的远景浅浮雕、薄浮雕的层面，又有以人物、丛树等为主的近景高浮雕，在分别进行压缩除理的基础上每一个层次又不是孤立存在的，注意了各层面之间的微妙衔接，因此，整体画面虽人物、植物、山石纷繁众多，但各种浮雕形式的起物线轮廓清晰概括，相互之间疏密得当，形成的虚实对比，高低对比使不同的浮雕手法完美结合。

除此之外，中国古代玉石雕刻的浮雕还具有浮雕与镂空，浮雕与线刻，浮雕与圆雕结合的特色。浮雕与线刻结合的特点在汉魏时期的螭虎浮雕和唐宋以后出现的花草纹浮雕上较为常见，如湖南博物馆收藏的一件西汉玉剑饰，其螭虎不仅身躯施以线刻装饰，而且底层的肢体也直接用线刻画在底板上。浙江临安出土的两件五代玉梳，主体花朵以薄浮雕形式出现，而周边的花叶则以线刻表现，浮雕与线刻和谐共处，借用线的绘画性语言不仅造型丰富，而且精练地拓展了形体的深层空间。

镂空与浮雕结合起来，主要是起到突出主体、丰富层次关系的作用，如汉代玉剑饰和玉玺上的高浮雕螭虎，身躯琢刻在平板上，而或头尾部，或四肢则磨掉底板形成镂空效果，通过这种手法增强动感和空间感，其对气势的烘托也有极其明显的作用。在明代，浮雕与镂空相结合发展出新的形式，即主体纹饰造型以浮雕手法表现，而底板则进行镂空，如镂空十字纹、花草纹等，从而使底板出现明暗的光影色调，使主体更加醒目。

相比较而言，浮雕与圆雕相结合在中国古代玉石雕刻中侧重于其装饰性，如故宫收藏的一件清代和田玉双蝠葫芦饰件，在作为主体的圆雕形葫芦上又琢饰了浮雕的蝙蝠和枝蔓、花叶，造型之间大小比例的反差和琢制的精致显示出优异的装饰趣味。从中国古代玉石雕刻浮雕的特点可以看出，其无论对玉石材料的认识和利用，还是在浮雕基础上运用的多种特殊方法，都在一些方面打破了通常意义上的浮雕艺术常规而有所创新，开创了玉石雕刻独树一帜的艺术语言，其艺术价值不言而喻。

3. 中国古代玉石雕刻造型与纹饰相结合的装饰手法

玉石与其他石材有所不同，天然的玉石材料一般从外表看和普通的石头差别并不明显，但通过解玉、剖玉、琢玉却能显出其非同一般的本质。因此，我们常说"玉不琢，不成器"、"玉不琢，与瓦砾无别"。在这里琢是一个方面，而磨、抛光更是其中至关重要的一环。琢重点在表现造型的生动、传神、趣味，内容题材的深刻、广泛、丰富，而磨和抛光却不同，主要是通过增加玉石材质的光洁度、平整度，重点在突出、关注玉材本身特殊的质感色彩，因此，除了运用圆雕、浮雕等雕刻艺术手法表现雕刻造型之外，中国古代玉石雕刻还有意识充分利用磨与抛光的技艺特长，发展出一个庞大的装饰雕刻艺术群体。

装饰雕刻是以体现玉石材料本身诸多材质美感为主，依托理想化的造型完成欣赏、表达内涵的特殊的雕刻艺术形式。装饰雕刻在中国古代各个时期玉石雕刻中其数量、形式上都占有很大的比例。我国原始人类早期所醉心于雕刻的大部分玉石雕刻就属于装饰雕刻类别。红山文化时期的玉三联璧、玉龙、玉勾云形器，良渚文化的玉璧、玉琮、玉三叉形器、玉冠状饰、玉锥形饰，龙山文化著名的玉璇玑等等均通过特意雕琢的外形，突出美的玉质，显示出装饰雕刻的独特魅力。

商周也是玉石装饰雕刻发展最昌盛的时代，种类繁多的礼玉和多姿多彩的佩玉很多就是典型的装饰雕刻形式。礼玉具有浓厚的宗教、政治思想文化内涵，体现着统治权力和社会地位。各种造型丰富的佩饰则以其用料的考究，制作的精致美观倾向了美化生活。两者基本上涵盖了后世玉石装饰雕刻的两大主题。两汉以后，各个时代不同风格的装饰雕刻基本上是在此造型、内容、功能的基础上又融合不同时期审美观念发展而来的。但是，相比较而言，礼玉类型的装饰雕刻，随着社会文化水平、思想意识的提高，不能适应历史的进步与发展而终结，以装饰美化人们的现实生活，提供美的艺术享受的装饰雕刻则更受到青睐，尤其是环、佩、珠等这类历史悠久的装饰雕刻类型至今仍被大众所喜爱。

装饰雕刻由于要达到凸现玉石材质美感的目的，因此，其造型上往往并不复杂，常常以极其简单的形式为主，以避免分散对材料特质的关注。装饰雕刻以造型的形状区分，主要有片状、筒状、环状、球状等。

片状是最常运用的装饰雕刻形式，其造型历史经久不衰。原始时期就有良渚文化的玉璧、玉玦、玉璜、玉三叉器、玉冠装饰，红山及其他原始文化的玉勾云形器、玉丫形器、玉璇玑等等不一而足。而商周时期的绝大多数佩饰，如佩璜、佩牌饰，组佩中的玉玦、玉觿、玉珩等，绝大多数礼玉如玉璧、玉璜、玉圭等均采用片状的形式琢制。汉代的片状装饰雕刻最为突出，不仅品种丰富，而且造型多样，如种类繁多的玉系璧、出廓璧、玉璜、鸡心佩、玉舞人佩等等。（图7-6）唐宋之后由于琢玉技术水平的提高，玉雕题材内容以及审美要求的广泛，片状的装饰雕刻在总量上有所减少，但却时有新意，如具有浓郁时代特色的多种花草纹佩饰、牌饰，特别是明代的镂空纹样牌饰和文字浮雕牌

饰，均是典型的新型片状装饰雕刻。（图7-7）

1　　　　　　　　　2

图7-6　西汉　鸡心佩

1. 满城陵山二号墓出土

2. 山东巨野红土山汉墓出土

　　片状的装饰雕刻虽然造型上简单，但其特点却十分突出。首先，片状造型制作简单易行，只需从大块的玉料上进行剖片切割或进行两面磨制即可，并且片状是平面为主的造型，可以很直观地将玉石的材质色彩美呈现出来，这也是我国古代早期玉石雕刻大量出现片状装饰雕刻的主要原因之一。其次，片状的造型主要突出的是两维的平面画面，不仅适合纹样的布局，而且图案内容集中，适合正面欣赏，能够一目了然地凸显其所表达的纹饰含义，使得主题突出。同时片状还可方便的改变外形，并且通过平面和外轮廓线的对比使其整体醒目大方。从原始时期的良渚、红山等文化玉冠状饰、玉璧、玉勾云形器，到商周两汉的玉璜、玉佩，再到明代的玉牌饰都是这一特点的显著例子。另外，由于片状造型厚度小而普遍取薄，容易随身佩带而不影响平时的活动，因此，片状是最具有佩戴功能的玉器。

图7-7
明　白玉牌

筒状的装饰雕刻属于圆弧面的造型，如著名的良渚玉琮就是我国早期玉石雕刻非常典型的筒状装饰雕刻形式。与平面片状的造型相比，筒状制作上复杂一些，对工具及制作技术需要一定的要求，不仅要进行钻孔，而且还需要对内外两面的弧形面进行精确的打磨、抛光，如果弧面上琢有纹饰或像良渚玉琮那样，外弧面又与立方体相结合，制作打磨的难度则更大。两汉之前，以筒状为基础的装饰雕刻形式曾盛极一时，两汉之后却极为少见。此外，以筒状为特征的装饰雕刻具代表性的还有商周及汉代的各种大小形式的玉管，其上往往琢有兽面纹或满布云纹、勾连纹，装饰纹样、造型的装饰美非常突出。

筒状装饰雕刻拓展了玉石雕刻的空间观念，使琢饰的纹样内容形成了透视，增加了想象力和神秘感，丰富了雕塑造型的艺术表现力，正如良渚玉琮那样，以圆筒状与立方体组合形成外方内圆的雕刻形式以及装饰的兽面纹样，典型地诠释了筒状装饰雕刻的特点。（图7－8）

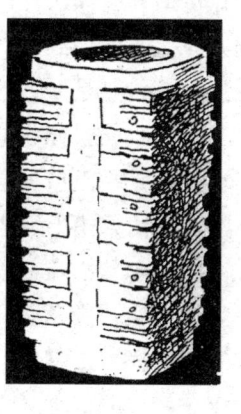

1

2

图7-8

良渚玉琮

1. 武进寺墩四号墓出土　2. 江苏吴县草鞋山出土

环状、球棒状的装饰雕刻形式在中国古代玉石雕刻中同样历史悠久，特别是球状远在山顶洞人和半坡人遗址中就曾被发现，而环状、棒状的装饰雕刻，在良渚、红山文化时期就已达到了很高的制作水平和艺术水平。如红山文化的玉猪龙，良渚文化瑶山遗址出土的一件俗称"蚩尤环"和一件13道凸棱装饰的玉镯，以及良渚文化反山、新沂花厅遗址出土的棒状的圆形、方形玉锥形器等等，不仅琢制精美工整，而且琢饰了具有特殊含义的兽头、兽面纹样，其装饰雕刻的特征新颖别致。在这一类装饰雕刻形式中，除了棒状的造型逐渐淡出以外，环状、球状的造型却始终得到人们的喜爱，各个时期都在其基础上创造出多姿多彩的新形式，如环状的戒指、手镯、挂佩等一直随着时代的变迁流传下来，直到今天也是我们最为熟悉、离我们的生活最近的装饰雕刻形式。

环状的装饰雕刻之所以长久不衰，是与其重在装饰美化人们生活，逐渐成为首饰类的玉饰有着密切的关系。远古时代的人们雕琢环状的玉饰主要用于贴身佩戴，不仅可近距离的把玩欣赏，还体现了追求美、欣赏美的本性，尤其受到妇女儿童的喜爱，这一传统使环状的装饰雕刻在各个时期都表现得非常突出。

玉石材质的装饰雕刻在造型和纹饰上具有装饰艺术的鲜明特色，即以线、面、体等这些基本的造型艺术元素，融合想象力和对美的理解，形成抽象概括化的艺术形式。在玉石雕刻中，单纯的造型形式虽然能较好地反映玉石材质的美，但随着人们审美水平的提高，还应使其具有更好的欣赏性。因此，中国古代玉石装饰雕刻在造型和装饰纹样内容上都进行了丰富多彩的修饰、深入的刻画和艺术化表现。原始时期的红山、良渚等文化玉器已显现出对造型和内容的选择，如红山文化的玉猪龙是造型与兽头的立体结合，既抽象地表现了兽类弯卷的身躯特点，又以环状、半环状显示出其装饰性。良渚文化的玉琮、玉三叉形器、玉冠饰等选择的是平面造型与兽面、人面、鸟形纹饰的组合，用装饰艺术中典型的对称造型方法，不但取得了均衡、平整、稳定的艺术效果，还表达了深刻的内涵。商周以后装饰雕刻的造型和内容纹饰更加富有装饰艺术气息，如龙、螭、凤形的璜、佩，满琢云雷纹、勾连纹、龙凤纹的玉管、玉璧等等，两汉以后同样有制作优异、造型与纹饰完美结合的装饰雕刻作品，如变化多样的龙纹璧、鸡心佩，还有辟邪类的司南佩等等。唐宋以后，植物花草类的纹饰滥觞，不仅增加了装饰雕刻的内容题材范围，还创造了各种各样的花草纹的装饰纹样，增添了装饰雕刻的世俗化内涵和生活情趣。

总体上分析，首先，中国古代玉石装饰雕刻虽然在造型上纷繁复杂，但是主要以几何形、曲线形两种方式为基础进行造型上的变化，分别充分体现了几何形、曲线形的艺术特点。

几何形的特点是体面结构对称，可以是平面的对称，也可以是立体的对称，造型整体，线面结构清晰。圭、璧、璜、琮均是对称几何形装饰玉雕的代表形式。这些自原始时期即以大量制作的玉器种类，十分注重线条的平直圆滑，形体的平整光洁。其最大的特点是可以充分显露材质本色，满足对玉石材质美本身的直观欣赏。几何形由于线面的对称和规则，可以产生稳定、确定的造型格局，因此，以这种形式琢制的装饰雕刻风格上表现得庄重、严谨、大方，特别适合于体现人为意识的深刻内涵意义。除了圭、璧、璜这些具有明显几何造型的玉器之外，以创造性方式将立方体与圆柱体相结合的玉琮，在这方面表现得则更加突出。

曲线是具有弯曲形态的线条，其或有规律或无规律的变化，比之直线变化复杂，能够表现丰富多变的造型。自然状态下的动物、植物等均具有曲线形结构的特征。同时曲线还具有较强的运动感，能够体现造型的节奏和韵律，曲线更生动而自然。因此，在造型艺术中，曲线最富有形式感和艺术表现力。

以曲线形琢制的装饰雕刻造型，红山文化的玉勾云形器堪称代表性的例子，其运用不同弯曲的曲线造型，形成丰富的外轮廓变化和局部细节起伏，构成了别具一格的形式美感，装饰效果非常突出。曲线造型的装饰雕刻在春秋战国至汉代呈风靡之势，是中国古代玉石雕刻中运用曲线造型最为突出的一个时期，代表性的如玉璜、各式玉佩，均打破了早期同类造型玉器的简洁、规矩形态，曲线翻卷变化多端的装饰纹样或抽象的龙凤、云纹造型，极尽曲线表现之能事。再如这一时期出现的鸡心佩，则完全以多种曲线、曲面相结合，看似造型自由随意，实则别有新意地发挥了曲线形的艺术魅力，凸显了曲线造型本身的艺术性。

唐宋以后社会生活的世俗化和花草植物纹样的出现，使得大众审美倾向于优美、细致、自然，因此，曲线形的装饰雕刻大量涌现，大量的花鸟植物纹佩

图7-9
唐 青玉鸟衔花佩

饰无不在描摹自然的基础上用曲线形语言处理造型形式，琢制出如青玉鸟衔花佩、白玉嵌金佩（唐），青白玉镂空双鹤衔芝佩（宋），青白玉镂空凤穿花璧（元），白玉十字纹镂空佩、白玉镂空圆形梅花牌、玛瑙镂空椭圆形牌（明），和田玉镂空夔龙纹佩、和田玉云纹鸡心佩（清）等等众多优异的曲线形玉石装饰雕刻。（图7-9）

与几何造型的直线直面相比，包含曲线元素的雕刻造型呈现出与稳重、严谨决然不同的艺术风格。无论曲线造型的装饰雕刻采用的是曲线对称形还是散点均衡形式，由于曲线所表现出的丰富变化、形式美感、节奏韵律特点，都使得这类装饰雕刻具有活泼、生动、轻松暇趣的装饰艺术风格，装饰效果上与几何形的装饰雕刻形成了强烈的对比。

其次，中国古代玉石装饰雕刻在造型上的变化，仅仅突出了整体形式感，而通过琢制细节纹饰内容，点缀、丰富造型同样不可或缺。

雕刻装饰纹样与造型是两个体现装饰雕刻特征的不可分割的组成部分，纹样琢制的适合与否对装饰雕刻的最终效果起到重要作用。

装饰雕刻的纹饰主要包括几何形装饰纹样，神兽抽象纹样和植物花卉变形纹样三种。

一、几何形装饰纹样。几何纹是由几何形态线面组成的有一定图案化规律的纹样，其主要通过线面的排列组合表现出形式上的韵律变化。中国古代装饰雕刻中的几何纹重要的有谷纹、蒲纹、云雷纹、涡卷纹等。

谷纹、蒲纹是中国玉石雕刻独具的琢饰纹样。谷纹是指在玉石面上琢制的带有小尖尾的圆形凸起，极似谷芽、谷粒，蒲纹则是由横竖两组或横竖斜三组平行交织线形成的六角形凸起。这两种是汉代最典型的装饰纹饰，常用来琢饰玉璧、玉璜和多种佩饰。其特点是以平行或斜向交叉的方式重复排列，形成横平竖直的规律感，具有强烈的工艺化装饰美，后代对这一装饰纹样运用不多，有的如清代也基本上是照搬仿制，只在明代变化出乳钉纹较有特点。

云雷纹和涡卷纹属于线形纹饰，为单线或双线自中心向外往复环绕的曲线图样。以富有弹性的回旋线条组成的是云纹，多呈"S"形，回旋线条有方折角的称雷纹。这些纹饰简单抽象，但它的生命力极强，从商至清代各类玉石雕刻上都可以看到其身影。商周时期装饰雕刻上的此类纹样琢制的简单明了，而到春秋战国、两汉时期，人们已经不满足于古老云雷纹的简单表达，不断将之复杂繁缛化，以至纹样相互穿插缠绕，排列自由奔放，出现了当时极为流行的"勾连云纹"，装饰的功能尤为突出。

几何纹样的运用，总体来看服从于装饰雕刻整体造型，其重点是起到丰富造型的作用。

二、神兽抽象纹样。是将根据人们的想象，借取现实动物的一些特征重新组合加工出来的形象加以夸张、变形的纹饰。其与实际的动物似而不是，现实动物形象作为装饰纹样在中国古代玉石装饰雕刻中反而鲜见。此类纹样主要有兽面纹、夔纹、龙纹、凤纹等。

兽面纹在原始时期良渚文化玉琮、玉三叉形器、玉冠饰、玉锥形器等装饰雕刻上都有出现，已形成明确的装饰纹样特征。这种纹饰具眼、鼻、口齿，形象主要为正视。兽面纹在商周时期的青铜器上曾盛极一时，但作为玉石装饰纹样只在玉牌上偶有琢制，且与良渚、商周青铜器上同类的纹样相比，以线刻手法琢制得抽象而简略，其后则逐渐消失。明清时期仿古玉器上的兽面纹严格来说主要仿自青铜器，因此，提及装饰雕刻的兽面纹样，主要是指商周之前的纹饰，尤其在中国古代玉石雕刻艺术中几乎成了良渚玉器的代名词。

夔纹、螭纹、龙纹虽然名称不同，但总体看都是以具奇特造型的兽头与类蛇身的长躯体所组成，螭头似虎，而夔、龙则具有虎、牛、鹰、蛇等多种动物的特征。螭纹、夔纹在春秋战国至两汉时期非常流行，尤其是螭纹在玉璜等玉器上运用最多。战国螭纹雕饰张口露齿，上唇长宽，而下唇短小，有分叉的独角，多呈侧面"S"形，而汉代的螭则类虎，多正面俯视，耳的变化多，身形呈"C"字。螭纹虽然在其后各代也有琢制，如元、明时期，但其多直接抄袭前代，特点表面化、形式化，气势、内涵与春秋战国、两汉相差甚远。

龙纹的历史非常悠久，在装饰雕刻上最早就有红山文化的玉龙。商周以后各时期更是缘于各个时代审美观念的不同，充分发挥想象力创造了形形色色的龙的形象。龙纹在商周时期秉承了原始时期装饰雕刻的特点，整体多呈"C"形，局部以阴刻线琢出眼、耳、身鳞及结构，大气深厚。汉代龙纹则注重装饰雕刻的轮廓线，形象以抽象的线条为主，其玉璧、玉璜、玉佩上琢制的龙纹或翻卷腾挪，或简洁大方，琢制精细一丝不苟，很有气势。唐宋之后龙纹成为皇家专属，因此，造型趋于稳定，玉带板等之上的龙虽然琢制精到，具有优异的装饰效果，但主要是以显示权力地位为主，艺术上反不如两汉之前自由奔放。

凤是人们想象中羽饰华丽的神鸟。凤纹在商周时期的装饰雕刻中与龙具有同样地位，主要以刻线的方法琢制在玉牌、玉璜上，有时龙凤也共同组合成独特的装饰雕刻形式，特点是线饰华丽，造型优美。但是凤纹在商周以后逐渐退出了装饰雕刻纹样的行列，严格来说，唐宋以后虽也有称凤纹佩、凤纹璧、凤纹牌的，但由于多采用写实的手法，更接近现实中的鸟禽，因此，从装饰纹样的角度不如商周凤纹形式感强烈。

神兽纹作为装饰雕刻的纹样，虽然具有很强的装饰意义，但随着社会历史的进程发展，越来越偏重内容本身的内涵，各个时代都予其附加了深刻的象征意义，使其宣示着特定的权力地位，因此，往往看重的是其内容题材而不是造型形式，这一点与其他纹饰内容有所区别。

三、花草变形纹样。花草纹样是将花草枝叶以一定的形式感进行变形组合形成的装饰纹样。花草装饰纹样的大量运用，产生于唐宋时期，并以后来居上之势成为以后各个时期居主要地位的纹样内容。其题材来源于生活，自然界各种花草植物都可以加以变形夸张，以符合大众的审美趣味。花草纹饰的内容形式很多，如首都博物馆藏的青玉镂空折枝花锁（宋），白玉凌霄花嵌饰（元），西安文物局收藏的白玉镂空圆形梅花牌（明）等等，人为地在保持自然花草特征的基础上进行装饰化的夸张、变形除理，或采用单独纹样，或采用适合纹样形式，形成了空间和造型具有律动形式的别具一格的装饰图案。（图7-10）

图7-10
首都博物馆藏　元　白玉凌霄花嵌饰

花草纹样出现以来，受到社会各阶层的普遍欢迎，这是由于其贴近生活，同时又可将其自然美转化为吉祥、如意等美好含义的表达，易于被世俗审美观念所接受，因此，此类纹样在造型纹饰上轻松活泼，具有生活化的世俗审美意趣。

其三，中国古代玉石装饰雕刻在具体的琢制上、造型上主要运用塑造整体轮廓和镂空两种手法，纹样琢制则以线刻和浮雕为主。

以镂空和塑造整体造型轮廓突出雕刻美感在早期原始时期的装饰雕刻中处于同等的地位，良渚的玉三叉形器、玉冠状器，红山的玉勾云形器等是为代表，两者多变的造型外轮廓和镂空同样取得丰富的装饰效果。商周以后，由于镂空带来的空间视觉美感更强，因此发展更快，汉代著名的出廓璧、鸡心佩，唐宋以后的镂空玉牌、玉佩均是以镂空手段琢制装饰造型的经典之作。尤其是唐宋之后的花草纹样佩饰，镂空的方法既可以最大限度地表现自然花草的丰富外形轮廓变化，亦可表现装饰雕刻的空间层次、明暗变化，甚至出现明代花上压花式的装饰雕刻形式，使镂空的琢制达到了很高的水平。

纹样装饰是装饰雕刻的重要组成，主要运用的琢制手法是刻线与浮雕，商周之前由于琢制工具的落后，其装饰纹样以线刻为主。商周之后，汉代铁质砣具的使用，大大降低了琢制玉石的难度，因此，浮雕开始大量出现在玉璧、玉璜、玉佩等装饰雕刻上，对丰富装饰雕刻的造型起到了巨大的作用。值得一提的是塑造装饰雕刻造型与琢制纹样内容是两个不可分割的部分，中国古代玉石装饰雕刻在这方面创造了大量的新的雕刻形式，如故宫博物院收藏的宋代白玉镂空云龙纹带环，明代的白玉镂雕蟠龙纹带板等，将浮雕的龙纹底板或镂刻成云纹，或十字花纹，不仅使主体的浮雕非常突出，而且增加了底板的透空、明暗变化。宋代之后，这种雕饰与造型相结合的方法很多见。此外，花草纹样的装饰雕刻也常常将造型与内容相结合，镂空的纹样边缘同时也是装饰造型的外轮廓，两者相互借用形成装饰形式，足见中国古代玉石装饰雕刻的丰富面貌。

八、中国古代玉石雕刻艺术的造型特色

1. 中国古代玉石雕刻艺术独特的人物造型

人物有复杂而规律性的结构、体态，有丰富的思想和表情，又有与社会生活紧密联系的生活背景和社会活动，历来被各种美术形式普遍关注与着力表现。在雕塑艺术中，人物更是雕塑造型最主要的表现主体。玉石雕刻作为一种以特殊的材料进行雕塑创作的艺术形式，在表现包罗万象的自然世界的同时，对人物的刻画具有其自身特殊的方式方法与艺术特色。其主要表现形式有圆雕、浮雕，还有部分装饰雕刻。

圆雕最能充分表现人物的体积、结构特征及神情状貌，以及全方位体现人物的生活背景、经历、思想状况等属性。

以圆雕表现人物在中国古代玉石雕刻中时间跨度大，在雕刻手法、雕刻形式、艺术风格上形成了两个重要的时期。

原始至秦汉时期人物造型 秦汉之前历经原始社会、奴隶社会逐渐发展到封建社会。这一时期正由蒙昧走向文明，思想文化上原始时期、商周的祭祀、宗教、礼仪文化和秦汉的迷信、谶纬观念，整体上其发展是和生产力水平实际状况相适应的，极大地影响着社会审美思维。因而在艺术上形成了神秘主义、理想主义的风气，体现出写意化的特征，主要体现为：

其一，原始时期、商周至秦汉，圆雕的人物动态、表情单一，立式及跪式成为主要的造型。结构比例也不甚讲究，人似乎只是表现外在的形象符号，从动态神情上看不出明显的人物思想和生活状态。这一时期人的自我意识尚在觉醒阶段，人的现实生活往往被寄予虚无的神的世界，甚至生命也由无法捉摸的神灵、祖先所主宰，对于原始社会拥有财富、控制祭祀权利的氏族首领，商周以后阶级社会中掌握绝对统治权的上层统治者来说，对于玉的使用实际上在起到强化加深这一观念的作用。因此，玉石雕刻的人物其目的重在其中隐含的某种意义而非塑造雕塑艺术本身。

原始时期石家河、凌家滩站立姿势的玉人，头戴发冠，或插手或双手抚于胸前，人物的动态五官明确，但头部明显大于正常比例，透出深邃表情的双眼，流露出神秘化的意味。殷墟妇好墓出土的两件呈跪姿的圆雕玉人像，人物的体积塑造饱满，结构的转折较原始时期圆滑肯定，技巧上有了很大的进步，人物的形象情态却也同样单调有余而生动不足，这种简单平板的造型形式，虽然在一定程度体现了稳定、庄重的感觉，但也弱化了人物的生动性特征，削弱了其艺术感染力。

更有甚者，如石家河及西周时期的某些圆雕人物头像，将一些虚幻的思想加入到人物形象之中，使之双目圆睁，口中长有獠牙，人与神相融合，增添了其神性，而与现实生活相去甚远。（图8-1）

1   2

图8-1

玉人头像　西周

1.西安沣镐遗址出土　　　　　　2.美国福格美术馆收藏

其二，原始时期、商周及秦汉的人物圆雕，在具体人物形象刻画上以雕刻整体为主，细节为辅，在突出人物动态、结构、体积的基础上以不同形式的线刻来表现、丰富局部。

商周之际，玉石雕刻使用的主要是竹木、铜等不耐磨损的工具，琢制较大的块面体积尚可，却不易对较细致的造型进行深入琢磨。而艺术观念上的写意化，特别是由于重视形象含义的表达，对能够体现生活化的服装、道具、表情等等因素，都不在着力刻画的范围，因此，玉石雕刻尽量简化和形式化。殷商妇好墓出土的玉人和汉代著名的玉翁仲即是具有这种鲜明特点的圆雕人物造型。

　　妇好墓的玉人，通过简练的块面结构雕刻出了人物很强的体积感，人物动态虽然略显呆板，但整体外轮廓和造型却很坚实而突出。与之相比，除了发冠及五官的鼻口之外，其他的服饰装束、眼眉均以线刻来刻画，并且刻线融入了商周时期特有的云雷纹、回纹，甚至抽象的兽面纹，使人物形象既具有整体饱满的体积，又有丰富线刻装饰，线刻、造型的结合自然而和谐。

　　汉代的玉翁仲运用的同样是线刻与整体造型相结合的手法。在小不盈寸的人物圆雕造型上，外形琢出头部与宽袍，细节局部则以酣畅淋漓汉代特有的"汉八刀"手法琢出胡须和宽袖，整体大气而富意味。粗线条的阴刻线与简洁的块面体现的并不是技术层面的水平，而是摒弃了雄壮的动态，威猛的表情表现主题的手法，仅以指代性的人物形象引起人们的想象，感受到其能避邪消灾的意义，体现了写意化观念对圆雕人物形象塑造影响深刻。（图8-2）

图8-2
汉　玉翁仲

　　隋唐至明清时期人物造型　隋唐时期，两汉之前理想化、神秘化的艺术观念渐行渐远，以表现生活、美化生活为主的艺术理念生根发芽，因此，唐宋至明清这一历史时期，人物圆雕在造型形式、雕刻手法及风格上也发生了根本的变化。这一时期主要的特点为以描绘现实为目的，人物圆雕的造型比例、体积结构以及细节服饰、五官动态均以现实中的人物为参照对象，人物圆雕的现实性、生活化特征大大提高。

　　以故宫收藏的一件唐代青玉立人像为例，这件立人圆雕站立状，戴冠着长袍，双手合于胸前，造型与汉代的翁仲像形同一辙。汉代的翁种像只可简略看出整体的头身和粗线条琢出的局部，而这件玉人头型比例和谐，造型曲线流畅，服饰下的结构转折也很明确。不仅清楚地交代了服饰的交领、束带特征，而且衣纹贴体，随动态琢制，甚至连衣带袖口都刻画有织物的装饰纹路和图案，对生活的观察和表现很细致入微。

　　故宫收藏的另一件清代和田玉罗汉像，虽然是宗教人物题材，但刻画的人物手持万年青，略带微步，动态舒缓生动，额头有皱纹，双目眯笑，嘴角上翘神情专注，刻画的深入程度仿佛就如身边的一位慈祥老者，体现了优异的写实技巧。宋代以后常见的玉童子人物形象也同样表现了人物圆雕写实生活的特征。普通的玉童子，头梳抓髻，身着小袄宽裤，双腿交叉而行，手中持有荷花、荷叶、灵芝等吉祥寓意的花草，头大而五官的比例均符合儿童的特征，从动态服饰到局部雕饰的衣纹展现了现实生活中孩童的活泼可爱。故宫收藏的一件白玉圆雕孩童坠造型特别，雕刻了一儿童手脚并用攀附树枝的动态，童子上身赤膊，手腕带有手镯，背后披一披风，着长肥裤，一长树枝叶伸于童子跨下，整个造型生动自然，孩童攀枝扭头嬉笑的神态活泼调皮，使这一时期大量从现实生活当中提炼出来的，极富情趣的玉雕人物造型达到了形神兼备生机勃勃的艺术表现新高度。（图8－3）

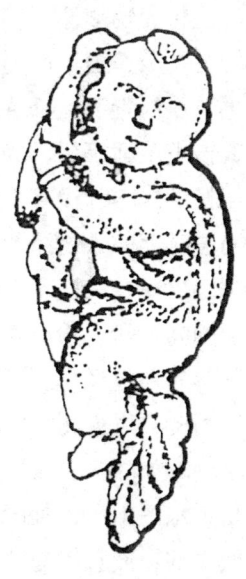

图8-3

宋　玉童子

　　唐宋以后，圆雕人物的写实性随着玉雕工艺技术的完备大大提高，已经可以对人物从造型到局部进行全面的深入表现，正如清代中后期玉山子上所琢制的人物，虽然体量不大，也并不作为主体人物形象出现，但人物的动态结构、比例体积、五官眉目、所着的服饰等等无不毕肖细致，达到了圆雕人物形象写实刻画的新水平。

　　主要表现人物的浮雕在唐宋之前的玉石雕刻中不多见，这可能源于人物与所谓的夔龙、神凤相比，后者更可以极力表现出神秘、夸张的神性特征，以符合当时的政治思想、宗教理念。唐宋以后，写实主义带来的生活化艺术风气，开始将人物形象放在了一个重要的地位，为浮雕形式表现人物创造了契机，使得唐宋以后浮雕形式的人物形象在总量上大大超过了圆雕，同时也形成了自己的艺术特色。

　　首先，人物浮雕形式多样化，高浮雕、浅浮雕和薄浮雕都有涉及，且呈现出极高的雕刻水平。唐宋时期常琢有人物浮雕的玉器有玉牌饰、玉带板等。如故宫博物院收藏的一组唐代白玉蕃人纹饰带板，西安市韩森寨、枣园等地出土的一批白玉胡人纹带铐，其浮雕的高度与带板、玉牌的表平面基本上保持一致，均是将人物形体压缩于玉板的同一平面后再行艺术除理，虽然人物的动态扭转较为复杂，但层次的变化恰到好处。这一时期薄浮雕的代表作当属江西上饶出土的一组青玉池面人物带铐，八方玉板上的人物或弹奏琵琶，或手捧果盘，或饮茶谈话等等，为了适合玉板的使用功能而压缩极薄，起物线隐隐而现，流畅的线面和极富生活化的雕刻手法，使人物栩栩如生。

明清时期的人物浮雕由于这一时期玉制器皿、文房玉文具、陈设玉器的兴盛而常常出现在玉瓶、玉壶、玉笔筒、玉山子之上，其中又以琢制于玉笔筒、玉山子的高浮雕人物成就最为突出。明清时期玉制文具表面雕刻的浮雕，所取得的欣赏效果已经超过了其使用的功能，而玉山子更是以陈设欣赏审美为主要目的。因此，以人物为中心的场景内容、故事题材大为流行，其人物通常以高浮雕雕刻，如故宫收藏的清代和田玉山水人物方笔筒，青金石观瀑图山子，翡翠人物山水图山子，画图中的人物不仅起物线高起，压缩的层次有意识地突出人物的头部，而且人物的五官形象已不像唐宋时期刻画得简单概括，其结构体积的起伏极近自然形态，人物形象除理符合整体造型的需要，在复杂的环境中明显的凸现出来。

其次，中国古代人物玉石浮雕根据材质的特点、琢制工具的使用，采用的是线面结合的浮雕艺术手法，发挥了线与面两大造型元素在浮雕艺术上的作用。

传统的浮雕艺术，讲求的是对结构体面的合理艺术除理和压缩，而玉石浮雕人物在此基础上针对玉石的质地色泽特点，将中国传统绘画中的线运用到了人物浮雕之中。浅浮雕、薄浮雕这种线面结合的表现方式特别突出，前面提到的一组宋代薄浮雕青玉池面人物带铐，为了适合于玉板的造型，其压缩面和起物线极薄，如果按照传统的表现方式除理，人物形象就不能明显地显现出来，现在加入线的元素之后，人物的五官、衣纹等均十分清晰。这种线的力度、走向、穿插可以看出是对同时期人物绘画中白描勾勒法的借鉴，对人物浮雕的体面起伏起到了强化明确的作用。

中国古代人物形象造型的玉石雕刻还有一类特殊的表现形式，即装饰性人物造型。装饰性人物造型多出现在商周、秦汉时期，唐宋以后比较鲜见。秦汉之前，人物造型要么人神结合，要么简化概括，是和动物、装饰纹样一样仅作为一种雕饰的载体而出现。因此，装饰性人物造型既不像立体的圆雕那样着力通过现实人物结构、体积的再现，塑造出具有强烈空间实体感和丰富生活背景的人物形象，也不像浮雕那样雕刻与绘画性相结合，同时依存于玉器的整体造型，通过体面压缩的艺术除理造成光影层次效果来达到欣赏的目的，而是通常采用片状的形式，将人物的现实特征尽量的概括并加入强烈的人为意识和装饰线面元素，通过夸张、抽象变形的手法使之凸现出装饰艺术的形态。

正面　背面
图8-4
河南光山黄君孟夫妇墓出土　玉人首饰

　　此类人物雕刻典型的如故宫博物院收藏的商代老鹰人头合纹饰件，黄君孟墓出土的人首玉饰以及汉代极为流行的玉舞人佩等。其中前两者均采取人物的侧面形象，能看出人物的侧面五官，但对称翻卷装饰性的线面，组成繁缛的发冠、鹰翅，又与为增加装饰感而琢制的勾云纹相混合，人物仅为整个造型的一个组成部分。（图8-4）汉代的玉舞人佩，人物的整体形象突出，着力夸张长长舞袖弯曲流畅的线条，有的还为了进一步强化其轮廓线翻卷的装饰美感，有意增加衣袖的弧度和弯曲分叉，如河南僖山汉墓，陕西三桥汉墓，北京大葆台汉墓出土的玉舞人佩，均有这一显著特征。（图8-5）

图8-5
汉　玉舞人
陕西西安三桥汉墓出土

　　总体来看，中国古代的人物造型玉雕，虽然在唐宋以后逐渐增多，但在总量上不如动物、植物花卉题材，究其原因，除了中国古代社会政治、思想文化观念上的影响，还源于雕刻艺术中的人物造型塑造，对技法、工具、艺术除理的要求都比较高。特别是玉石材料，由于受到工具的限制，并不能像其他材质雕刻人物那样可以随心所欲，尤其是玉雕中不可或缺的打磨，对微妙的起伏除理更是具有一定的局限性。此外，玉石材料稀少而珍贵，常具佩戴、陈设欣赏的功能，因此体量上以小型化为主，为较为复杂的人物造型表现增加了难度。像《大禹治水图》玉山子这样，倾国家之力，雕刻了丰富人物造型，以人物为主表现宏大的题材，气势磅礴的玉石雕刻，在中国古代玉石雕刻艺术中毕竟属于少数。

2. 中国古代玉石雕刻艺术的动物造型

从红山、良渚、龙山等原始文化时期出现玉石雕刻动物造型开始，动物母题在中国古代玉石雕刻艺术中的地位就相当稳固。自商周至明清延续时间长，数量众多，形成了洋洋大观的玉石动物雕刻艺术。

中国古代玉石雕刻如此偏爱动物题材，除了人与动物在大自然中长期相处，现实生活中动物与人的关系甚为密切，重要的原因还在于以玉石雕刻动物具有小型化的特点，既能体现出动物的可爱，可放于手中把玩欣赏，在于其可以通过各种艺术处理及表现的手法，充分发挥想象力，为其附加人类的一些特殊意识观念。

中国古代玉石雕刻塑造如此众多的动物造型，还与中国古代玉文化中对玉石材料的特殊认识有关，即认为玉虽属石质，但却是有生命的，是可以供给神类、祖先享用含有特殊精气的物质。这一点尤其在上古玉文化中表现的特别突出。北京大学裘锡圭先生在《稷下道家精气说》一文中认为："物皆有精是古代极为普遍的思想"，"这种思想的古老程度，可以从古人对玉的态度上看出来。古人十分重视玉，其重要原因之一，就是他们认为玉含有的精多"，臧振、潘守永在其《中国古玉文化》一书中，结合当代考古发掘的资料将这一观点加以延伸，例举了《山海经》、《周礼》等先秦典籍中大量关于玉的记载，诸如"其祠，毛用一雄鸡，瘗，祈；用一璧一圭，投而不糈"，[①] "骄山，帝也。其祠：修酒太牢具。和巫祝二人舞，婴一璧"等，[②] 指出中国古代"礼神

---

① 《山海经·北次二经》。

② 《山海经·中次十经》。

之玉正是食品，除了放在管席类之上外，便是放在食器之中"，认为由于含精多玉同时也含有内在的生命。笔者认为这种观念对中国人的影响非常深远，不仅是过去还是现在，当人们提及有关玉的玄之又玄的所谓奇迹、缘分、经历时，即是这一观念潜意识的作用。

秉承特殊思想观念雕刻的动物造型，隐含着深刻的人文社会学方面的价值，但它们是以雕刻的形式出现的，本文从雕塑艺术的角度将之分为四大时期进行分析研究。

原始时期的动物造型　就玉石雕刻动物的数量和其所具有的地位而言，当属距今七千至六千年左右的东北红山文化，长江流域良渚文化和中原黄河流域的龙山文化最多最重要，其制作的玉石动物雕刻在中国古代玉石雕刻中也非常具有代表性。

原始时期的动物造型总体上主要以圆雕的艺术形式表现，在琢制手段非常简陋的情况下，采用的是趋向写意的手法。这从红山文化的玉鹰、玉鳖，良渚文化的玉龟、玉鸟、玉蚕蛹，龙山文化的玉螳螂等即可得以印证。如红山文化标志性的动物造型玉鹰，其结构比例与现实有很大差距，只是意向性地琢出了雄鹰展翅翱翔的特征，其他特征如鹰的双翅、尖喙、利爪、翎羽，无论从正视、侧视等各角度也都寥寥数笔点到为止，只具备大型位置，不做更准确的描绘。良渚、红山文化的玉龟琢制很多，虽然特别注重造型体积的饱满，但也仅只表现了龟的背、头、四肢，而其他更深入的细节均予以省略，尤其是这一时期琢制的玉虫蛹、玉蚕蛹，在饱满圆润的虫体上，其肢节往往采用数道粗深的刻线显示，均是通过对生活的细致观察、运用写意手法进行雕刻的典型。

虽然同属于圆雕写意的手法，原始时期玉石雕刻动物造型，由于审美视角的差别，采用的具体艺术手法大有不同。如良渚玉龟和红山玉龟，两者尽管都

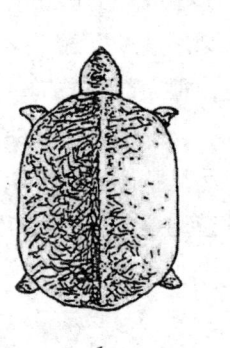 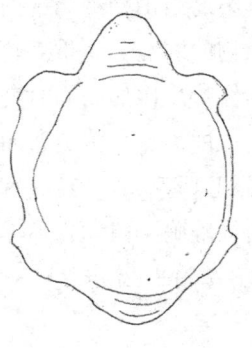

1　　　　　　　　　　　　2

图8-6

1.良渚玉龟　2.红山玉龟

八、中国古代玉石雕刻艺术的造型特色

从整体造型上雕刻了龟的外部特征，但前者琢制细腻精致，并以龟背上琢制的非常工整的凸棱为中心线使造型完全对称，龟背、头部、四肢打磨光滑平整，外形轮廓线规矩而一丝不苟，显得轻灵秀致。而后者则特别注重突出体积，龟背的凸起和头部四肢在雕刻形体上粗拙，平面也不光滑，交接处不如良渚的交代打磨清晰，但却显得厚重生动，体现了两种地域文化特色。（图8-6）

尽管原始时期的动物造型主要采用的是写意的雕刻形式，动物很多的局部特征没有做深入的刻画，略显简单、粗糙，但由于从大的方面注重了动物整体造型特征的雕刻，却也反映出简洁、概括的特点，加之长时间的手工琢磨，总的艺术风格上生动、质朴、淳厚。

商周时期的动物造型 商周是我国古代玉石动物雕刻最为发达的一个时期，仅从考古发掘看总量不仅超过了原始时期，而且其造型的特点也非常突出。动物的内容除了原始时期已有的鹰、龟、虫、鱼、鸟等，还包括了虎、熊、马、鹿、象、兔及多样的鸟禽，种类繁多。

商周时期的动物造型总体上延续了原始时期写意雕刻的手法，同时又融入了时代特有的审美观念，采用了写意圆雕装饰手法和写意平面装饰雕刻手法，雕刻艺术形式颇具新意。

写意圆雕是原始时期普遍运用的传统雕刻手法，是在尊重自然中现实动物造型特征基础上，通过意象化的写意手法表现造型。殷墟妇好墓出土的一批动物雕刻尤为突出。比如玉象、玉虎，形体上虽然圆浑饱满，但象的长鼻，虎的头与四肢，均未完全按照现实的比例结构雕刻，只重在突出表面上的特征，写意的手法与原始时期的此类雕刻如出一辙。

写意平面雕刻是商周时期玉石雕刻，特别是动物雕刻造型的创新形式。其特征是将动物复杂的结构归纳为平面片状的造型，以剪影式的形式体现动物特征。常常只取动物的侧面，注重对轮廓的雕刻。这种形式对形体更加概括，发挥了雕刻写意的优势。比如商周时期的玉虎，很大部分的玉鸟禽，只写意性地截取虎头、虎尾、虎齿，鸟禽类弯曲的长颈、长喙等这些有助于表现特征的部分，而对其他局部进行减弱，甚或省略，虽然从整体上看不似现实动物那样四肢齐全、比例结构准确，但动物形体生动的造型意味却极其鲜明，造型与写意的结合恰到好处。（图8-7）

图8-7

商周时期的动物造型在采用写意圆雕和写意平面雕刻形式的同时，均通过装饰纹样丰富局部，形成了装饰性的艺术手法，这也是商周动物造型的一个突出特点。

商周虽然实行的是残酷的奴隶制度，但生产力水平的快速发展，使整个社会的文明程度得到了很大的提高，对审美的要求反映到这一时期的各种艺术，尤其是奴隶主阶层使用的青铜礼器、生活用品等无不装饰着繁华的纹样，极尽华丽与奢侈。对于玉石雕刻也已不再满足似原始时期单纯质朴的造型，而开始向更加丰富多姿的审美欣赏性发展。

图8-8
商 妇好墓出土 玉雏鸽

商周动物造型装饰纹饰的特点，具体体现于在雕刻动物整体造型体积特征的基础上，以多样富有装饰性的线刻达到美化丰富造型的目的。著名的圆雕动物造型如妇好墓出土的玉虎、玉熊、玉雏鸽，前两件通身以商代特别的双阴刻线琢满了云纹、涡卷纹，表现动物细节的线条也变化成同样的装饰纹样加以琢制，点明了结构特征及其转折关系，同时与其他的纹样相配合，装饰的效果很突出。玉雏鸽的装饰美感更加鲜明，其双翅收拢，仰头伸喙的动态配以肩头的大涡卷纹和羽翅纹，纹饰与造型结构的融合相当完美，能以线与形相配合使造型如此丰富，说明这一时期圆雕装饰手法达到了很高的艺术水平。（图8－8）

与圆雕的装饰相比，平面为装饰线的运用创造了更大的空间，如妇好墓出土的一件玉凤鸟，整体以片状的玉材琢制了一只头颈有羽冠，具长长美丽尾羽的凤鸟形象，造型突出了头与尾形成的形式感，中部琢制的阴刻线纹饰则装饰化地显示了头、身、尾三段侧面特征，使整个造型既典雅又生动。（图8-9）如果说这件凤鸟的装饰纹样还具有表明结构的作用，那么同墓出土的玉鹰以线刻纹样体现平面装饰性特征则更加凸显。这件玉鹰的形式感与红山文化的基本相同，都雕刻出鹰头、尾羽与展开的双翅，但在造型特征上，由于比例并未描摹现实，并且增加了细密的边齿和回卷纹，所以写意的意味更加浓郁。突出的方面在于其装饰华丽的纹样，不仅线条工整，而且随形布置的勾连纹完全中心对称，从而将欣赏的目光从造型吸引至纹样装饰，装饰性的趣味显露无遗。同墓以同样平面装饰性手法雕刻的此类动物造型还有玉鹤、玉鹅、玉鸟等等。（图8－10）

正面

背面

图8-9
商 妇好墓出土 玉凤

图8-10
商 妇好墓出土 玉鹰

以富有特色的线刻纹样雕饰平面的动物造型在商周乃至春秋战国时期盛行一时，其造型为辅，纹饰为主的特点，发展到后期，纹样繁缛满布，将刻线的装饰功能发挥到了极致。如黄君孟夫妇墓、洛阳金村东周大墓出土的玉虎、玉鱼等等。值得一提的是这种将线进行夸张、图案组合的雕刻方法，成为后世一直延续到汉代的神兽平面装饰雕刻的主要表现手段，但由于其造型内容附加了浓厚的人为意识色彩，与现实中的动物所表现出的生动自然相去甚远，因此，在艺术上可称道之处其少。

两汉时期的动物造型 中国古代玉石雕刻艺术发展到两汉时期，无论是雕刻内容、形式种类，还是雕刻艺术手法越来越多样。相对而言，动物造型已不像商周、原始时期在整个玉石雕刻中占主导地位，但是作为具有悠久传统历史的玉石雕刻题材，其在这一时期所体现出的新的雕刻艺术手法却特色鲜明，可圈可点。

首先，两汉继承了原始社会和商周时期写意的雕刻艺术手法，但随着社会思想文化进步而来的欣赏、审美观念的改变，使其逐渐向写实性发展，后期展露出写实主义的萌芽。

两汉时期，代表先进生产力的封建制度取代了奴隶制度，对自然的了解认知程度提高，但根深蒂固的神仙迷信思想观念仍未消除。反映在玉石雕刻上就是葬玉种类的兴盛。葬玉中的动物造型尤多，尤其是西汉，写意的意味也最为浓厚。玉蝉尚可看出雕刻的首、腹、蝉翼，而玉握猪则完全将动物的造型归为简略的圆柱体，只突出了猪鼻和点到为止的四肢，有些如江西老福山汉墓出土的一件玉琀蝉和河北北庄汉墓出土的一件玉握猪，造型特征减省，细节只有蝉的头肩分界线和猪的双眼、鼻孔，似乎只剩下特定的名称可供人联想起具体的动物形态，写意的特征发挥到了极致。

在封建社会高速发展的西汉后期，人们对现实生活的关注度持续增加，葬玉衰落了，动物的造型回归社会生活，开始摒弃完全的写意，添加了些许写实的色彩。如陕西历史博物馆收藏的玉牛，咸阳汉陵附近出土的玉鹰、玉熊，虽然玉鹰的羽翼，熊的双耳等细节仍有明显的写意装饰性，但其结构、比例趋于写实合理，特别是鹰飞翔，牛伏卧伸头的动态尤其生动，写实性已很显著。

其次，两汉时期的动物造型以圆雕为主，继承了商周注重整体造型体积的刻画，但在具体的琢制手法上突出线面结合的特点，显得更加大气，饱满浑厚。

两汉时期圆雕成为主要的动物造型雕刻形式，片状的平面装饰雕刻只在前期偶现商周遗韵。如广州南越王墓出土的一组玉佩中玉犀造型的璜，以平面装饰性塑造的动物形象，装饰线婉转流利，将线与结构特征结合，而且还琢有谷纹进行装饰化，但由于流于形式偏重装饰，此种形式东汉以后渐少。与之相反，两汉圆雕动物却显出生机勃勃的气象。（图8－11）

图8－11

西汉　广州南越王墓出土　玉犀形璜

两汉时期的圆雕动物承袭了商周体积饱满的特点，但在结构上的把握力求准确，塑造深入。外轮廓打破了商周的平直、简洁，而起伏转折自然多变化。

结构特征上接近现实动物，如上述的玉鹰，已不像红山和商周时期的最佳欣赏视角为仰视，而是琢出了鹰爪并使之独立立体化，从各个角度看都具有立体的效果和丰富的动态，圆雕立体造型语言的体现更加准确生动。

两汉时期的动物造型一改商周采用的装饰化刻线，运用的手法是以塑造体面转折为主，使圆雕不仅体积感强烈，而且又有丰富的细节局部，更接近立体圆雕的雕刻艺术特征。例如汉陵出土的玉熊和前例的玉牛、玉握猪等，玉熊的身躯体积虽整体概括，但起伏符合结构，玉牛、玉握猪则虽然在四肢及头部也运用了不同方式的刻线，但刻画均着力在结构特征的关键之处，使造型既有线的元素，也有面的体现，特别是玉牛以线带面，线面结合体现出动物的结构，其写实性形成了两汉动物造型风格上的浑厚、饱满、大气。

两汉后期，线面结合倾向写实的雕刻手法越发成熟，不仅动物的动态比例生动准确，而且增加了题材内涵的丰富性与趣味性，如江苏土山东汉墓出土的一件绿松石雕刻子母鸽，小鸽立于母鸽背上，母鸽作回首哺食状，形态栩栩如生，圆雕结构形式优美，妙趣横生。（如图 8 - 12）

图8-12

东汉　江苏徐州土山汉墓出土　绿松石子母鸽

唐宋以后各时期的动物造型　唐宋以后中国古代玉石雕刻动物造型已逐渐全面地走向了写实性的道路，对动物各方面特征的观察细致入微，对动物本身结构体积的塑造更加丰富有力。雕刻上以体面塑造为主，已经可以用玉石材料琢制出非常写实的动物形象。在塑造表现形式上则既有圆雕，也有浮雕，只是在风格上、具体的雕刻手法上各时代有不同的差异。例如，唐宋时期的动物造型清秀典雅，玲珑可爱，雕琢时注意撷取最能表现动物生动细节特征的部分，

譬如动物的眼、口吻，鸟禽的颈项等，且造
型结构线条圆润而富弹性，细节部分又能琢
制一些细密的阴刻线或强化动态，或形成肌
理，起到画龙点睛的作用。像故宫收藏的一
件唐代青玉卧鹿，呈伏卧式，头部高高扬
起，双目炯炯有神，鹿角刻为花式，尾部琢
为灵芝状，四肢与头部有细密的阴刻线表示
毛纹，口、眼、双耳小巧玲珑，四肢变细
长，处处显示出细致、精巧的琢制特点。又
像故宫收藏的一件宋代的白玉鸭坠和一件元
代的玉鱼，白玉鸭站立梳理羽毛的动态极其
生动而富生活情趣，回首弯曲的鸭颈，翘起

图8-13
宋 白玉鸭坠

的双翅和尾尖以及翅面上阴刻的各部位羽毛线条整齐细密，羽端又呈锯齿状。
（如图 8 - 13）而玉鱼则着意突出了鱼嘴的特征，圆的鱼眼和阴刻线的鱼鳃比
例也很精到。这几件圆雕动物虽然雕刻的对象不同，但却都在造型上尽力写生
自然，因此，从整体轮廓到局部结构的线条婉转短促，同时阴刻线也不再是装
饰的手段，具写意的意味，而是与结构完美统一，使唐宋这一时期的圆雕动物
造型显得生动传神。

　　明清两代的动物造型在这一时期整个玉石雕刻中所占的比例日趋缩小，取
得的成就不及唐宋。因此，虽然采用的仍然是写实的手段，技巧上无懈可击，
但总体艺术上显得沉闷呆板。例如故宫收藏的几件明代、清代的玉狗、玉马、
玉驼、玉牛，玉狗的动态从表面上看比之唐宋变化丰富，伏卧的玉马、玉狗头
部扭动回望，狗的前肢突出前伸，马的前肢翘起，两者尾部或回卷，或琢成波
浪状，爪蹄、耳口等细节的结构写实，有些动物如玉牛还琢成唐宋之前极少见
的四肢镂空的直立状。这些动物造型琢制和打磨均光滑圆润，线条一丝不苟，
但从整体上虽然动物的特征准确，四肢、五官毕现，但却有时软弱无骨，如马
的四肢，虽细节完备，甚至动物的肋骨可以表现出来，但对整体的结构统一把
握不足，所以体积感很虚弱。从琢工上看，明清琢制的工艺水平可谓高超，以
阴刻线表现的动物鬃毛异常细密，动物四肢的镂空处无论琢制和打磨均不留死
角，加之明清时期使用的玉料都有很高的质量，各种动物造型光滑光亮。但总
的来说，把玩观赏的趣味性高于艺术性，艺术上缺乏内涵的深入刻画。同样的
情况也体现在其动物的浮雕造型上，如故宫收藏的清代玛瑙花鸟纹罐、和田玉
鱼鸟纹罐上的浮雕动物造型，其动态丰富，琢制精细，但在浮雕艺术上没有新

的创意，内在的创造性更无从谈起。

明清动物造型虽然综合了写实与工艺，却往往流于简单描摹，正是此种照搬照抄现实，在雕刻艺术上缺少创造，使这一时期的动物造型特征表面化，细节琐碎，大大降低了其艺术水平，既没有原始社会、商周的拙朴大气，也没有唐宋时期的秀丽雅致，使得具有优良传统，在各个时期取得很大成就的中国古代玉石动物雕刻呈现出没落的景象。

3. 中国古代玉石雕刻艺术的花卉、山水景物

中国古代玉石雕刻将花卉植物、山水景物作为其雕刻的表现内容，自隋唐之后从未间断，并且形成了一整套完美的表现方式和雕刻技巧，取得了和其他雕刻题材同样重要的地位，在不同的历史时期又形成了非常鲜明的艺术特色。

花卉、山水景物题材以石材、木材、金属雕刻材料表现得也很多，特别是我国工艺美术中的竹木、瓷器、漆器等也常涉及。但若论对材料的运用和题材的完美结合，取得的成就之优异，雕刻总量之大，山水、花卉题材之广，在社会生活中影响之深远，其他材料的雕刻均无出其右。其中的原因，首先，由于玉石材料的质感美而特殊，不仅色彩美，透光度好，而且质地细腻。石材、金属虽然从雕塑的角度看是极好的硬质材料，但其材质感觉要么粗涩，要么色彩沉重，在塑造花卉、景物尤其是花卉时很难满足人们对自然花卉本身质感欣赏的要求。而玉石材料则不同，其自身细腻光洁的色质能够比较好地体现出花卉的滋润与轻柔，因此以之雕刻花卉这类题材更易被接受，其他材质虽也对此类题材有所表现，但远不及玉石材料所表现的形式特点突出。其次，中国传统观念中，玉石材料之珍贵使之成为某种地位、财富的象征，与其他材料相比，人们更乐于用贵重的玉石雕刻成各种形式的花卉、山水景物造型争相佩戴、陈设，从而通过对其价值及艺术的双重欣赏，满足了审美心理上的需求，这一点无疑促进了花卉、山水题材在玉石雕刻中的蓬勃发展，客观上使花卉、山水景物形成了一个庞大的雕刻题材形式。

在汉代玉石雕刻中，如汉代的玉灯盏上就已有花卉的造型出现，但却仅只于点缀装饰，并未以主体的形象雕刻。我国古代花卉的玉石雕刻造型形式真正形成是自隋唐开始，如唐代的玉佩、玉花卉浮雕带板、玉簪花饰、玉梳浮雕花卉等等。花卉的造型、雕刻形式多种多样，并在唐宋以后规模远超其他题材，在雕刻形式、手法上颇具特色。

唐宋开始肇兴的花卉雕刻造型，在中国古代玉石雕刻中主要运用了浮雕、

圆雕、装饰雕刻三种雕刻形式，其各具特色，形式新颖。

花卉植物浮雕造型 以浮雕的形式雕刻花卉植物，得益于浮雕兼具雕刻与绘画两种艺术之长的特点。自然生态下生长的花卉植物千姿百态，复杂多变的植物结构，繁复的花叶、枝干，不仅色调不同，而且质感也存在很大的差异，这些在平面的绘画中都可以得到很好的表现，但雕刻材料色彩的单一性，使得其必须通过对体积结构的塑造处理，才能达到理想的艺术效果。浮雕运用的主要是压缩处理造型，层次处理空间，光影表现体积的雕刻艺术手法，同时综合吸收了绘画的线性元素，造型既有雕刻的立体感又有绘画的平面透视关系，因此比较适合表现花卉植物的自然生态特性。中国古代玉石雕刻的花卉造型正是巧妙地利用了浮雕的这一艺术特点。

浅浮雕、薄浮雕是表现花卉题材最常运用的两种浮雕形式。两种形式的最大特点是立足于所依附的器物造型，主要突出两维平面的观赏效果。为了丰富造型，局部细节大量运用线刻，接近绘画的特性。浅浮雕和薄浮雕体面起物线、层次空间的过渡极其微妙，对雕琢技巧的要求比较高，这一类的花卉造型在明清两代玉石雕刻中体现出的效果最佳。如明代子冈款的茶晶梅花花插，清代和田玉花叶纹梅瓶，梅花笔筒，均将花卉植物本身深远的空间关系压缩在很薄的平面、弧面上，且将复杂的植物结构有取有舍，重新除理成疏密得当的层次，无论是梅花、荷花的花朵还是茎叶，通过起物线的细致精密琢制，均显示出花卉植物的勃勃生机，整体花而不乱。而故宫收藏的和田玉葫芦式持壶，花卉龙耳纹活环瓶，谷穗鹌鹑双耳活环瓶，梅花纹兽耳活环瓶这几件玉制器皿上的薄浮雕，压缩的层面几乎与器体相平，主要是以起物线和细节的刻画结合微微起伏的体积，表现丰富的花卉、植物造型，在构图上、用线上吸取了绘画的手法，总体效果可以和利用线的穿插、轻重、粗细表现画面的中国传统工笔画相比美。

花卉植物的高浮雕造型在明清时期的玉石雕刻中同样别具特色。高浮雕的起物线高起，压缩的力度不似浅浮雕、薄浮雕那样大，更容易表现出花卉的结构层次、枝干花叶的空间深度。如果说浅浮雕、薄浮雕力求与玉制器皿造型相吻合，而成为其附属装饰，那么高浮雕的花卉植物造型则重在突出其本身，甚至淡化、掩盖了玉器皿自身的形体，使花卉、植物造型成为主要的欣赏对象。如同为故宫收藏的和田玉花卉纹双耳瓶，镂雕梅花瓶，青玉松鹤笔筒，这几件以高浮雕形式琢制的梅花、松柏等，花卉的自然结构由于压缩力度稍小，层次多，花瓣饱满，压叠自然，枝干遒劲，转折有力度，枝叶的自然肌理质感也极尽精微。特别是有的为了突出花卉、植物的生长特征，还将部分枝干镂空成圆雕形式，使得其完全脱离玉器皿本身，将花卉植物的主体欣赏性放在了极其突出的地位。

花卉植物圆雕造型　圆雕的艺术魅力在于其以三维立体的雕刻形式，通过特殊的雕刻艺术表现手法，忠实地反映出物体的空间、体积、结构特征和美的状态。

花卉的圆雕造型在清中期以后的玉石雕刻中比较突出，主要为陈列欣赏琢制，如故宫收藏的和田玉佛手式花插、荷莲洗，还有著名的翡翠白菜（现藏台北故宫）。前两者虽名为花插，却分别截取了花卉的花朵、茎叶，从各个角度全方位地、立体地体现了花卉的自然特征，从每个视角看去都能观赏到不同的造型状态。后者则更加展现出圆雕的特点，不仅从整体上雕刻了白菜的层状结构，还仔细地雕琢了植物叶片的翻卷、大小、粗细、前后，对自然的观察和艺术表现达到了很高的水平，技巧上也炉火纯青。

花卉圆雕造型在明清时期还有一种特殊的表现形式，即将圆雕与实用功能结合起来，创造了一种新颖的圆雕雕刻造型。此种圆雕形式的特点是，从整个外形看花卉的茎叶齐备，花瓣丰满，完全是立体圆雕的形态，而内部却利用自然状态下真实花卉的花芯，枝叶的翻卷形成的下凹，予其以盛放液体的功能，两者有机结合，具有观赏实用双重作用。这样的花卉圆雕造型在元明时期即零星出现，如故宫收藏的元代白玉山茶花杯，明代青玉桃式杯，山东朱檀墓出土的明代白玉葵花杯，前两者利用圆雕花朵的中凹，后者将半桃中间掏空，使之用来盛水酒。清以后此种圆雕形式层出不穷，由于技术的提高，琢制得更加精细，观赏性和实用性俱佳。如故宫收藏的和田玉鱼螺荷叶洗，鱼莲荷叶洗及前提到的花插，将玉石的材质本色、雕刻艺术、实用功能完美结合，体现了玉石雕刻作者的丰富想象力和创造力，为中国古代玉石雕刻艺术增添了别致新颖的艺术表现形式。

花卉植物装饰造型　花卉植物的本身结构形态复杂多样，没有特定的规律性而呈现自然化，但正由于此却给了此种题材发挥想象力，有意识进行人为装饰艺术化除理的余地和空间。中国古代玉石雕刻中的花卉植物造型有很大一部分就是以这种工艺化、图案化手法体现出来的。

装饰造型即将现实中的花卉植物进行抽象概括、夸张变形，并以一定的装饰艺术规律进行重新组合，从而形成一种具有装饰美感的艺术形式。花卉植物的装饰造型主要用来琢制玉佩、玉制首饰，并且逐渐延伸到琢制和装饰各种实用器皿、陈设玉器。这其中具有独立形态的玉佩饰其装饰特点最为鲜明。如西安市文物局收藏的唐代玉钗花饰，首都博物馆收藏的宋代青玉镂空竹枝佩，故宫收藏的宋代白玉镂空樱桃佩，已经将花朵、花叶、竹枝重新组合排列成一定的形式感，从外轮廓到花叶的线条经过了装饰化的修饰。（图8－14）而辽宁博物馆、西安市文物局收藏的辽代白玉牡丹形冠饰、白玉镂空圆形梅花牌上，装饰性的手法非常突出，局部上将花卉的花朵枝叶特征进行了工艺性的简化概括，用线讲究圆转有度，琢饰体面起伏规律平整，在整体上分别采用了工艺美术中典型的中心对称、圆心对称的装饰形式，具有单

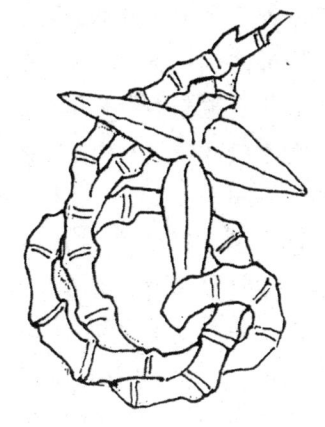

图8-14
首都博物馆藏　宋　青玉镂空竹枝佩

独纹样的特征，装饰造型美感鲜明突出。清代的玉石雕刻其重点逐渐转移到实用器皿和陈设玉器，佩饰类的玉器减少，因此，这种工艺化、图案化的花卉装饰造型更多地反映在其玉制器皿的浮雕形式上，装饰的效果同样亦很优异。如故宫收藏的和田碧玉菊瓣盖罐、莲纹三足炉，两者在对花卉进行装饰化除理时，将流畅的线与层次翻卷的花叶混合使用，有的线面甚至抽象变形成类云纹的纹样，比之唐宋明时期的造型装饰性更加强烈，对工艺化的形式感有更深入的追求。同时由于浮雕和玉器造型的结合，也多运用二方连续的图案规律，造成纹样重复，形成了富丽、繁缛的装饰浮雕艺术效果。

镂空是中国古代玉石雕刻的传统技法，也是唐宋以后花卉装饰造型最主要使用的雕刻方法。镂空不仅可以充分展现花卉植物的花叶结构、穿插关系，而且还可使装饰性的造型轮廓通透而更富图案美。清代的玉石雕刻工具设备和工艺技巧是前代无可比拟的，浮雕和镂空的技艺达到了很高的水平。以苏州、扬州为代表，其制作的花卉装饰造型与镂空技法相结合，典型地反映了清代世俗审美的特点，也创造了一种流行一时的花卉造型玉制器皿——花熏。清宫收藏的几件玉花熏均很精美，如和田玉镂空螭凤牡丹花熏和镂雕牡丹花熏，整器镂空，花卉造型复杂繁缛，枝叶细密具有散点装饰的特点，装饰效果富丽堂皇，将镂空和花卉装饰造型结合得非常完美。

中国古代玉石雕刻中的花卉植物装饰造型，无论是吸收绘画艺术运用的写实手法，还是融合装饰工艺美术的特点加以新的创造，都极好地将题材与玉石材料的特点充分发挥，两者交相辉映，形成了花卉植物造型在玉石雕刻艺术中的独特艺术魅力。

明清两代中国传统的绘画艺术取得了前所未有的成就，而这一时期深受文人阶层喜爱的玉石雕刻，受到的影响是不言而喻的。中国绘画中的山水景物主题因此在玉石雕刻中也被作为重要的题材内容有所表现。

以山水景物为题材的玉石雕刻出现在宋元以后，并在明清时期达到高潮，如插屏、挂屏、玉山子，还包括实用陈设玉器、文房用品上琢制的此类题材。其显著的特色首先是取材内容非常广泛，举凡山石、树木、小桥流水、亭台楼阁、人物车马、动物鱼禽等等无所不包。绘画艺术是通过比例、透视、构图、色彩等在两维平面上来表现现实中物体形态的，因此可以用大小、轻重、远近、浓淡概括复杂的结构空间和物体的质感，而雕塑艺术是以具体的材料来表现另一种材质的结构、体积和质感，所以在视觉上有时会产生冲突。如山石之类，在雕刻中尽管有时会出现，但为了避免这一状况而往往有意识地置于次要地位，并不是作为主体来突出。而山水景物题材的玉石雕刻恰恰相反，完全按照山水画的构图、内容，将山石树木等作为主要突出和表现对象。其次，中国古代玉石山水景物雕刻对中国传统绘画艺术的借鉴同时也体现了其独特的审美特征，具有意境之美。意境通常指的是诗词、书画、戏曲、园林等门类艺术中，借助于匠心独具的艺术手法汇成的情景交融、虚实统一，能深刻表现自然生机或人生真谛，从而进入无比广阔空间的艺术境界。它是我国美学思想中的一个重要范畴，体现了艺术的内在美，这一点在中国古代文人画，特别是山水画中表现得十分突出。而作为以山水景物为主题的玉石雕刻，无论是山势的辽远，林木的层叠，人物的点缀，还是整体的构图、画面的疏密、主次处理，都以绘画的一些造型元素为标本，因此也特别注重对主题的提炼和独特意境的刻画。它不是以独体的人物、动物这些具生命感的内容为表现对象，而是将山石、流水、亭台楼阁这些无生命的物体相组合，形成统一的娱乐于欣赏，开阔人思想内涵的意境，与绘画艺术取得了吻合。

浮雕是山水景物内容玉石雕刻主要运用的雕刻形式。如故宫收藏的和田玉松鹤图砚屏，沧浪亭图挂屏，浮雕画面亭台楼阁、远山近树等繁杂错落，但将空间层次用起物线进行了分离，而后在不同的层次上再行局部细节压缩处理，细节又能统一到整体之中，两者浮雕的手法运用娴熟老练，通过光影的照射，构图画面主次分明，空间深远，以浮雕处理多层次、多内容的能力达到了很高的水平。再如，和田玉山水人物方笔筒，渔家乐图笔筒上的山水景物浮雕，通过人为改变其植物枝叶、大小、走向以求得画面构图的完美。因此，上述的山石、植物在浮雕压缩时特别注意其轮廓线条的曲折自然，为了便于取得疏密得体的效果，还将枝叶花朵进行了有意识的重新组合，形成团块再行整体压缩处理，浮雕的装饰感突出而鲜明。

虽然山水景物造型的玉石雕刻借鉴了很多传统山水画的手法特点，但并没有完全拘泥于其中，而是充分利用了玉石材质，充分发挥雕刻艺术的优势，还创造了以山水景物为整体构图，融浮雕、圆雕形式，镂空、线刻技法为一炉的玉山子造型形式。

中国古代玉石雕刻中的玉山子在清代琢制数量最多，取得的成就也最大。如清宫收藏的《青金石观瀑图山子》，《翡翠人物山水山子》，《秋山行旅图》、《会昌九老图》、《大禹治水图》大型山子等等，整体上巧妙地利用玉石原料的自然外貌形状，稍加雕琢成为山石背景，而在局部则以浅浮雕琢出或繁茂，或独立的山树松柏、亭台古榭，人物又主要以高浮雕琢制，雕塑艺术的圆雕、浮雕特点凸显无遗，在某些细节上，如山间水瀑则以绘画性很强的流畅线条刻就，虚实对比，空间层次层层展开，构图内容非常丰富，在画面意境上和山水绘画有异曲同工之妙。

著名的《大禹治水图》玉山子，既表现了人与大自然抗争的气魄，又集山水景物玉石雕刻之大成，以雕刻艺术的形式弘扬了中华民族的伟大精神，是主题与雕刻艺术相结合的典范，使山水景物的玉石雕刻造型上升到了一个更高的艺术境界。

4. 中国古代玉石雕刻艺术中的俏色

中国古代玉石雕刻艺术内容丰富、技法独特、形式多样、意蕴广博，还能根据材料的特性，发现玉石的与众不同之处加以独具特色的艺术除理，从而形成新的雕刻表现形式，俏色就是其中之一。

俏色是玉石雕刻中的特殊称谓，是指将玉石中天然形成的各种色彩加以巧妙利用，琢制成模拟现实物体造型本色的雕刻艺术表现形式。

天然的玉石由于生成于地壳活动、火山喷发等地球地质变化的过程中，其中会含有大量的各种化学元素，如果集合的某种化学成分多，即会显现多样的色彩，如含铅、钠、铜就会出现翡翠、绿松石等浓淡不同的绿色，含镁、钙就会出现玛瑙、水晶等的红白黄等色彩。这些原生的颜色有的深入到玉石内部浑然一体，有的则只存在于表层形成玉皮，均呈现出极其自然的状态。雕刻使用的一般普通石材，经常也会出现此种现象，通常为了保持材料的统一和突出造型的需要，除了特殊情况都会将材料中的杂色部分去除。中国古代玉石雕刻，尤其是两汉至隋唐时期，人们追求玉质的光洁、纯净，往往通过剔脏去绺，除去玉石中的杂色杂质，选取的都是纯度极佳的玉质材料，从而凸显玉质的美丽特性。但是由于玉石中的色彩来自天然，往往具有人工所不可能达到的美的色泽和丰富的变化，常常会令人感叹造化的神奇。因此，人们开始渐渐利用玉石的这一色彩特点，使它与造型进行完美的结合，以丰富烘托造型，色形交相辉映。

随着红山、良渚等原始时期玉石雕刻的出土渐多，我们会发现中国古代玉石雕刻中俏色玉雕的历史非常久远，最早的实例出土于辽宁凌源三官甸子红山文化遗址，这是一件玉鱼鹰小鱼，造型为一只鱼鹰喙衔一条小鱼，鱼鹰腾身站立，口中的小鱼作翻身挣扎状，动态非常生动，奇特的是这只小鱼是利用原玉石上的黑褐色琢制的，色彩和鱼的动态结合得浑然天成，十分巧妙。说明距今6000年左右古人已经将俏色作为玉石雕刻的一种特殊形式加以运用了，堪称目前为止俏色玉石雕刻最早的艺术作品。

商周是我国古代玉石雕刻大发展的一个时期，谈及玉石俏色雕刻，首推河南安阳殷墟小屯村出土的玉石鳖，其不仅代表了商周时期玉石雕刻的高超水平，在中国古代玉石雕刻中也属经典之作。这两件玉石鳖，采用圆雕形式，一大一小，身略扁圆，四肢平伸，头部伸出，两眼圆而较凸，分别长5.8厘米、4厘米，大的一只石质，分别以材质的色彩琢出深绿色的鳖甲、爪甲、双目，肉红色的四肢与脖颈；小的一只玉质，则将玉石的天然黑褐色琢为鳖甲，灰白色琢为头颈、腹部，十分贴切地表现了鳖的外表肤色和器官特点，雕刻色彩分明，形态自然生动，几乎与真鳖相同，可谓巧夺天工。迄今为止发现的商周时期以俏色手法琢制的玉石雕刻造型仅只此两件，但其所体现的卓越技巧足以说明这一时期俏色雕刻所达到的水平。（图8－15）

图8-15

商 殷墟出土玉石鳖

　　宋元之后俏色玉石雕刻大量出现，这一时期社会生活世俗化的审美情趣，使得俏色所表现出的生动性、技巧性、趣味性特点受到大众的喜爱。此时的俏色玉石雕刻不仅在雕刻造型上精心细致，内容上动物植物题材均有，而且在玉石材料原色的利用上也很讲究，如故宫收藏的宋青玉镂空凌霄花佩，金青玉镂雕仙人钮，江西博物馆收藏的明益宣王墓出土的白玉镂空鸳鸯戏莲，前两者将浮在玉石表层的玉皮加以巧用，分别琢成黄色的花蕊和树叶，既符合花卉植物的结构形态特征，又丰富了雕刻的层次，对烘托造型的内涵与意境起到了很大的作用。后者的玉石中本身带有浓重的黄褐色晕，也充分考虑了色泽与造型的关系，将有色集中的部分琢成鸳鸯，而零星分散的色块则琢成莲叶、荷花，主题突出，繁华而不乱。故宫还收藏有一件明代子冈款的茶晶梅花花插，这件著名的玉石雕刻将俏色的手法运用得可谓恰到好处，其通体为茶色水晶，局部表面有零散的白色，作品琢成树桩的自然肌理质感，而将其上的颜色部分琢成朵朵盛开的白色梅花，无论形色都非常形象生动，创造出的造型之意蕴深远，琢工之精致，对天然色彩利用之巧妙，在中国古代玉石俏色雕刻中具有代表性。

　　经过数千年技艺传承与经验的总结，清代俏色玉石雕刻在技巧、用色、琢工上已经相当成熟，大量俏色精美的雕刻作品，在审料时能够最大限度地利用玉石原有的色彩，不仅数量上较多，而且在玉石雕刻中占有举足轻重的地位。故宫收藏的玛瑙桃椿双孔花插，玛瑙双果花插，材料本身红白色相间，红色被琢成灵芝、蝙蝠、仙桃、山石，白色琢成佛手、古树、凤鸟，色彩相错，造型复杂，形象红白相映非常美观自然。收藏的翡翠卧牛，和田玉嵌宝石卧兔，精心地将翠皮的深黄色和白玉中的浅黄色留在牛与兔子的额头、口部及双角处，突出了动物造型的可爱与情趣。收藏的另一件《和田玉桐荫仙女图》摆件，则通过精心的绘画构图意识，将略带黄色散点状玉皮保留在树叶、山石之上，烘托了主体圆拱门、隔门相望的仕女人物、四周掩映的桐树枝叶以及石台芭蕉，层次分明，营造出桐荫婆娑，颇具意境的江南优美的庭院景色。清代运用俏色琢制的玉石雕刻造型还有很多，仅故宫的藏品中就还有碧玺材质的松树葡萄佩，翡翠丹凤花插，青玉山水兽耳瓶，玛瑙梅花灵芝洗以及各式玉山子等等。

总之，中国古代玉石雕刻艺术中的俏色技巧在清代的表现，无论是造型、琢工、色彩与形式的结合都已达到了前所未有的水平，由于其所具有很多特点，成为自此之后中国古代玉石雕刻最为称道的重要的雕刻表现手法。其特点及在中国古代玉石雕刻艺术上的重要意义主要有以下三个方面。

第一，玉石材料色彩是天然形成的，具有自然的美感，俏色的玉石雕刻手法发展了玉石的这一色彩特征，并将其与玉石的滋润、光洁、细腻等特质相结合，自然美与人工美相结合，使之逐渐成为了特殊的欣赏部分，使玉石雕刻从色到质再到形形成了统一的整体艺术形式，和其他雕刻材料相比在中国古代传统雕刻艺术中别具一格。

中国古代玉石雕刻对玉石材料色彩的认识从原始时期红山文化的鱼鹰衔小鱼和商代的俏色鱼鳖已可见一斑。春秋战国时期虽然由于儒家思想首德（即玉的质地或质量）次符（即指玉的颜色）的影响，一度极力宣扬所谓"虽有珉之雕雕，不若玉之章章"的观点，① 即珉的昭昭文采，不如玉的明显素质。但两汉之后，关于玉的色彩问题很快得到了关注和重视，首先是东汉许慎的《说文解字》云："玉，石之美有五德者"，将玉与石的区别划为两个方面：一方面是"美"；一方面是"德"，这就将包括色彩在内的玉石外观特性提到了与德相并重的地位。继而从东汉王逸《正部论》"或问玉符，曰：赤如鸡冠，黄如蒸栗，白如脂肪，黑如淳漆"，魏文帝得钟繇玉玦，在《兴钟大理书》中曰："称美玉如截肪，黑譬纯漆，赤拟鸡冠，黄似蒸栗"，可以看出，两汉之后玉石雕刻给予了玉石色彩非常重要的地位。

正是此种对玉石色彩的更加重视，使两汉以后的俏色玉雕不断出现，丰富了玉石雕刻艺术形式，增加了其欣赏性，拓展了玉石雕刻的艺术魅力，使俏色以独立的雕刻形式在中国古代玉石雕刻中占有了一席之地。

第二，俏色的俏重在对玉石色彩的巧妙利用，不仅要合理还要恰到好处，

---

① 《荀子·法行》。

因此常常与写实手法的雕刻形式结合紧密，只有以写实造型为基础，才能发挥其艺术表现作用，才能显现出其艺术价值。

在中国传统玉石文化思想中，通常对玉石材质的认识是重在玉的纯净、洁白无瑕，玉石上存在色斑实际上是玉石的瑕疵，如果不将这些色彩剔除，在几何形、平面型的玉雕上出现，将会大大影响其美观。因此，我们在商周，尤其是春秋战国、两汉时期的玉璧、玉璜、玉圭及其他贵重的玉器上所看到的均是色泽统一，造型完美的形态。但随着两汉以后对玉石色彩新的认识的产生以及玉石雕刻逐渐向写实发展，色彩和写实开始结合在一起，为俏色的运用开拓了广阔的领域。

俏色之巧妙是在于对自然物体色彩的模拟，中国传统玉石雕刻有"一相抵九功"的说法，就是指在雕刻前，认真审视玉石材料的质地、纹理、色彩，针对具体的材料进行设计、构图、雕琢，只有这样才能最大限度地体现玉石的美感，使造型与玉石的各种特性完全地结合起来，而这样的要求只有在进行写实造型时才有其存在的必要。故宫收藏的

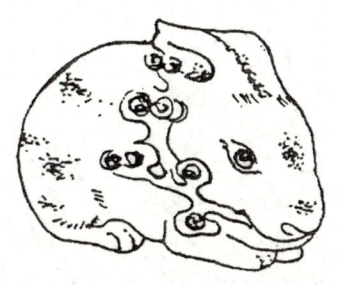

图8-16
故宫博物院藏　清　玉嵌宝石俏色卧兔

元代白玉镂空双虎环佩，清代翡翠丹凤花插，前者将玉石黄色玉皮琢成子母虎，模拟出了虎皮的自然色彩，而后者更为复杂，利用黄、绿、粉、白色分别琢制出翠枝、古树、鹤、凤等等，如果没有写实的动物基础，其色也就失去了意义。如果说此两件还稍留有利用色彩的痕迹，那么故宫收藏的白玉嵌宝石兔，额头眉心及鼻吻部的黄色斑，色晕柔和，位置恰当酷似真实，翠玉卧牛的两只角均呈黑褐色，色泽与真实动物很接近，其色彩与写实造型结合得天衣无缝，均是写实与俏色结合的典型范例。（图8－16）

第三，俏色与其他玉石雕刻形式不同，其重在表现内容的生动自然，突出趣味性也是其一个重要的特点。

动物、花卉植物是俏色玉石雕刻最常表现的题材，由于同我们共处在一个自然环境中，动物的特征、动态、习性灵性，植物的生长形态、花开花落都常常会在生活中引起人们的兴趣。如果说原始时期古人不谙生物的自然规律，对其以一种神秘的眼光来看待，琢制出许多集神秘化与想象力为一体的所谓神兽，表现的是理想化的形象，那么，随着人们对自然生物现象认识的逐渐加深，则更多地关注其可爱、生动、趣味性和天然的本性。明清以后俏色玉雕的

不断增多这也可称是一个重要的原因之一。

俏色对玉石色彩的利用实际上是在考虑如何将已有的颜色与实体动物、植物的生动可爱、引人注目之处相吻合，以表现人们的兴趣所在。因此，趣味的表现比比皆是，满足了趣味化的欣赏心理。俏色玉雕的这种颜色讨巧的过程不断深入，虽然色彩运用、琢制技巧令人惊叹，但往往会减弱对造型、结构、形式美等艺术成分的关注，使得最终色形结合巧妙，引人关注，而造型处于了次要的地位，清代俏色玉石雕刻到后期反映的正是这种状况。

尽管如此，俏色作为一种具有特色的玉石雕刻形式，无论在色形结合，写实拟物方面均有可值得称道之处，在中国古代玉石雕刻中独树一帜。

九、中国古代玉石雕刻的雕塑艺术价值

1. 中国古代玉石雕刻艺术的审美价值

　　美是各种艺术形式的共同特征，而艺术则"是艺术家审美地反映社会生活的一种特殊的社会意识形态，是艺术家审美意识的物态化，是在社会生活的基础上按照美的规律创造出来的"，① 艺术作为一种社会意识形态，它既是整个社会生活的反映，也是现实审美的反映。因此，美和艺术是密切相关的两个方面。艺术必须具有美的特征才能称之为艺术，如果没有美也就无艺术可言。而作为艺术家精神劳动成果的艺术作品，其所包含的艺术的美除了对人具有认识作用和教育作用，主要是为了满足人类的审美需要而创作的，它能够通过艺术的欣赏，使人获得精神上的享受和审美愉悦、美感，它有美的规律，美的创造，美的欣赏，美的形式和内容，具有独特的审美价值。艺术"作为人类审美活动的最高形式，……它的多重社会功能始终以审美价值为基础，艺术的各个社会功能只能在审美的价值上才能发挥作用"，因此，"审美价值却是艺术最主要的最基本的特性"。②

　　中国古代玉石雕刻艺术从原始洪荒中走来，历经六七千年的发展，在原始社会它反映的是先民们本性中对美的追求和欣赏，对大自然的敬畏和崇拜。他们用玉石雕刻出身边的鱼禽虫鸟，想象中的神兽祖先，理想化的造型体现着原始人类社会生活的童真质朴。在奴隶社会、封建社会时期反映的是将自然美与社会意识形态相结合形成的更加丰富多彩的美的形式。人们不仅用玉石雕刻出动物、神兽，还雕刻出具有宗教、社会政治意味的各种礼玉、装饰玉器，更雕刻出了生活实用的玉制器皿、陈设、把玩玉器，体现了漫长

---

① 顾永芝：《艺术概论》，江苏古籍出版社，1989 年版。
② 王宏建：《艺术概论》，文化艺术出版社，2000 年版。

的奴隶社会、封建社会的政治经济、文化世俗生活景象。中国古代玉石雕刻艺术种类洋洋大观，形式多种多样，琢制手法也极其独特，在中国古代传统雕刻中占有重要的地位，对中国传统文化也有着深刻的影响。其首先是以一种美的面目出现的，是各个时期人们对美的追求的具体体现。尽管有时由于宗教、统治阶级政治思想意识施予其了强大的影响，使其表现出的是严谨、庄重，甚至是神秘、诡异的美，如原始时期的玉龙、玉琮，商周时期的玉璧、玉人像，玉制动物造型等等。有时由于社会经济、文化的发展施予其的是世俗化与趣味化，表现出华丽、繁复，流于精巧细致的美，如春秋战国至唐宋的玉佩，明清时期的玉制实用器皿、陈设玉山子、玉文房用具等等，但它们首要特征都是以美的形式，美的色彩，美的质地通过人们的审美来实现的。审美的需要，促使人们不断地更新、改进、琢制出样式新颖，含义独特的玉石雕刻艺术品，因此，对于中国古代玉石雕刻来说，其具有的独特的艺术审美价值不言而喻。

艺术的种类形式林林总总，各种形态的艺术，各种分门别类的艺术，花团锦簇，丰富无比。这其中被称作造型艺术、空间艺术、视觉艺术，以一定的工具和物质材料，在一定的空间里创造视觉可以感受到的静态形象来反映社会生活，抒发感情的美术，更是艺术中的重要门类。它不仅包括在平面上通过线条、明暗、色彩、构图等手段，塑造具有空间立体感的视觉形象的绘画；在三维空间中体现立体形式的雕塑；还包括将审美与实用相结合统一的富于装饰性和技艺性的工艺美术，通过建筑物的体积布局，比例关系，空间安排，结构形式和种种装饰而构成形象的建筑艺术，以及服饰艺术、书法艺术等等。这些艺术门类由于其采用的造型手段不同，使用的材料不同，表现的艺术形式不同，因此，所体现的审美特色也多姿多彩。

中国古代玉石雕刻作为一种特殊的雕刻艺术形式，自其产生与形成完整的艺术体系起，就受到各个历史时期人们的喜爱，在某些方面由于采用了完全源于自身材料特点的雕刻技法、雕刻形式，其从内在的美到外在的美，从材质的美、含义的美到艺术的美都与众不同，正是由于这些通过欣赏所获得的独特审美感受，使得玉石雕刻在中国古代传统雕刻艺术中一枝独秀，长久不衰，在人们的生活中扮演着重要的角色。

一、中国古代玉石雕刻的材质美

物质材料是雕刻立体造型形象不可或缺的重要媒介，雕刻艺术中石材、木材、金属还有随着科学技术的发展而后出现的玻璃、树脂等，均是经常使用的材料。艺术家在这些材料上施以削减、增添、熔铸、焊接等雕刻艺术手段，可以创造出形态多样的雕刻艺术品。但是，虽然这些材质本身的质地、色彩、密度也很有特色，能够使雕刻显出稳定、坚实、丰富的体量和色彩，却由于其质地的相对单一性和普遍性的因素，使之并不会过多地引起关注，雕刻作品材质的特点居于次要，人们更多的是欣赏以之塑造的美的形象和造型。而玉石材料在质地、色彩等方面都以其独具的美，远远超越了一般雕刻材料，而显得出类拔萃。首先，我们所熟知的大部分、主要的玉石品种，如和田玉、翡翠、绿松石、琥珀、玛瑙等，均是在特殊的地质条件下产生，以致密的矿物质组成，因此，材质显现出细腻滋润、光泽度好的特点，与普通常见的石材相比，很容易引起关于美的想象而使得人们给予特别的关注，从而更进一步促成了对其自然属性美的欣赏。其次，玉石的色彩瑰丽缤纷，多种多样，白玉的白，翡翠的绿，青金石的兰青，珊瑚的红，琥珀的黄等等，这些天然的色彩，或浓艳欲滴，或深沉淡雅，或柔和晕染，不仅是丰富多彩的，还能使人感受到大自然绮丽神工之美，满足了人们视觉美的欣赏需求。除此之外，玉石材质的美，还体现在其内在物质肌理的变化和敲击时能发出清越的声音，这些都能唤起人对美的欣赏共鸣。中国传统文化中无论是儒家思想将玉与君子的美好行为相匹配的"九德"、"十一德"，还是"玉，石之美有五德者"的概念，其中提到的温润以泽，折而不挠，茂华光泽，缜密以栗，瑕不掩瑜，其声舒扬等等，虽然借喻的是人的德行含义，但却是对玉石材质美的恰当总结，从反面反映了玉石材料各种材质美感的独特有加。

玉石材质备受中华文化推崇的美属于自然美的范畴。自然的美是客观存在的自然事物和自然现象的美，是天然形成的，主要是以外在的声音、形状、色泽，以及对比、对称、比例丰富和谐、多样统一等，引起人的心理共鸣，使人产生联想、想象和情感活动，从而获得独特的美感。人们可以看到直线、曲线，联想到坚硬与柔软，看到浑圆和方正，联想到沉重与轻巧，看到红色、绿色联想到热烈和平静，这些与人的审美心理相适应的在大自然中广泛存在的自然美，通过自然流露，给人们的社会生活带来了无限的生机与活力，也提供了一个个无限多样的、无限丰富的审美对象。中国古代玉石材质的美甚至在一段时期被特别加以重视，如《淮南子》中就写到"白玉不琢，美珠不文，质有余也"，汉代刘向也曾说："丹漆不文，白玉不雕，宝珠不饰，何也？质有余者不受饰也"，可见将对玉石材质美的欣赏提升到了很高的地位。

二、中国古代玉石雕刻的艺术美

艺术美是对艺术作品审美属性的概括，它是"通过艺术典型所体现出来的真正的审美价值的形象展示"，① 艺术作品之所以具有美的特质，首先是因为艺术美是艺术家"按照美的规律创造出来的，是美的创造性的反映形态，它不仅摆脱了现实美的分散、杂乱和偶然状态，而且集中体现了艺术家的审美理想，审美情感，因此比现实美更高，更普遍，更理想，更完善。艺术美是美的高级形态，是人对现实审美关系的集中表现。在这一审美活动中，更充满了创造力，是最高层次的审美活动"。② 其次，艺术美还是通过完美的艺术形式表现出来的，"对艺术的审美活动，不仅要创造内容美，还要创造形式美"，③只有通过美的形式，才能使人感受到美的存在，进而完成对美的欣赏和理解，以之为对照，中国古代玉石雕刻不仅具有材质美，其艺术的美更能体现出其美的价值。

中国古代玉石雕刻的艺术美，其一体现在它是以现实生活为基础的，是从自然与现实中汲取营养而表现出的美。生活中的美无处不在，无时不有而千变万化，它们的存在为人类提供了无限多样、丰富多姿的审美对象，也为玉石雕刻创造美提供了无穷无尽的源泉，拓展了广阔的天地。中国古代玉石雕刻的动物、植物花卉、山水景物无不是人们生活所熟悉的，古人看到了天空中的雄鹰，那展翅翱翔的样貌本身就具对称的形式美，看到了河底的游鱼，那游动的身姿，本身就有着流畅的线条，他们把这些动物鱼鸟通过玉石雕刻或忠实地，或写意地通过艺术的手段描摹琢制成我们眼前的玉鹰、玉鱼，自然的美上升到了艺术的美。作为生活在白山黑水之间的少数民族，契丹人、女真人、蒙古人对日常的渔猎迁徙再熟悉不过，大山、丛林、猛虎、雄鹰、天鹅也是在狩猎活动中经常见到的，他们把这些生活题材运用玉石镂刻的方法，通过完美的构图琢制成了造型独特、内容丰富的春水玉、秋山玉，反映了现实生活对艺术美的深刻影响。除此之外，我国古代玉石雕刻中色彩缤纷、形式丰富的花卉装饰雕刻，陈设把玩玉雕都无不既来源于生活，又以高于生活本源的艺术美表现出来。人们在玉石雕刻中充分地表现出对生活美、艺术美的欣赏和创造。

中国古代玉石雕刻的艺术美，其二体现在现实生活虽然是玉石雕刻艺术的创作源泉，其艺术美虽然来自生活，但却并不等同于现实的描摹，是经过对生活的提炼，对现实美的加工，按照美的规律琢制出来的创造性劳动的产物。现实的美尽管丰富生动，却也凌乱、复杂、分散，只有将其纳入到美的创作规律

① 顾永芝：《艺术概论》，江苏古籍出版社，1989 年版。
② 同上。
③ 同上。

中才能使之清晰明确突出。中国古代玉石雕刻中的浮雕，将复杂纷繁的结构、空间、体积造型，多种多样的人物、动物、山石亭台内容，通过符合浮雕艺术规律的多层次的压缩和起物线的处理，浓缩到统一整体的画面中，形成以层次多变的光影、起伏丰富的体积为特征的浮雕艺术美。中国古代玉石雕刻中的装饰雕刻，将植物花卉自然生长状态中形成的变化多端的造型，纷繁散生的枝叶、花朵，通过具有装饰艺术特色的对称、均衡原理进行重新组合，将直线、曲线这些原本简单的线条运用重复排列，交叉弯曲的手法与造型相融合，取得了或繁复华丽，或清新细巧的装饰效果。此外，还有在玉石雕刻中常常运用的概括、夸张、想象都是对美的规律、雕塑艺术规律的深刻理解和纯熟运用的结果，从而使创作出的艺术形象、艺术造型具有了美的形态和审美的价值。

中国古代玉石雕刻的艺术美，其三体现在是由人创造出来，它是一个或一批创作者对现实生活美进行自觉地能动的反映。是用具体生动的形象来反映对现实生活的感受，表达出作者的思想感情，集中体现创作者的审美理想和审美情感。创作者在塑造艺术形象造型过程中，必然要融入个人对生活的认识和评价。中国古代玉石雕刻在原始时代，人们出于对自然美的好奇和懵懂，对自然万物千变万化产生的兴趣，使之融入了天然纯真的情感，呈现出质朴、生动、自然而原始的美。在商周时期由于人们有了阶级的观念，有了原始宗教观念，对自然世界的看法和认识有了些许改变，认为人类是受冥冥之中的神灵祖先所掌控的，一切都要服从他们的意志，这种思想深入到社会生活，深入到人们的头脑，使得这一时期的玉石雕刻表现出的艺术美是静穆、庄重、严谨的。在春秋战国、两汉之后，社会生活水平、思想文化水平提高了，世俗趣味充满了现实生活的方方面面，人们欣赏艺术造型的美，琢制技法的精巧细致，也为玉石雕刻注入了更多对美好生活的期望和寄托。因此，这时的玉石雕刻充满着华美绮丽、精致流畅，洋溢着世俗意味的细腻、柔巧之美。总之，中国古代玉石雕刻无时无刻不浸染着创作者个人所具有的审美情感，也无时无刻不透露出每个人所受到的整个社会生活情趣的深刻影响。

中国古代玉石雕刻的艺术美，其四体现在是由创作者运用一定的手段，包括造型、动态、色彩、线条等，创造出来的体现特定思想内容的艺术形式。

艺术美还要通过完美的艺术形式表现出来，使人们可以直观地感受到，从而完成欣赏美的过程，这是艺术美必须具备的特点。中国古代玉石雕刻的艺术形式丰富多彩，不仅有以方、圆、片形、柱形构成的几何形的玉璧、玉圭、玉琮、玉环，还有以循石造型的手法，发挥自然体块、线面特性而塑造的各样的动物、禽鸟；不仅有对称形式装饰性的玉璜、玉佩，还有运用镂空、透雕手法琢制的层次丰富，内容极富生活情趣的山水玉、陈设玉器。中国古代玉石雕刻的形式美还有更多在中国传统雕塑艺术中属于独创性的，如将植物、花卉造型与实用器皿相结合而琢制的圆雕形式，如将玉石的天然色彩与造型巧妙结合而琢制的俏色玉雕，还有如将绘画艺术的构图、用线、皴法等与雕刻内容相完美融合而琢制的玉山子等等。特别是清代著名的大型玉山子，不仅造型艺术形式宏大美观，而且其内容含义深刻，艺术形式的美尤为突出。

总之，中国古代玉石雕刻的艺术美别具特色，从各个方面看不仅体现着对现实美、生活美的概括、提炼，体现着各个历史时期人们的审美观念和创作者个人的感情认识，而且在艺术形式、雕刻艺术手法上同样独具匠心，在中国古代传统雕塑艺术当中具有不可忽视的审美价值。

三、中国古代玉石雕刻含义美

内容和形式是构成艺术作品两个重要的因素，一件完美的艺术作品正是内容和形式的高度统一的结果。而其内容由于是"通过艺术形象能动地反映在艺术作品中的，包含了艺术家的思想情趣和审美评价的客观现实生活"，① 因此，在艺术创作中，其常常是起着主导作用，其审美价值也由此显得尤为重要。中国古代玉石雕刻艺术作为一种特殊的雕刻艺术表现形式，不仅具有材质美、艺术美的特点，而且其内容含义的美也同样特别突出。

从内容和形式的关系看，中国古代玉石雕刻内容含义与艺术形式相比，甚至是更关注内容的选择和其意义表达的一种雕刻艺术。这突出地体现在礼玉、佩玉等玉石雕刻种类之中。在我国古代尤其是两汉之前，礼玉和佩玉的制作非常发达，种类形制不仅丰富多彩而且数量众多，它们常常被用于参与祭祀、宗教活动，被用来主要为统治者随身佩戴，而突出地显示出神灵的神圣与人身份地位的尊贵，因此，特别注重包含的某项含义内容。有时甚至是超越了具体的形式而把人们的目光和思想引申到深刻的内容之中去，如玉璧、玉琮、玉圭、玉璜，首先强调的是其礼天、礼地、礼东方、礼西方等的含义，形式反而处于次要的地位，玉玦、玉佩等玉制装饰品，首先强调的是其"五德"、"九德"、"十一德"的道德内涵，而使所谓标榜的君子形象凸现出来，这是中国古代玉石雕刻的一个特殊现象。但是不难看出，虽然中国古代玉石雕刻选择的内容题材花草植物、人物动物、山石景物纷繁复杂，甚至有时是神龙、祥凤，但其共同点是以人的情感、审美为基础的，具有特殊而突出的含义美。

中国古代玉石雕刻不仅突出内容的重要性，而且与其他艺术形式相比较更

---

① 顾永芝：《艺术概论》，江苏古籍出版社，1989 年版。

注重含义的美，这种含义美主要表现在两个方面：

　　一方面以理性理想观念发端而表现出的崇高、庄重、严肃、诡异的含义美。其主要以礼玉、早期佩玉为代表。在美学理论范畴，表现伟大、雄壮、刚健、高尚，具有威慑力，令人崇敬、奋发的形象或精神现象被称作崇高的美。人们对强大的、奇特的自然力因不能理解，不能征服而产生的惊异、恐惧是其体现出的主要特征。中国古代玉石雕刻早期最常出现的雕刻内容是各种现实中并不存在的，人们根据想象创造出的所谓神兽形象，如原始时期和商周时期的玉石雕刻最常见的是兽面或神人兽面，两汉以后最常见的是龙凤、蟠螭等等。良渚文化玉器上典型的兽面，张口露齿，大眼圆睁，红山文化的玉猪龙造型奇特不类现实，均给人以一种神秘、震慑、诡异、惊奇之感。商周、两汉的龙凤、蟠螭翻腾弯卷，造型华丽，突出的气势也给人以一种雄壮、刚健、庄严的视觉感受。它们将祭祀、权位等思想观念隐含于玉石雕刻之中，都是试图通过奇特的能引起人产生恐惧、可怕、敬畏的造型使人加深印象，由此而造成伟大、庄严、诡异的审美含义。它们不同于我们通常理解的柔和、和谐之美，而表现出类似可怕、恐怖的方式，是原始人类、阶级社会初期人们科学世界观逐渐形成的必然结果。其含义美虽然奇特、夸张，却是美学中重要的组成部分，这种美在著名的商周青铜器雕塑中有着极为突出的表现，在中国古代玉石雕刻中其特点也同样显露无遗。

　　另一方面以世俗的审美观念出发，将人们现实生活中所寄予的美好愿望融于玉石雕刻之中，使之富有世俗生活审美所能理解、接受的含义美。中国古代玉石雕刻特别注重寓意的美好，在礼玉等所体现出的庄严、冷峻、诡异的美之外，更注重审美对象带给人的感受是和谐、平静、优美的，可以给人们带来心情愉悦的审美感觉。特别是唐宋以

图9-1

清　玉雕　"马上封侯"

后，花卉植物内容的引入，使人们把委婉、纤丽、典雅的美、阴柔的美，作为主要的表现形式，并把许多人们美好的祈望附加在玉石雕刻之中，使之成为人们日常生活审美趣味的反映。唐宋时期大量琢制荷花、梅花造型的玉石雕刻，是取其出污泥而不染，遇寒冬而不凋的所谓拟人化的美好品格；明清时期这种具有美好含义的玉石雕刻造型更是层出不穷，举凡梅兰竹菊，佛手仙桃，松柏

仙鹤这些具有美好含义的内容大量表现，甚至在清代，其内容更加广泛，出现了蝙蝠与桃子结合寓意福寿，牡丹和海棠组合寓意富贵，松树与羊组合寓意吉祥的玉石造型内容，这些内容尽管有颇多牵强，但却无不体现着大众世俗中所认为的美，是美好的象征，具有别具一格的含义美。(图9-1)

值得一提的是，中国古代玉石雕刻不仅有世俗化的含义美，而且还有集主题内容、雕刻形式为一身，表现人的精神境界，鼓舞人奋发进取的玉石雕刻杰作，像清代的《大禹治水图》这样的既体量大，又琢制手法高超的玉石雕刻，表现出的令人振奋，感到宏伟壮观的壮美，同样为中国古代玉石雕刻艺术的含义美留下了浓墨重彩的一笔。

综上所述，中国古代玉石雕刻作为中国古代传统雕塑艺术的重要组成之一，在漫长的历史长河中不断传承、发展，其造型是独特的，内容是丰富多彩的，其内涵寓意也具有自身的特点，特别是在审美上，不仅有自然属性的材质美，有人的创造力、智慧与想象力共同创造的艺术美，而且还具有结合了现实生活与审美情趣的多重含义美，其表现出的审美价值在中国古代传统雕塑艺术中占有极其重要的地位。这种独特的审美价值不仅提升了玉石雕刻的艺术品位，而且为中国传统雕塑艺术增添了丰富的艺术内涵，因此，是中华民族的文明历史中一笔不可忽视的巨大财富。

2. 中国古代玉石雕刻的雕塑艺术特征

雕塑是最具有实体感的造型艺术类型。它的艺术形象具有立体性，是在三维空间展示出来的，它是以黏土、石木和金属等物质材料塑造的具有一定重量，不仅诉诸视觉，而且是可以触摸的立体艺术形象，是最能生动反映社会生活的造型艺术之一。

雕塑这一称谓直接来自于其基本的制作方法，即雕与塑。雕是指在硬质的材料上进行艺术加工创造，削减不需要的部分，而塑则是用具有可塑性的软性材料，按照艺术构思来进行添加塑捏。

雕塑是人类文化史上最为古老的艺术种类之一，无论在东方还是西方，雕塑艺术以其独有的艺术特色历久弥新。从古到今，雕塑的种类、体裁和形式繁多。从制作手段来看，它可以是硬质材料雕刻的石雕、木雕、玉雕，也可以是软性材料制作的泥塑、陶塑等。从体裁上看，它可以分为建筑装饰雕刻，陈列性雕塑，陵墓雕塑，城市园林雕塑等。从式样上看，还可以分为头像、胸像、全身像、群像等。而从表现手法和形式来看，其又可分为圆雕、浮雕两大类型。

雕塑艺术的特点突出，首先，雕塑艺术形象是三维立体的，具有实体性。雕塑在三维空间中塑造的立体形象是具体的、物质的，使人能直接感受到雕塑的实体处于空间之中，这使得观赏者可以从不同的角度和距离去感受形象丰富多样的状貌。由于观者视角和距离的转换，同一作品的精神面貌就会呈现出多面的复杂变化，从而获得不尽相同的审美感受。其次，雕塑与其他艺术形式相比，取材受到一定的限制，不表现也难以表现人物活动的环境和背景，因此具有单纯性。其不直接再现人物之间，事件之间，以及人物与环境之间的复杂关系，不直接表现事件发展的过程，因此，显示出的造型是比较单纯的。其以静态的造型表现出运动的感觉，从而使观赏者从静止的形象，联想到它的前因后果。但是也正因为如此，这种单纯性要求雕塑艺术达到高度的凝练和概括，以少胜多，表现丰富而深刻的内容。没有其他艺术形式能像雕塑那样将人的美表现得那样实在、真切而富有生命感。

中国传统雕塑艺术在中国各种形式的艺术中占有极其重要的地位，不仅形式多样，内容丰富，而且造型风格独特，其中的宗教石窟雕刻，寺庙泥塑，陵墓雕刻等等，都取得了巨大的成就，达到了很高的艺术水平。在这些雕刻中玉石雕刻艺术作为重要的组成部分，其取得的艺术成就同样令人瞩目。中国古代玉石雕刻，经过数千年的传承、发展，采用特殊的雕刻材料，运用特殊的雕刻手法，形成了独特的雕刻艺术形式。尽管较其他雕塑艺术种类其体量较小，在某些历史时期玉石雕刻与装饰实用艺术形成了交叉与融合，但总体来看，仍是主要属于雕塑艺术范畴的，具有鲜明的雕塑艺术特征。这些特征主要表现在：

一、中国古代玉石雕刻作为一种无论在材质、技法，还是造型、内容上都较为特殊的雕塑艺术门类，其自身的雕刻形式、类别庞大，不仅包括有追求雕刻造型立体感、空间感，突出体积结构的玉人物、玉动物等，还有突出造型优美别致的形式、线条轮廓，色彩质地具有装饰特色，种类繁多、花样出新的礼玉、玉佩、玉首饰等。虽然各种形式类别在玉石雕刻中地位同样重要，但前一种无疑是符合雕塑艺术立体空间造型特色的，是别具特色的雕塑艺术形式。

雕塑艺术塑造的是三维空间立体感的形象实体，与平面的绘画不同，不仅是可以通过视觉观看到的，而且可以通过触摸感受到其造型结构的起伏、体积的饱满以及材料质感特性，因此，有立体深度感的形体，是雕塑艺术的主要表现目的，也是其主要的特点。中国古代玉石雕刻，早期原始时期的雕刻作品中就已充分体现出形象立体空间感。突出的如红山文化的玉鹰、玉龟，良渚文化的玉鱼、玉鸟，龙山文化的玉螳螂、玉蝗虫雕刻等等。这些源于现实生活的动物雕刻形象，首先结构完备准确，体积立体坚实，每一件都是独立立体的雕塑造型，它们可以从任何一个角度欣赏解读，从中得到不同状貌的审美享受。其次，它们的体积感很强，通过体面的转折，结构的空间处理，无不体积饱满，给人以体量的厚重、材质的坚实之美。同时如果用手去触摸，这种体量感、空间感和材质感则更强烈，达到了雕塑艺术视觉、触觉同时可以感受到的要求，对雕塑艺术的立体空间特点体现得非常充分。

中国古代玉石雕刻对雕塑艺术空间立体特点的体现手法多种多样，有时并没有完全按照我们通常所认为的雕刻艺术的处理手法进行，这也是其一个显著的特色。如红山玉龟，良渚玉龟与商殷墟出土的玉鳖相比，虽然同样结构完整，但前者在细节上不事完全写实，而是突出了龟的典型特征。商代的玉人，汉代的玉动物造型同样是取大的气势，而细节概括简洁，突出特征神韵，甚至像商代玉人，细节还以具代表性的云纹、兽面纹装饰，虽然在某些方面吸取了装饰纹样的手法，没有完全写实而趋向写意化，但总体上看是以显著而鲜明的立体空间形象出现的，雕塑的立体、实体特点十分突出。（图9-2）

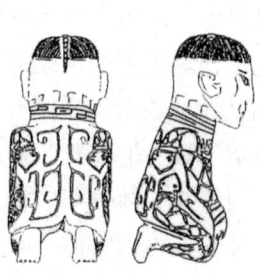

图9-2

商 殷墟妇好墓出土 玉人

二、中国古代玉石雕刻从各个时期重要的典型作品看，一般不作复杂的描绘，而特别追求雕刻形象的单纯、独立性，往往舍弃烦琐的细节、复杂的人物关系和背景，还对微妙的表情与情感活动加以概括，特别注重表现形象尤其是人物形象内心的本质，使雕塑本身非常精炼，意蕴深远而耐人寻味。如妇好墓出土的商代玉人，汉代有名的玉翁仲等等，虽然其形象是来自于现实生活，但却是对现实进行集中概括地反映。所体现的形体动作，简省了生活原型中的许多琐碎细节，而追求神气上的表现。这种神气不是依靠人的多变表情、人物活动的环境和背景来展现的，而重点在造型上，雕刻的全部内容都蕴含在造型的形体之中，是依靠雕塑艺术的单纯性显露出来的。

雕塑艺术中通常选取的题材，由于注重单纯性的造型，因此主要表现的是人物，因为人物，特别是人体雕塑，身体外在的形状结构就可以较为明显地突出内在的精神面貌，而且还可以采用选取某一时刻的静态来表达雕塑所要反映的思想内涵。而从这一点上来看，中国古代玉石雕刻也有着自身的特点。前文中我们已经讲到，由于玉石材料色彩、质地、体量等的独特性，玉石雕刻的人物形象是比较少的，而大部分集中在动物类造型上，尽管动物与人物相比，造型的结构比例、体积空间同样复杂多变，但在内涵上只能是人将自己的思想意识、喜怒爱好附加在其形象之上。但是，这并不是说动物的造型就偏离了雕塑艺术形象单纯性的特点，恰恰相反，在这一方面其表现得也很突出，如原始时期古人雕刻的玉龟、螳螂、蝗虫，殷商时期典型的玉虎、玉牛、玉熊，以至明清时期写实性的同类动物题材，对动物生活的有关环境情景都不加雕琢，而要求形象的整体突出，形象概括单纯，只是将各个时期人们的特殊审美观念、趣味融合在造型之中，使得一个个动物形象活泼自然、神情生动。

三、中国古代玉石雕刻无论是人物、动物，还是花草植物，除了运用艺术的手段表现其本身所具有的外在形态、体积、空间，表现其结构的美的特点，而且还在此基础上加以深化与延伸，使这种表现在雕塑造型上的美与人的社会生活、思想意识相结合，能给人以更深层次的启发与思考，具有很强的社会意义。

一位名人曾就雕塑艺术说："如果心灵内容不是可以用身体形状完全呈现出来，这样的雕塑就是不完满的。"在雕塑艺术中，雕塑的形体除了能表现出人物形象本身的心灵气质，其内涵还可以加以延伸与扩展，使之具有象征性的意义。如著名的维纳斯雕刻，除了外在的形体优美，内在气质的高雅，还在希腊神话中被誉为爱的化身，进而象征着爱情。埃及胡夫金字塔前的狮身人面像，外形庄重、威严，内在含义则透露出阶级等级制度的严峻、冷酷，这种内外的审美感如果延续，则体现出权力、地位的象征意味。这方面的例子在中国古代玉石雕刻中不仅很多而且也很典型。如红山文化的玉猪龙，良渚文化的玉琮，汉代的玉握猪、玉翁仲，明清时期的玉羊、玉马、玉龙、玉灵芝、玉白菜等等，不仅在造型上塑造出了动物人物、花卉植物美的特点，而且特别将这种美加以引申、深化，使之与人们社会生活的宗教思想、世俗观念相联系，表现出更广阔的象征性意义。通过外形与内在含义和谐统一的形象，来象征某种世俗喜好、愿望，象征某种精神、信念、观念，由此，玉猪龙、玉琮可以象征某种权力地位，玉握猪、玉翁仲又有辟邪、消灾的内涵，玉马、玉灵芝等则更是在造型之外被取以吉祥如意、发财聚富的世俗象征物。中国古代玉石雕刻虽然在这一方面的特点，不及雕刻艺术中以人物为主表现得更有精神本质，但却是各个历史时期社会生活影响下的结果，其文化内涵也显示出丰富多彩的一面。

四、中国古代玉石雕刻不仅具有三维空间感和造型内容的单纯性特点，由于使用了特殊质地的玉石材料，因此，在制作过程、制作技法上同样具有雕塑艺术的特征，它遵循雕塑艺术的创作规律，本身结合雕塑艺术规律所创造的玉石雕刻手法也很突出。

玉石材料与其他石质材料一样，总体上具有共同的特性，质坚而脆，且富有材质的肌理，只不过玉石的材质特色更细腻，质感更温润，因此，制作过程是典型的硬质材料雕刻过程。不同于以软性材料翻制、铸造雕塑造型的方法，石材一类的材料雕刻，主要运用的是削减，即保留雕刻造型需要的部分，而将多余的部分去除，这是一个只能减不能加的过程，因此需要遵循特殊的雕刻方法才能顺利完成。从古至今，从西方到中国，合理的方式是开大荒，粗雕刻，细雕刻，修整完成。开大荒即先根据造型的需要，从原料中切割出长、宽、高的大尺寸，并留有一定余地。粗雕刻即在此大荒的基础上再雕刻出造型具体各部分的比例、动态、结构，使之造型初显。细雕刻则更进一步的深化造型的细节部分，包括四肢、手脚、五官、服饰等等，还要表现出形象的表情、神气等特征。修整的过程是将前面各项遗留的粗糙的表面、不到位的局部刻画、不充分的神情特征进一步细化完善，最终使雕刻造型趋向完美。

中国传统雕刻所进行的雕刻过程与之基本相同，宋代《营造法式·石作制度》就记载了"打剥"、"粗博"、"细漉"、"褊棱"、"斫砟"、"磨垄"这六道工序，即是对石材雕刻长期经验的总结。中国古代玉石雕刻的方式方法史籍记载较少，能表明其制作过程的实物甚是少见，但良渚文化遗址

图9-3
良渚文化遗址出土　半璧形玉璜

发现的未完成半璧形玉璜可谓一件难得的实例。这件玉璜从切割痕、镂雕现存状态可知，已完成了大型剖制，粗雕两个程序，再进一步细琢、抛光即可完成，基本能窥视出其制作过程。（图9-3）当代玉石雕刻除了使用先进便利的机械设备，其程序、手法基本上是对传统雕刻方式的继承。过程主要包括选料、剥皮、设计、粗雕、细雕、修整和抛光等工序。其中粗雕、细雕、修整和抛光不仅可以和良渚的半成品玉璜吻合，而且与石材雕刻艺术中的几个重要环

节相一致，说明玉石雕刻是符合雕塑艺术的基本制作过程的，体现了其雕塑艺术特色。

中国古代玉石雕刻的制作过程体现了雕塑艺术的特色，具体的艺术表现同样符合雕塑艺术造型规律和特殊的雕刻方式方法。

雕刻的具体方法在很大程度上受材料的影响，石材的雕刻由于只减不加，因此须十分谨慎，通常是逐渐减去，循序渐进，先方后圆，先整体而后细节。玉石雕刻同样如此，为此玉雕在粗雕阶段就总结出许多经验，如见面留棱，以方易圆，打虚留实，留料备漏，先浅后深等，所谓见面留棱，就是将玉石造型先切割成若干的块面，其之间留有棱角，以便后期调整。以方易圆就是先从方形入手，可以更稳妥地雕刻出圆形的弧面。留料备漏、先浅后深就是由表及里、留有充分的余地。打虚留实就是尽量回避玉石瑕疵，以防因局部的损坏而使整体前功尽弃。这些都详尽表明了玉石雕刻对雕塑艺术特殊手法的具体应用。

此外，中国古代玉石雕刻在雕刻方法上还有自身的独特之处，如"短颈高肩"、"长铁匠，短木匠，凑凑合合是玉匠"的说法，虽然是经验之谈，但也是中国传统雕刻艺术"刻削之道，鼻莫如大，目莫如小。鼻大可小，小不可大也；目小可大，大不可小也"雕刻特点在具体材料实际运用上的反映。①

五、中国古代玉石雕刻艺术的形式多种多样，最主要的包括圆雕、浮雕两种，体现了雕塑艺术的雕刻形式特点。

圆雕是最能体现雕塑艺术特色的形式，追求的是空间的深厚，结构的准确，体积的饱满，神气的突出。在塑造上体面转折清晰肯定，体积与结构相结合，起伏丰富，以块面为主。而在中国古代玉石雕刻的人物、动物造型上这种塑造表现同样明显，如殷商、西汉时期的玉人、玉动物，不仅注重造型比例，而且为了突出空间与体积，运用近方形的块面和利用原始材料的体积感强化体面的转折。对于浮雕，更是在压缩体面、起物线处理等方面完全符合浮雕制作的艺术规律，如西汉时期的高浮雕，唐宋时期的浅浮雕，明清时期的薄浮雕，层次、细节处理，光影变化无不体现出浮雕的艺术美感，对浮雕艺术形式、雕刻规律的掌握与运用达到了极其娴熟的程度。

圆雕与浮雕虽然是两种相对独立的雕刻形式，但在某些情况两者相互结合使用可以达到丰富造型内容的效果。中国古代雕刻中有很多这样的范例，如石窟雕刻等。在中国古代玉石雕刻艺术中，这种方式也经常被广泛运用，最典型

---

① 《韩非子·说林》卷十一。

的如清代的玉山子，在这里往往人物、动物采用圆雕或高浮雕，而山石景物、道具等采用各种浮雕形式，达到了构图、画面和人物、场景、意境的和谐统一，可以毫不夸张地说中国古代玉石雕刻将雕刻艺术中多种雕刻艺术形式的结合所能达到的艺术效果推向了一个很高的水平。

由以上中国古代玉石雕刻所表现出的雕刻艺术特点可以看出，其虽然运用了很多独特的雕刻技法，但总体上是遵循雕塑艺术规律的，是雕塑艺术基本规律和制作方法的发展，从整体上完全可以将之归为雕塑艺术的范畴，是优秀的中国传统雕塑艺术的一个重要组成部分。

3. 中国古代玉石雕刻在中国古代雕塑艺术史上的地位

雕塑艺术是人类审美造型活动中产生的最早的一种艺术形式。从某种意义上讲"它是人类形象的历史，反映着不同时期人类的感情世界和文化艺术的审美倾向，被认为是典型的造型艺术"，[1] 它是"立体的诗，动态的画，有形的音乐"，[2] 人们不仅可以从雕塑艺术的立体形态变化、转折和韵律中得到美的欣赏，而且还可以从中体会到一种生命、情绪、情感，甚至一种思想，在各个时代人类向文明社会迈进的过程中起了重要的作用。

在古希腊、罗马，雕塑被认为是最具美感的艺术形式，因此无论是雅典卫城的神殿，克里特岛的王宫，大大小小的优美雕塑随处可见。古希腊、罗马人们的审美追求、社会生活、感情思想都在雕塑艺术上有着广泛的体现，他们用大理石、青铜创作出了诸如维纳斯、胜利女神、雅典娜像、掷铁饼者这样伟大而杰出的雕塑作品，成为西方雕塑艺术的象征和范本。温克尔曼曾评论希腊雕刻"无论在姿态上和表情上，都显示出一种高尚的简朴和静穆的伟大。正如海水表面波涛汹涌，但深处总是静止的一样，希腊艺术家所塑造的形象，在一切剧烈情感中都表现出一种伟大而镇静的心灵"。[3] 在非洲和美洲大陆，雕塑艺术也是人们社会生活的重要组成部分，雕塑被设置在城市建筑中，被运用在祭祀场所，被设立在壮观的陵墓前，这些雕塑内容题材广泛，手法多样，既有表现劳动生活场面的浮雕，也有具有宗教政治色彩的大型圆雕。从玛雅人、古埃及人多姿多彩的小陶塑中可以看到他们的现实生活场景和智慧，也可以从那

① 刘凤君：《美术考古学导论》，山东大学出版社，2002 年版。
② 纪宇：《雕塑大师刘开渠》，山东美术出版社，1985 年版第 175 页。
③ ［德］温克尔曼著：《关于在绘画和雕刻中模仿希腊作品的一些见解》，广西师范大学出版社，2001 年版。

些雕刻着人首蛇身、人首狮身的大型雕刻中感受到宗教、阶级统治观念在那个时代所产生的巨大影响力，俨然使我们透过数千年的时光看到了一个时代的文明历史。

华夏文明历史五千年，在雕塑艺术上同样取得了辉煌的成就，其历史可以上溯到新石器时代早期，仰韶文化、马家窑文化及大汶口文化的人们制作的陶塑人面、陶猪与陶羊等，形象生动，手法稚拙，反映了华夏先民欣赏美、追求美的本能和对生活的热爱。其后的红山文化、良渚文化、龙山文化时期，用玉石雕刻的艺术造型后来居上，古人以坚韧不拔的毅力，超乎寻常的想象力琢制的玉璧、玉琮、玉猪龙、玉人、玉鸟等不仅造型奇特，琢工精细，而且逐渐渗透了原始的宗教、文化思想，使之成为数千年间最能代表其生产力发展水平、社会政治文化发展状况的雕塑艺术品。商周以后，雕塑作为一种造型艺术形式，更作为反映社会意识形态的文化产品，在各个时期占有着举足轻重的地位。以青铜铸造的精美的青铜器雕塑，突出的兽面，神秘的夔龙，内涵深刻，风格诡异，造型瑰丽，是奴隶社会奴隶主不仅拥有财富，还掌握着奴隶生命生杀大权的残酷现实的象征。"事死如事生"观念下塑造的汉俑和为了体现秦始皇统一六国赫赫武功而塑造的秦兵马俑，塑造生动，塑工精美，数量巨大，特别是兵马俑宛若真人，千人千面，以雕塑的形式使人仿佛能感受到"秦王扫六合，虎视何雄哉"的雄壮气势，把雕塑艺术的社会政治功能发挥到了前所未有的程度。

随着佛教的传入，自两汉魏晋以后，佛教艺术开始在黄河流域、长江南北广为传播，上至统治者，下到平民百姓，人们以极大的热情、无数的金钱投入到开窟造像的活动之中去，使雕塑艺术与佛教文化紧密地结合在一起，创造了新的艺术表现形式，取得了令人惊叹的艺术成就。规模空前的云冈石窟、龙门石窟、麦积山石窟、大足石窟等成了中国传统雕塑艺术的重要艺术杰作。两宋以后，这种借助雕塑艺术的审美及诸多艺术功能而不断发展的佛教造像，随着社会经济文化的发展，人们对世俗生活的重视和关注，在宋、明、清时期还转为以寺庙泥塑为主，同样在雕塑艺术上达到了很高的水平，具有极高的审美价值。与此同时，应该在中国发达的传统雕塑艺术中提到的还有陵墓雕刻，其以严格的规范和富于宣扬统治者权力地位的含义，使中国古代雕刻艺术形成了内容丰富，数量巨大的雕刻艺术群体，在世界范围内显示了东方造型艺术无可拟的魅力。

由此可见，雕塑艺术作为中华文化的重要组成部分，在艺术造型和社会功能两方面都深受华夏各民族独特审美观念、思想意识的影响，与政治、经济、文化并行发展，相互渗透，雕塑艺术成为最能全面反映中国各时代历史状况的艺术形式之一，"常常是一处古代雕塑艺术品的发掘与出现，给社会带来许多新的思考，为人类学、风俗学、宗教史、铸造史、冶炼史、军事史和政治史提供了新的结论"，① 它们在内容、形式、雕刻手法上形成的自身的特色，不仅达到了造型与雕刻技艺的高度统一，与思想观念的有机结合，而且凝聚着中华文明五千年的发展历史。

在中国古代光辉灿烂的雕塑艺术中，玉石雕刻可谓最为独特的一种，它有着温润细腻的材质，运用了特别的雕刻工具、雕刻方式和技法，形成了集材质美、雕刻美、形式美、色彩美为一身的审美特色，与其他雕刻艺术形式相比在体现雕塑艺术特色，展示雕塑艺术深刻感染力方面毫不逊色。然而，中国古代玉石雕刻所取得的辉煌成就与其在中国古代雕塑艺术史上的地位却极不相称。其中的原因大概缘于其在发展的过程中，与现实的生活非常贴近，人们由于喜爱不仅将之雕刻成造型随身佩带、居室陈列、文房欣赏，而且还将之雕刻成多种形式的实用品，其数量之多是其他雕刻形式、雕刻材质远未达到的，因此，常常与装饰性的工艺雕刻相混杂，具有一部分工艺雕刻的性质，但不可否认，玉石雕刻在本质上是属于雕刻艺术范畴的。从原始时期的玉鹰、玉龟、玉人到明清时期的大型玉山子，在雕刻上都遵循着雕塑在形式、技法上的规律，在空间、结构、体积上均具有雕塑艺术的独特性，因此，凝结着中华民族智慧与创造精神的中国古代玉石雕刻艺术，在中国古代传统雕塑艺术史上地位的重要性是毋庸置疑的。

中国古代玉石雕刻艺术的历史漫长久远，首先其被称为是中国古代雕塑艺术史上时间延续最长、艺术传承最清晰的雕刻艺术形式之一是当之无愧的，其完整的雕刻艺术体系独一无二。

中国传统雕塑艺术的材质、风格多种多样，每一种材料的运用、每一种风格都在其各个时期的发展过程中形成了各自不同的特点。就使用的材料而言，我们熟知的是陶、铜、石材等。陶塑的历史虽然也很悠久，在新石器时代的仰韶文化、大汶口文化等原始文化时期，我们的先民就已经塑造了大量的人面陶塑、动物陶塑。在秦汉、唐代，陶俑的制作发达，水平也很高，甚至还出现了秦兵马俑这样的大型陶塑艺术杰作，但陶塑在唐宋以后则逐渐衰落。而以金属铜材料制作的雕塑，特别是青铜雕塑，则虽然随着生产力水平的提高，对金属材料的采取、铸造技术的掌握，也曾一度达到了兴盛的程度，尤其是在商周两

---

① 潘绍棠等：《世界雕塑全集》，河南美术出版社，1996 年版。

代，青铜器雕塑成了这一时期主要的雕塑艺术形式，在社会生活中扮演着重要的角色，但也在辉煌了一千多年后再无得以恢复。与这两种材料相比，石材是我们的原始先民最早接触到的硬质雕塑材料，虽然早在旧石器时代石料已开始进入人们的生产生活领域，但仅止于打制各样的工具和简陋的装饰用品，真正以之为材料制作雕塑艺术品，形成一定的规模、成熟的雕刻技艺则在汉魏以后，即大型石窟的开凿，陵墓雕刻的设置，才使石材雕刻在一段时期达到了其顶峰。

从历史上看，玉石雕刻几乎是与陶塑、石材的雕刻同步发展起来的，而远远早于青铜器雕塑。从山顶洞人制作水晶制品标志着玉、石分离开始算起，华夏民族以玉石为材料进行雕刻的历史已非常久远，尽管那时原始人类制作的玉制品还显粗陋，"还不可能使原始人去为艺术而艺术，他们追求艺术的完善形式，往往与他们最基本的需求相联系"。① 但这种将玉石作为雕刻材料进行艺术制作的行为，却在原始时期后期的红山、良渚、龙山等文化中大放异彩，由此拉开了中国古代玉石雕刻绵延近七千年的发展进程。这期间，各个时期、地域之间的传承关系非常明确，如长江流域的河姆渡、马家浜、松泽文化与良渚文化，商与周，春秋战国与两汉，唐宋元与明清等等，均可以看出艺术风格的过渡和琢制方法、技术之间的继承与发展，使中国古代玉石雕刻形成了一个完整的链条。不仅如此，其中的许多玉器形制、种类，如礼玉中的玉璧、玉璜及装饰的佩玉等等，均在原始文化、商周时期形成后便一代一代地沿袭，其间虽由于审美观念、社会经济文化水平的不同有一些造型上的变化，但其体系的前后时代衔接、基本造型始终没有改变，此种情况在中国古代雕塑艺术史上只有玉石雕刻是独一无二的。

中国古代玉石雕刻是与人的生活关系最紧密的雕刻艺术，可以说在中国古代雕塑艺术史上与社会现实最贴近，是最能全面反映各个时期历史文化、经济发展、宗教政治、思想观念等信息的雕刻艺术形式之一。

"艺术的对象是人为中心的社会生活"，② 雕塑艺术亦不例外，只是它的特点着重表现在"它是雕塑家对现实生活进行更集中，更概括的反映"。③ 中国古代雕塑中人是被表现的主体，正如宏伟的庙宇、殿堂、石窟中塑造的造像，陵墓雕刻中的武士、翁仲，众多的陶俑那样，人的形象丰富多彩，虽然这些形

---

① 顾森：《中国传统雕塑》，商务印书馆，2004 年版，第 18 页。

② 顾永芝：《艺术概论》，江苏古籍出版社，1989 年版。

③ 曹桂生：《美学入门》，陕西人民出版社，1998 年版。

象往往是以佛、菩萨、罗汉的名义，或承担着神仙辟邪、皇权政治的思想内涵而出现的，但生活中的人是其基础，也只有将人们熟悉的人作为依托，才能拉近神秘、深奥、严酷的宗教思想观念与大众的关系，使人们不自觉地受到浸染。这些雕塑形象虽然雕刻生动，形式优美，但其审美认识和欣赏是雕塑和欣赏者在一定的距离内完成的，两者常处在相互对立的位置，如果说包括宗教雕塑、陵墓雕刻在内的中国古代传统雕塑在欣赏时使人明显地感受到雕塑的世界与人的生活的双重关系，在审美时间、空间上有一定的范围和限制，那么，中国古代玉石雕刻艺术在这一点则迥然不同。

首先，中国传统文化对玉的推崇与喜爱，是源于其美丽而特殊的材质特点，其细腻的质地，温润的手感，美丽的色彩，更适宜于近距离欣赏、抚玩，因此，自原始时期开始，玉石雕刻饰品或动物禽鸟造型就常常成为人们随身的装饰品，有些如玉坠饰、玉镯等等，更是贴身佩戴。虽然它们没有直接地表现人的形象，体量也未必大，但却是与人的生活距离最近的，人们可以不受时间、空间、地点的限制，随时随刻都能得到美的欣赏，感受到玉石雕刻的存在。由此，成为人们生活的一部分。其次，中国古代玉石雕刻除了欣赏使用上与人们的生活如此贴近外，中国文化中的许多重要思想观念也努力地拉近了与玉石雕刻的距离，使玉石雕刻更加深入地融入生活的方方面面。《礼记·玉藻》说："古之君子必佩玉"、"君子无故玉不去身"，指的是将玉与做人的最高理想"君子"相提并论，君子与玉几乎成为一体。东汉许慎的《说文解字》说："玉，石之美者，有五德：润泽以温，仁之方也；䚡理自外，可以知中，义之方也；其声舒扬，专以远闻，智之方也；不挠不折，勇之方也；锐廉而不忮，洁之方也"，更早的儒家创始者和代表者孔子、荀子也说过玉有"九德"、"十一德"，指的是将人们美好的行为、德行规范也以玉的诸多美好质地特点作比喻，而中国传统文化思想中"仁、义、礼、智、信"的君子品质和儒家的道德观念都是构建理想社会及做人的最基本准则和要求，其深入的程度与人们的现实生活息息相关，而将玉与附加更具体含义的玉石雕刻相关联，显示出其与人的精神层面上的距离也是一般的雕刻艺术形式所不可比拟的。

玉石雕刻在物质上与精神上与人如此贴近，因此，其对各个时期社会政治宗教、文化经济等的反映必定也更具全面和深入性。政治宗教上，"以苍璧礼天，以黄琮礼地，以青圭礼东方，以赤璋礼南方，以白琥礼西方，以玄璜礼北方"，只有最高统治者才能参与的礼仪活动，反映的是统治权利的象征；繁缛雕饰的玉佩、玉带板、玉佛像反映的是社会地位的拥有和宗教的信仰。经济文化上，殷商时期的玉人、玉动物，宋元时期的花草佩、山水玉，反映的是各时期文化背景影响下的审美、趣味的各具特色；明清时期琢制精美的玉佩、玉牌，鸿篇巨制的大型玉山子，反映的是雕刻艺术水平的精湛和琢玉技术的不断提高。此外，中国古代玉石雕刻还在一些方面反映出各个时期人们的生活习惯、民风民俗、服饰用具特色等等，可以说，中国古代玉石雕刻不仅在雕刻艺术上取得了辉煌灿烂的成就，其本身也蕴含着丰富的社会历史信息，具有不可替代的重要地位。

其次，中国古代玉石雕刻艺术以特殊的玉石作为雕刻材料，最大限度地发挥了其材质特性，使雕刻语言形式、技法与材料紧密结合，大大丰富了中国传统雕塑艺术的材料选择与运用，使之呈现出无比丰富的面貌。

材料是雕塑艺术的物质基础，雕塑作品的形象内容、构图形式必须通过具体的材料作为介质才能呈现出来，才能形成体量和空间感。自然界中可以用作雕塑材料的物质很多，有的可以通过削减以雕刻的方式加以运用，如石材、木材等。有的可以通过增添捏塑的方式进行塑造，或塑造后用以浇铸、烧制成硬质材料，如泥塑、石膏、金属、陶塑等，在这些材质中，各种材料的质感、硬度等特性不同，因此，所因之而形成的雕刻艺术手法也各有不同。石材质硬，矿物质颗粒明显，材质具有厚重稳重感，因此多以块面形体为主，简练而概括。木材易于雕刻，材质软硬适度，纹理美观，因此多表现细腻的造型以突出其肌理效果。而金属材料由于首先要通过易于修改的泥塑塑造，本身材质稳定，密度高，因此可以表现非常写实的雕塑造型，给人以大气、庄重的审美观感。其他的可供雕塑的传统材料还有很多，如竹、牙骨、漆料等等，总之在中国古代雕塑艺术中材料的使用和选取具有多样化。

玉石材料同样也是中国古代雕塑中重要的雕刻材料，但是与上述许多材料相比，特点尤其突出。首先，玉石材料本身的材质，虽然从矿物学上看同属石材一类，但由于矿物成分的特殊组合而形成了细腻的质地，往往手感滋润，有很好的透光度和美丽的色彩、纹理，因此，从欣赏自然美的角度即比一般的石材更为受到人们的喜爱和关注，这也是玉石雕刻长久不衰与人们的现实生活特别贴近的重要原因之一。其次，石材、木材、陶泥等雕塑材料在自然界中存量丰富而易于获取，而玉石材料则不然，由于形成于特殊的地质条件，因此，产出的地点区域相对较少，开采起来也相对困难，尤其是在生产力水平相当低下的人类历史早期，要在人迹罕至的山区，地处偏僻的河流中凿取打捞，其艰苦可想而知。即使在后期技术力量已经达到了一定的水平，可以直接从矿脉中采取大块的玉料，但因其中杂质较多，不如在自然状态下经过河水冲刷、浸蚀而得到的玉石纯净，因此，玉石材料较之普通石材、金属材料要珍贵许多，这在所有雕塑材料中也是非常突出的。上述几个原因，使得中国古代玉石雕刻特别注重材料与雕刻技法的结合，讲究因材施艺，别具一格的镂空技法，线面结合的技法，俏色的运用都是在这一前提下产生的，形成了有别于金属、石木等材料雕刻的造型技艺与艺术风格。更为重要的是从纵向看，玉石雕刻的材料运用历史延续之久，雕刻艺术手法之承袭关系自成体系，与石木、陶塑、金属等材料相比毫不逊色。因此说玉石是可以体现华夏文明历史、审美思想的重要雕刻材料实不为过。

中国古代玉石雕刻艺术在中国古代雕塑艺术史上占有重要的地位，还在于其尽管体量小，却具有雕刻手法多样，造型形式种类多姿多彩的特点，独特的造型手段体现出独树一帜的审美特色。

雕塑是通过塑造可视可触的立体空间造型来表现美，求得审美欣赏的艺术形式。体量是其艺术表现语言重要的一个方面，古今中外雕塑作品，通常都讲究雕塑有一定的与造型形式相匹配的体量，在某一段时期源于特定的政治思想、宗教文化观念，雕塑的体量甚至可以达到可观的程度，如我们所知的古希腊雅典卫城的巨型雅典娜、宙斯像，还有古埃及的巨大的狮身人面像。中国古代传统雕塑艺术中体量很高大的雕刻同样比比皆是，不仅有云冈、龙门等石窟，各代帝王陵墓动辄数米、数十米的鸿篇巨制，也有如秦兵马俑这样，数万陶俑各个都如真人大小之雕塑杰作。普通的雕塑具有相当的体量更是非常普遍。在这些对体量有所要求的雕塑艺术作品中，中国古代玉石雕刻却恰恰在体量上以小型化为主，在中国传统各种雕塑艺术形式中显得尤其突出。

中国古代玉石雕刻小的体量自原始时期至唐宋明清一脉相承，无论是红山、良渚的玉制小动物，唐宋元时期的花鸟佩、山水玉，还是明清的插屏、挂屏、玉山子，虽然也有像《大禹治水图》、《溪山行旅图》玉山子这样的大制作，但总体上均以小的造型为主，显得小巧玲珑。中国古代玉石雕刻的小型化是由材料的特点决定的，这一点非常明显，然而，其并未因为小而失却雕刻艺术的特色，反而独辟蹊径地以独有的雕刻手法创造了自己的艺术形式、雕刻技法，经过精心雕琢，使纯朴自然美上升为赋予一定内涵、情趣的艺术美，就如刻线的运用，在有一定体量的雕塑作品中，块面是主要的表现语言，块与面的转折起伏结合可以充分体现体积和空间，而尽量避免使用线。玉石雕刻由于体量小，线却发挥了巨大的作用，线面结合不仅塑造了体积而且丰富了局部。再如镂空，通常的雕塑是以体面结构变化形成的光线明暗来突出体积造型，而镂空则是通过人为有意识的打破空间，在玉石雕刻上形成深浅不同的光影效果来突出造型，具有同样特点的还有抛光、俏色等等，运用这样的雕刻手法，不仅没有使玉石雕刻的小型化成为缺点，反而形成了小中见大，小中寓奇的特点，使之成为中国古代雕塑艺术中少有的适于近观的雕刻艺术形式。

即使是在这样利用近观来体现其审美特色的情况下，玉石雕刻还演化出多样的种类，运用了通常雕塑的诸多形式，圆雕立体感强，尤其突出块面结合的特点，运用的循石造型的手法也很纯熟。浮雕则高浮雕、浅浮雕、薄浮雕压缩艺术处理既遵循常规又有所创新，不同的种类更是全方位深入到人们生活当中，方寸之间体现出了雕塑艺术的魅力，给人以审美享受。其精雕细琢、塑造美的造型艺术形态在中国传统雕塑艺术中独树一帜，使中国传统雕塑艺术从大到小，各种材质，多样的雕塑艺术手法形成了完整的具有东方艺术特色的雕塑艺术整体。可以说，中国古代玉石雕刻是小制作大手笔，小制作大气魄。

中国古代玉石雕刻在漫长的发展历程中，其特有的质地最初被我们的祖先发现和喜爱，经过数千年文明历史的浸润，逐渐发展成为由多种种类、多样造型组成的庞大雕塑艺术，可以说它是绵延时间最长久的中国传统雕塑艺术形式之一，最接近人们的生活。由于被赋予了中国人诸多的文化思想、审美观念，也是最受推崇的雕刻艺术形式。它的造型形式如此之多，手法又如此别具一格，在中国古代传统雕塑艺术中还为我们揭示了雕塑艺术在材料运用与造型艺术之间关系新的一面。对中国古代玉石雕刻做一个全面的总结，它在中国古代雕塑艺术史上占有重要的地位，是中国传统雕塑艺术史上集雕塑艺术与思想内涵为一身的重要雕塑艺术形式，显示出中国传统雕塑艺术的独特魅力和博大精深。

后　记

　　在中华文明的历史上，玉石雕刻艺术堪称重要的文化标志之一。从新石器时代北方的红山文化，南方的良渚文化到奴隶社会的商周，再到封建社会的秦汉、唐宋、明清，中国古代玉石雕刻取得了令人惊叹的艺术成就。大量琢制精美，艺术水平极高的玉石雕刻宛若群星璀璨，在中国古代文化史上闪烁着耀眼的光辉。那些或出土或流传在世的玉石雕刻艺术品，透过时光呈现在我们面前，屈指算来最早的距今已经有七千多年以上的历史，它们曾经在各个时期人们的生活中扮演了重要的角色，因此，蕴含着非常丰富的社会生活、历史文化信息，视之、抚之，使我们无不感到一股令人盎然沉醉的历史文化之气。

　　然而，遍查古籍，这些曾深刻地影响着中华历史发展进程的玉石雕刻艺术，却在相当长的一段时期内而兴盛而沉寂，其艺术的价值完全没有得到应有的重视。在统治者眼中，它是阶级意识、政治宗教意志的反映，可以用来代表着无上的权利和地位；在普通大众的眼中，它则是道德观念、君子典范的象征，可以用来佩戴装点美化生活，可以用来陈设把玩，而对艺术的欣赏几乎放在了边缘的位置。即使自汉代之后一些文化学者、金石家逐渐开始重视，并对玉石雕刻进行梳理，对其形制、分类、定名分期、内涵鉴赏等各方面有了一个总的认识，但仍然没有对其各方面更深层次的雕塑艺术价值进行研究，这不得不使人感到遗憾。

　　科学的研究是一个总结经验、去伪存真、去粗存精的过程，没有研究就没有合理的改进与进步。在清代，中国古代玉石雕刻粗放式的发展就已显出明显的弊端，康乾时期，由于玉料来源充足，工具设备得到完善，玉石雕刻的制作盛极一时，但就在这一繁荣景象的背后，却是其流于媚俗、格调低下，以至于乾隆皇帝对之深恶痛绝，亲自下令大批仿制以追古之风为目的的三代玉石雕刻，就是一个非常典型的例子。尽管如此，由于总结研究没有切中要害而流于形式，清代的玉石雕刻并没有很大的起色。如今玉雕厂比比皆是，制作的作品和市面上流行的装饰玉石雕刻，还有许多号称工艺美术大师的作品，仍然是重在技巧而艺术品味不足，是和中国古代尤其是早期玉石雕刻艺术不能相提并论的，往往巧则巧矣，而艺术格调并不高。这种师傅带徒弟、凭目光局限的经验来创作玉石雕刻的习气，已经严重地影响了中国传统玉石雕刻的发展，足以引起我们的重视。

与我们因循守旧、陈陈相因无所创新，研究水平滞后，还停留在玉石雕刻分期断代、辨伪鉴赏的水平相比，国外学者对中国古代玉石雕刻的研究曾在一个时期达到了很高的水平，尤其20世纪上半叶，当我们的学者最早到达红山考察却对红山玉石雕刻视而不见，洛阳金村东周大墓、四川广汉三星堆等甫一发掘，大量的精美玉石雕刻尽数流落到海外，实在是令我们汗颜的事情。国外学者正是利用这些收藏在法国吉美博物馆、赛纽奇博物馆，美国芝加哥美术馆、弗莱尔博物馆，英国大英博物馆，日本东京国立博物馆、出光博物馆等等各大博物馆的精品中国古代玉石雕刻进行了广泛而深入的研究工作。如早期的布契尔、劳弗，分别在《玉器的调查与研究》《玉器，中国考古与宗教的研究》两本书中对中国古代玉石雕刻进行了较为详细的论述，引起了西方学术界的重视。后来的研究者萨尔莫尼的《魏以前的中国玉器》，韩思复的《中国玉雕》，多瑞文的《中国早期玉器的奇特纹饰》，罗森的《周与汉代的玉器纹饰》等，则使海外的研究活动更加活跃。他们承袭了五六十年代的成果，对玉石雕刻文史价值之外的艺术价值给予了高度的重视，其研究规模、水平及深入程度超过国内。

针对国内外对中国古代玉石雕刻多方面的研究状况，我作为多年从事雕塑教学的艺术教育工作者，一个重要的教学内容就是对中国传统雕塑艺术的继承与学习，将传统雕塑的优秀成果和艺术元素运用到当今雕塑的创作之中去，创作出中国特色的雕塑艺术作品。在此过程中既深感中国古代玉石雕刻艺术是取之不竭的源泉，同时也深感对其艺术方面理论总结的不足，理论总结是必要的也是必需的。因此，努力以己之长，竭己之力，经过长期的工作对中国古代玉石雕刻在雕塑艺术方面做一个较为深入的研究。首先，为了全面了解中国古代玉石雕刻的材料、各地博物馆及有关机构的收藏情况，分别考察了陕西蓝田的蓝田玉，旬阳的月儿潭绿松石，湖北竹山的绿松石，江苏东海的水晶，河南南阳的独山玉、西峡玉等产地及生产现状，考察了故宫博物院，殷墟博物馆，三门峡虢国墓博物馆，上海博物馆等等玉石雕刻收藏比较丰富的博物馆、文管所。2009 年还将研究中国古代玉石雕刻作为课题获得了公派访问学者的身份深入考察了法国的吉美博物馆、赛纽奇博物馆，罗马的东方艺术博物馆，以及德国、比利时等地的收藏中国古代玉石雕刻的博物馆，收集了大量的第一手国内外资料。其次，有关中国古代玉石雕刻的资料卷帙浩繁，要做一个整理归类是一个极其艰苦的工作，尤其是要将雕塑艺术理论与玉石雕刻的特殊方式方法相比对、解析，需要耗费大量的时间和精力，但本着认真、严肃的态度，我力求吸收前人及国内外的研究成果，力求做到全面、准确，对众多的资料进行了梳理，为完成本书打下了基础。

通过努力现在此书终于呈现在大家的面前，但是由于能力有限，手头资料也有欠缺，因此，难免会有所疏漏，希望读者能及时指出，以便加以更正补充。更希望能与有志于中国传统艺术研究的学者同仁进行互相探讨交流，以使灿烂的中华文化艺术得以发扬光大。

最后，对给予我帮助的陕西蓝田玉田玉雕厂、河南南阳辉煌玉雕厂、西安美院图书馆等表示衷心的感谢，对完成制图、校订的张泽瑾女士以及所有给予我支持帮助的女士、先生表示衷心的感谢！

张耀

巴黎　Gentilly 公寓

2010 年 3 月 12 日

参考文献

王子云：《中国雕塑艺术史》，人民美术出版社，1988年版。

徐高祉：《中国古代史》，华东师范大学出版社，1992年版。

乙力：《中国传统吉祥图案》，兰州大学出版社，2004年版。

敏泽：《中国美学思想史》，齐鲁书社，1989年版。

余继明：《中国古玉器图鉴·汉代玉器》，浙江大学出版社，2001年版。

徐龙国：《玉器纵横》，山东美术出版社，2002年版。

倪建林：《中国佛教装饰》，广西美术出版社，2000年版。（论文）

袁珂：《山海经校注》，上海古籍出版社，1991年版。

向勇：《玉之赏》，北京出版社，2005年版。

吴康：《中华神秘文化辞典》，海南出版社，2002年版。

马书田：《全像中国三百神》，江西美术出版社，1995年版。

任继愈：《中国佛教史》，中国社会科学出版社，1993年版。

熊世民：《上下五千年》，内蒙古文化出版社，2002年版。

中国青年出版社编：《祖国》，中国青年出版社，1981年版。

刘惠荪：《中国文化史稿》，文化艺术出版社，1990年版。

刘道广：《中国古代艺术思想史》，上海人民出版社，1998年版。

曹桂生：《美学入门》，陕西人民出版社，1998年版。

中国青年出版社编：《中国古代史常识》，中国青年出版社，1980年版。

顾永芝：《艺术概论》，江苏古籍出版社，1989年版。

李泽厚：《美的历程》，天津社会科学院出版社，2001年版。

杨振国：《中国绘画》，上海人民美术出版社，2001年版。

刘凤君：《美术考古学导论》，山东大学出版社，2002年版。

龚延明：《中国通史》绘画本，浙江少年儿童出版社，1999年版。

徐建融：《中国美术史标准教程》，上海书画出版社，1992年版。

臧振、潘守永：《中国古玉文化》，中国书店，2001年版。

那志良：《中国古玉图释》，南天书局，1990 年版。

桑行之等：《说玉》，上海科技教育出版社，1993 年版。

昭明等：《中国古代玉器》，西北大学出版社，1993 年版。

余继明：《中国古玉器图鉴：良渚文化玉器》，浙江大学出版社，2001 年版。

王敬之：《鉴识古玉》，福建美术出版社，2001 年版。

李英豪：《鉴别古玉》，辽宁画报出版社，2000 年版。

故宫博物院编：《故宫藏玉》，紫禁城出版社，1996 年版。

刘云辉：《北周隋唐京畿玉器》，重庆出版社，2000 年版。

故宫博物院编：《古玉精粹》，上海人民美术出版社，1987 年版。

中国社会科学院考古研究所编：《殷墟玉器》，文物出版社，1982 年版。

韩保全等：《玉器》，陕西旅游出版社，1992 年版。

陈江等：《良渚玉器》，江苏美术出版社，1999 年版。

邱东联：《中国古代玉器：海内外最新拍卖图录》，湖南美术出版社，2001 年版。

谢天宇：《中国玉器收藏与鉴赏全书》，天津古籍出版社，2004 年版。

刘道荣等：《白玉鉴赏》，百花文艺出版社，2006 年版。

刘道荣、王玉民等：《赏玉与琢玉》，百花文艺出版社，2003 年版。

中国社会科学院考古研究所编：《殷墟妇好墓》，文物出版社，1980 年版。

范滇：《中国玉器图案集》，上海书店，1992 年版。

陈逸民、陈莺：《红山玉器收藏与鉴赏》，上海大学出版社，2004 年版。

钱振峰、张兰香等：《古今说玉》，上海文化出版社，2007 年版。

中国玉器全集编辑委员会编：《中国玉器全集》，河北美术出版社，2006 年版。

中国古代玉石雕刻艺术